O ENIGMA DO CAPITAL

David Harvey

O ENIGMA DO CAPITAL

e as crises do capitalismo

Tradução
João Alexandre Peschanski

Copyright © David Harvey, 2010
Copyright desta tradução © Boitempo Editorial, 2011
Tradução do original em inglês *The Enigma of Capital: and the Crises of Capitalism*
(Londres, Profile, 2010)

Coordenação editorial
Ivana Jinkings

Editora-adjunta
Bibiana Leme

Assistência editorial
Caio Ribeiro

Tradução
João Alexandre Peschanski

Revisão
Livia Campos

Diagramação
Acqua Estúdio Gráfico

Capa
Antonio Kehl
sobre fotos de Ana Yumi Kajiki (orelha) e Antonio Kehl (capa)

Produção gráfica
Livia Campos

CIP-BRASIL. CATALOGAÇÃO-NA-FONTE
SINDICATO NACIONAL DOS EDITORES DE LIVROS, RJ

H271e
Harvey, David, 1935-
   O enigma do capital : e as crises do capitalismo / David Harvey ; tradução de João Alexandre Peschanski. - São Paulo, SP : Boitempo , 2011.

   Tradução de: The enigma of capital : and the crises of capitalism
   Apêndice
   Inclui bibliografia e índice
   ISBN 978-85-7559-184-0

   1. Capitalismo. 2. Capitalismo - Filosofia. I. Título.

11-6593.   CDD: 330.122
                                                    CDU: 330.142.1

É vedada a reprodução de qualquer parte
deste livro sem a expressa autorização da editora.

1ª edição: novembro de 2011; 1ª reimpressão: março de 2012
1ª edição revista: abril de 2012;
1ª reimpressão: fevereiro de 2013; 2ª reimpressão: maio de 2014;
3ª reimpressão: agosto de 2016; 4ª reimpressão: novembro de 2019

BOITEMPO
Jinkings Editores Associados Ltda.
Rua Pereira Leite, 373
05442-000 São Paulo SP
Tel.: (11) 3875-7250 / 3872-6869
editor@boitempoeditorial.com.br | www.boitempoeditorial.com.br
www.blogdaboitempo.com.br | www.facebook.com/boitempo
www.twitter.com/editoraboitempo | www.youtube.com/tvboitempo

Sumário

Preâmbulo 7

1. A crise 9

2. O capital reunido 41

3. O capital vai ao trabalho 55

4. O capital vai ao mercado 91

5. O capital evolui 101

6. A geografia disso tudo 117

7. A destruição criativa da terra 151

8. Que fazer? E quem vai fazê-lo? 175

Epílogo 211

Apêndices 225

Fontes e leituras complementares 229

Índice onomástico 233

Preâmbulo

Este livro é sobre o fluxo do capital.

O capital é o sangue que flui através do corpo político de todas as sociedades que chamamos de capitalistas, espalhando-se, às vezes como um filete e outras vezes como uma inundação, em cada canto e recanto do mundo habitado. É graças a esse fluxo que nós, que vivemos no capitalismo, adquirimos nosso pão de cada dia, assim como nossas casas, carros, telefones celulares, camisas, sapatos e todos os outros bens necessários para garantir nossa vida no dia a dia. A riqueza a partir da qual muitos dos serviços que nos apoiam, entretêm, educam, ressuscitam ou purificam são fornecidos é criada por meio desses fluxos. Ao tributar esse fluxo os Estados aumentam seu poder, sua força militar e sua capacidade de assegurar um padrão de vida adequado a seus cidadãos. Se interrompemos, retardamos ou, pior, suspendemos o fluxo, deparamo-nos com uma crise do capitalismo em que o cotidiano não pode mais continuar no estilo a que estamos acostumados.

Compreender o fluxo do capital, seus caminhos sinuosos e sua estranha lógica de comportamento é, portanto, fundamental para entendermos as condições em que vivemos. Nos primeiros anos do capitalismo, economistas políticos de todos os matizes se esforçaram para entender esses fluxos, e uma apreciação crítica de como o capitalismo funciona começou a emergir. Mas nos últimos tempos nos afastamos do exercício desse tipo de compreensão crítica. Em vez disso, construímos modelos matemáticos sofisticados, analisamos dados sem fim, investigamos planilhas, dissecamos os detalhes e enterramos qualquer concepção do caráter sistêmico do fluxo de capital sob um monte de papéis, relatórios e previsões.

Quando Sua Majestade a rainha Elizabeth II perguntou aos economistas da London School of Economics, em novembro de 2008, como não tinham visto a atual crise chegar (pergunta que certamente estava em todos os lábios, mas que apenas uma monarca feudal poderia tão simplesmente fazer e dela esperar alguma resposta), eles não tinham nenhuma explicação pronta. Em conjunto, sob a égide da British Academy, só puderam confessar numa carta coletiva a Sua Majestade, após seis meses de estudo, ruminação e consulta minuciosa a importantes políticos, que haviam perdido de vista o que chamavam de "riscos sistêmicos", que, como todos, haviam se perdido em uma "política de negação". Mas o que estavam negando?

Meu homônimo do início do século XVII William Harvey (assim como eu, nascido "homem de Kent") é em geral considerado a primeira pessoa a mostrar correta e sistematicamente como o sangue circula pelo corpo humano. Foi com essa base que a pesquisa médica passou a estabelecer como ataques cardíacos e outras doenças podem afetar seriamente, se não terminar, a força vital dentro do corpo humano. Quando o fluxo de sangue para, o corpo morre. Nossas compreensões médicas atuais são, naturalmente, muito mais sofisticadas do que Harvey poderia ter imaginado. No entanto, nosso conhecimento ainda repousa sobre as conclusões sólidas apresentadas por ele pela primeira vez.

Na tentativa de lidar com os graves tremores no coração do corpo político, economistas, líderes empresariais e políticos, na ausência de qualquer concepção da natureza sistêmica do fluxo de capital, têm ou ressuscitado antigas práticas ou aplicado concepções pós-modernas. Por um lado, as instituições internacionais e ambulantes de crédito continuam a sugar, como sanguessugas, a maior quantidade que podem do sangue de todos os povos do mundo – independentemente de quão pobres sejam – por meio dos chamados programas de "ajuste estrutural" e toda sorte de outros esquemas (como a repentina duplicação das taxas de nossos cartões de crédito). Por outro lado, os presidentes dos bancos centrais inundam suas economias e inflam o corpo global político com excesso de liquidez na esperança de que as transfusões de emergência curem uma doença que exige diagnóstico e intervenções muito mais radicais.

Neste livro tento restaurar algum entendimento sobre o que o fluxo do capital representa. Se conseguirmos alcançar uma compreensão melhor das perturbações e da destruição a que agora estamos todos expostos, poderemos começar a saber o que fazer.

David Harvey
Nova York, outubro de 2009

1
A CRISE

Algo sinistro começou a acontecer nos Estados Unidos em 2006. A taxa de despejos em áreas de baixa renda de cidades antigas, como Cleveland e Detroit, repentinamente explodiu. Contudo, as autoridades e a mídia não deram atenção porque as pessoas afetadas eram de baixa renda, principalmente afro-americanos, imigrantes (hispânicos) ou mães solteiras. Os afro-americanos, em especial, vinham tendo dificuldades com o financiamento de habitações desde o fim dos anos 1990. Entre 1998 e 2006, antes de a crise imobiliária bater com seriedade, estima-se que perderam entre 71 bilhões e 93 bilhões de dólares em ativos ao se envolver com empréstimos conhecidos como *subprime*. Mas nada foi feito. Mais uma vez, como aconteceu durante a pandemia de HIV/Aids, que aumentou durante a administração Reagan, o custo humano e financeiro final da sociedade por não dar atenção aos claros sinais de alerta, pela falta de interesse coletivo e pelo preconceito contra os primeiros na linha de fogo foi incalculável.

Foi somente em meados de 2007, quando a onda de despejos atingiu a classe média branca, nas áreas urbanas e suburbanas dos EUA outrora crescentes e significativamente republicanas no Sul (em particular na Flórida) e Oeste (Califórnia, Arizona e Nevada), que as autoridades começaram a levar em consideração e a grande imprensa, a comentar. Projetos de novos condomínios e comunidades fechadas (muitas vezes em "bairros dormitórios" ou atravessando zonas urbanas periféricas) começaram a ser afetados. Até o fim de 2007, quase 2 milhões de pessoas perderam suas casas e outros 4 milhões corriam o risco de ser despejados. Os valores das casas despencaram em quase todos os EUA e muitas famílias acabaram devendo mais por suas casas do que o próprio valor do imóvel. Isso desencadeou uma espiral de execuções hipotecárias que diminuiu ainda mais os valores das casas.

Em Cleveland, foi como se um "Katrina financeiro" atingisse a cidade. Casas abandonadas, com tábuas em janelas e portas, dominaram a paisagem nos bairros

pobres, principalmente negros. Na Califórnia, também se enfileiraram casas abandonadas e vazias em ruas de cidades inteiras, como Stockton; na Flórida e em Las Vegas,
os condomínios permaneceram vazios. As vítimas de despejo tinham de encontrar
alojamento em outros lugares: cidades de tendas começaram a se formar na Califórnia e na Flórida. Em outras áreas, famílias ou dobraram de tamanho, com a chegada de amigos e parentes, ou organizaram suas casas em quartos de hotéis baratos.

As pessoas por trás do financiamento da catástrofe das hipotecas inicialmente
pareceram não se abalar. Em janeiro de 2008, os bônus em Wall Street somaram
32 bilhões de dólares, apenas uma fração menor do que o total em 2007. Esta foi
uma recompensa notável pela destruição do sistema financeiro mundial. As perdas dos que estão na base da pirâmide social quase se igualaram aos extraordinários
ganhos dos financistas na parte superior.

No outono de 2008, no entanto, a "crise das hipotecas *subprime*", como veio a
ser chamada, levou ao desmantelamento de todos os grandes bancos de investimento de Wall Street, com mudanças de estatuto, fusões forçadas ou falências. O
dia em que o banco de investimentos Lehman Brothers desabou – em 15 de setembro de 2008 – foi um momento decisivo. Os mercados globais de crédito conge-
laram, assim como a maioria dos empréstimos no mundo. Como o venerável ex-
-presidente da Federal Reserve Paul Volcker (que cinco anos antes, juntamente com
vários outros comentaristas de prestígio, previra a calamidade financeira se o governo dos EUA não forçasse o sistema bancário a reformar seu funcionamento) observou, nunca antes as coisas haviam despencado "tão fácil e tão uniformemente ao
redor do mundo". O resto do mundo, até então relativamente imune (à exceção do
Reino Unido, onde problemas análogos no mercado da habitação já tinham vindo à
tona, o que levou o governo a nacionalizar uma casa de empréstimos importantes,
a Northern Rock), foi arrastado precipitadamente para a lama, gerada em particular pelo colapso financeiro dos EUA. No epicentro do problema estava a montanha
de títulos de hipoteca "tóxicos" detidos pelos bancos ou comercializados por investidores incautos em todo o mundo. Todo mundo tinha agido como se os preços dos
imóveis pudessem subir para sempre.

Até o outono de 2008, tremores quase fatais já haviam se espalhado para o exterior, dos bancos aos principais credores da dívida hipotecária. As instituições de
crédito Fannie Mae e Freddie Mac, licenciadas pelo governo dos Estados Unidos,
tiveram de ser nacionalizadas. Seus acionistas foram destruídos, mas os portadores
de títulos, incluindo o Banco Central chinês, mantiveram-se protegidos. Investidores incautos em todo o mundo, como fundos de pensão, pequenos bancos regionais
europeus e governos municipais da Noruega à Flórida, que haviam sido atraídos
para investir em carteiras de hipoteca com "muita garantia de retorno", terminaram
segurando pedaços de papel sem valor e incapazes de cumprir suas obrigações ou
pagar seus empregados. Para piorar, gigantes dos seguros como a AIG, que haviam

A crise / 11

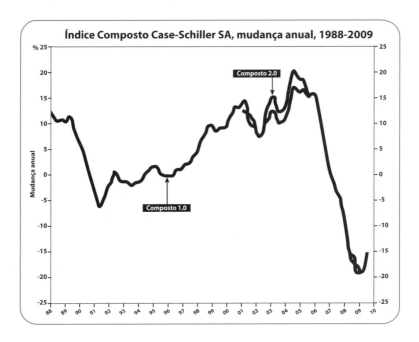

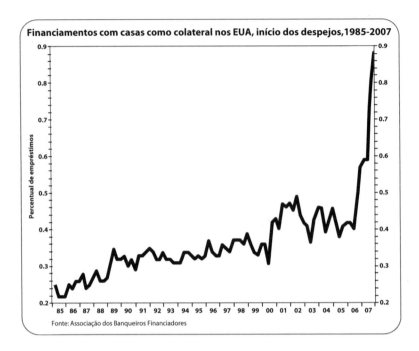

segurado as apostas de risco dos EUA e bancos internacionais, tiveram de ser socorridos por causa das grandes dificuldades que enfrentavam. Os mercados de ações se desintegraram na medida em que especialmente as ações de bancos perderam quase todo o seu valor; fundos de pensão racharam sob a tensão; orçamentos municipais encolheram; e espalhou-se o pânico em todo o sistema financeiro.

Tornou-se cada vez mais claro que só um maciço plano de socorro do governo poderia restaurar a confiança no sistema financeiro. A Federal Reserve reduziu as taxas de juro a quase zero. Pouco depois da falência do Lehman, alguns funcionários e banqueiros do Tesouro, incluindo o secretário do Tesouro, que era um ex-presidente da Goldman Sachs e atual diretor executivo da Goldman, surgiram de uma sala de conferências com um documento de três páginas exigindo 700 bilhões de dólares para socorrer o sistema bancário, prenunciando um Armageddon nos mercados. Era como se Wall Street tivesse iniciado um golpe financeiro contra o governo e o povo dos Estados Unidos. Algumas semanas depois, com ressalvas aqui e ali e muita retórica, o Congresso e, em seguida, o presidente George Bush cederam e o dinheiro foi enviado, sem qualquer controle, para todas as instituições financeiras consideradas "grandes demais para falir".

Mas o mercado de crédito permaneceu congelado. Um mundo que antes parecia estar "inundado com excesso de liquidez" (como o FMI frequentemente relatou) de repente se viu sem dinheiro e inundado por casas, escritórios e shopping centers em excesso, além de ainda mais capacidade produtiva e trabalho excedentes.

No fim de 2008, todos os segmentos da economia dos EUA estavam com problemas profundos. A confiança do consumidor despencou, a construção de habitação cessou, a demanda efetiva implodiu, as vendas no varejo caíram, o desemprego aumentou e lojas e fábricas fecharam. Muitos dos tradicionais ícones da indústria dos EUA, como a General Motors, chegaram perto da falência, e um socorro temporário das montadoras de Detroit teve de ser organizado. A economia britânica estava igualmente com sérias dificuldades, e a União Europeia foi abalada, mesmo com níveis desiguais, com a Espanha e a Irlanda, juntamente com vários dos Estados orientais europeus que recentemente aderiram à União, mais seriamente afetados. A Islândia, cujos bancos tinham especulado nesses mercados financeiros, ficou totalmente falida.

No início de 2009, o modelo de industrialização baseado em exportações, que gerou um crescimento tão espetacular no Leste e Sudeste da Ásia, contraía-se a uma taxa alarmante (muitos países como Taiwan, China, Coreia do Sul e Japão viram suas exportações caírem em 20% ou mais em apenas dois meses). O comércio global internacional caiu em um terço em poucos meses, criando tensões nas economias majoritariamente exportadoras, como a da Alemanha e a do Brasil. Produtores de matérias-primas, que andavam em alta no verão de 2008, de repente depararam com uma queda de preços que trouxe sérias dificuldades para países produtores de petróleo, como a Rússia e a Venezuela, assim como os Estados do Golfo. O desemprego começou a aumentar a uma taxa alarmante. Cerca de 20 milhões de pessoas perderam subitamente seus empregos na China, e relatos perturbadores de agitação social vieram à tona. Nos Estados Unidos, o número de desempregados aumentou em mais de 5 milhões em poucos meses (de novo, fortemente concentrado em comunidades afro-americanas e hispânicas). Na Espanha, a taxa de desemprego saltou para mais de 17%.

Na primavera de 2009, o Fundo Monetário Internacional estimava que mais de 50 trilhões de dólares em valores de ativos (quase o mesmo valor da produção total de um ano de bens e serviços no mundo) haviam sido destruídos. A Federal Reserve estimou em 11 trilhões de dólares a perda de valores de ativos das famílias dos EUA apenas em 2008. Naquele período, o Banco Mundial previa o primeiro ano de crescimento negativo da economia mundial desde 1945.

Esta foi, sem dúvida, a mãe de todas as crises. No entanto, também deve ser vista como o auge de um padrão de crises financeiras que se tornaram mais frequentes e mais profundas ao longo dos anos, desde a última grande crise do capitalismo nos anos 1970 e início dos anos 1980. A crise financeira que abalou o Leste e Sudeste Asiático de 1997 a 1998 foi enorme, e as repercussões na Rússia (que decretou a moratória de sua dívida em 1998) e, em seguida, na Argentina em

2001 (causando um colapso total que levou a instabilidade política, ocupações de fábrica, bloqueios espontâneos de estradas e formação de associações de bairros) foram catástrofes locais. Nos Estados Unidos, a falência de empresas-estrela como a WorldCom e a Enron em 2001, que basicamente negociavam instrumentos financeiros chamados derivados, imitava a enorme falência do fundo de cobertura Long Term Capital Management (cuja gestão incluía dois vencedores do Prêmio Nobel de Economia) em 1998. Antes da bancarrota havia vários sinais de que nem tudo estava bem no que ficou conhecido como o "sistema de banco às escuras" em negociações financeiras entre particulares, ou seja, em mercados não regulamentados que haviam surgido como que por mágica depois de 1990.

Houve centenas de crises financeiras ao redor do mundo desde 1973, em comparação com muito poucas entre 1945 e 1973, e várias destas foram baseadas em questões de propriedade ou desenvolvimento urbano. A primeira crise em escala global do capitalismo no mundo pós-Segunda Guerra começou na primavera de 1973, seis meses antes de o embargo árabe sobre o petróleo elevar os preços do barril. Originou-se em um *crash* do mercado imobiliário global, que derrubou vários bancos e afetou drasticamente não só as finanças dos governos municipais (como o de Nova York, que foi à falência técnica em 1975, antes de ser finalmente socorrido), mas também as finanças do Estado de modo mais geral. O *boom* japonês da década de 1980 terminou em um colapso do mercado de ações e preços da terra em queda (ainda em curso). O sistema bancário sueco teve de ser nacionalizado em 1992, em meio a uma crise nórdica que também afetou a Noruega e a Finlândia, causada por excessos nos mercados imobiliários. Um dos elementos que desencadearam o colapso no Leste e Sudeste Asiático de 1997 a 1998 foi o desenvolvimento urbano excessivo, alimentado por um influxo de capital especulativo estrangeiro, na Tailândia, em Hong Kong, na Indonésia, na Coreia do Sul e nas Filipinas. E as crises prolongadas nas poupanças e no crédito ligados ao setor imobiliário comercial nos Estados Unidos de 1984 a 1992 levaram mais de 1.400 companhias de poupança e empréstimo e 1.860 bancos a fechar as portas, com um custo de cerca de 200 bilhões de dólares para os contribuintes do país (uma situação que preocupou tanto William Isaacs, então presidente da Federal Deposit Insurance Corporation, que, em 1987, ele ameaçou a Associação dos Banqueiros Estadunidenses com a nacionalização dos bancos, a menos que eles retomassem o rumo correto). Crises associadas a problemas nos mercados imobiliários tendem a ser mais duradouras do que as crises curtas e agudas que, às vezes, abalam os mercados de ações e os bancos diretamente. Isso porque, como veremos, os investimentos no espaço construído são em geral baseados em créditos de alto risco e de retorno demorado: quando o excesso de investimento é enfim revelado (como aconteceu recentemente em Dubai), o caos financeiro que leva muitos anos a ser produzido leva muitos anos para se desfazer.

A crise / 15

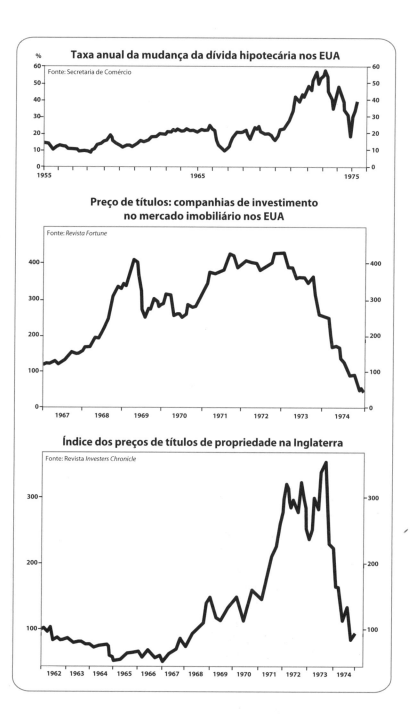

Não há, portanto, nada de original no colapso atual, além do tamanho e alcance. Também não há nada de anormal sobre seu enraizamento no desenvolvimento urbano e no mercado imobiliário. Há, temos de concluir, alguma conexão inerente em jogo aqui, que exige cuidado na reconstrução.

Como, então, é que devemos interpretar a confusão atual? Será que a crise sinaliza, por exemplo, o fim do neoliberalismo de livre-mercado como modelo econômico dominante de desenvolvimento capitalista? A resposta depende do que entendemos com a palavra neoliberalismo. Minha opinião é que se refere a um projeto de classe que surgiu na crise dos anos 1970. Mascarado por muita retórica sobre liberdade individual, autonomia, responsabilidade pessoal e as virtudes da privatização, livre-mercado e livre-comércio, legitimou políticas draconianas destinadas a restaurar e consolidar o poder da classe capitalista. Esse projeto tem sido bem-sucedido, a julgar pela incrível centralização da riqueza e do poder observável em todos os países que tomaram o caminho neoliberal. E não há nenhuma evidência de que ele está morto.

Um dos princípios básicos pragmáticos que surgiram na década de 1980, por exemplo, foi o de que o poder do Estado deve proteger as instituições financeiras a todo custo. Esse princípio, que bateu de frente com o não intervencionismo que a teoria neoliberal prescreveu, surgiu a partir da crise fiscal da cidade de Nova York de meados da década de 1970. Foi então estendido internacionalmente para o México durante a crise da dívida que abalou os fundamentos do país em 1982. De modo nu e cru, a política era: privatizar os lucros e socializar os riscos; salvar os bancos e colocar os sacrifícios nas pessoas (no México, por exemplo, o padrão de vida da população diminuiu cerca de um quarto em quatro anos após o socorro econômico de 1982). O resultado foi o conhecido "risco moral" sistêmico. Os bancos se comportam mal porque não são responsáveis pelas consequências negativas dos comportamentos de alto risco. O socorro bancário atual é essa mesma história, só que maior e, dessa vez, centrado nos Estados Unidos.

Da mesma forma que o neoliberalismo surgiu como uma resposta à crise dos anos 1970, o caminho a ser escolhido hoje definirá o caráter da próxima evolução do capitalismo. As políticas atuais propõem sair da crise com uma maior consolidação e centralização do poder da classe capitalista. Restaram apenas quatro ou cinco grandes instituições bancárias nos Estados Unidos, embora muitos em Wall Street estejam prosperando. Lazard, por exemplo, especializada em fusões e aquisições, está fazendo dinheiro a rodo, e a Goldman Sachs (que muitos agora chamam de brincadeira "governo Sachs", para marcar sua influência sobre a política do Tesouro) está muito bem, obrigado. Alguns ricos vão perder, com certeza, mas segundo a famosa observação de Andrew Mellon (banqueiro dos EUA, secretário do Tesouro de 1921 a 1932): "Em uma crise, os ativos retornam aos seus legítimos proprietários" (ou seja, ele). E assim vai ser desta vez também, a menos que um movimento político alternativo surja para detê-lo.

A crise / 17

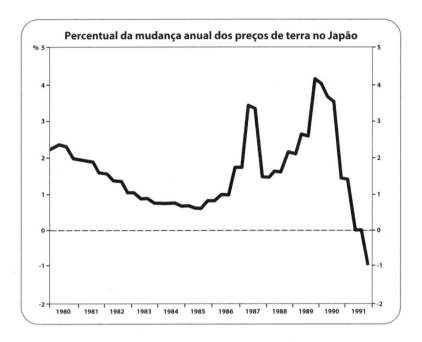

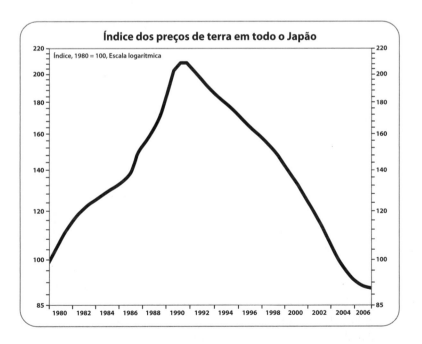

As crises financeiras servem para racionalizar as irracionalidades do capitalismo. Geralmente levam a reconfigurações, novos modelos de desenvolvimento, novos campos de investimento e novas formas de poder de classe. Tudo isso pode dar errado, politicamente. Mas a classe política dos EUA até agora cedeu ao pragmatismo financeiro e não tocou as raízes do problema. Conselheiros econômicos do presidente Obama são da velha escola – Larry Summers, diretor de seu Conselho Econômico Nacional, foi secretário do Tesouro no governo Clinton, quando o fervor pela desregulamentação das finanças dominava. Tim Geithner, secretário do Tesouro de Obama, ex-chefe da New York Federal Reserve, tem contatos íntimos com Wall Street. O que poderia ser chamado de "o Partido de Wall Street" tem imensa influência dentro do Partido Democrata, assim como com os republicanos (Charles Schumer, o poderoso senador democrata de Nova York, arrecadou milhões de Wall Street ao longo dos anos, não apenas para suas próprias campanhas políticas, mas para o Partido Democrata como um todo).

Aqueles que fizeram as apostas do capital financeiro outrora nos anos Clinton já estão de volta ao leme. Isso não significa que eles não vão redesenhar a arquitetura financeira, porque eles devem. Mas para quem vão redesenhá-la? Será que vão nacionalizar os bancos e transformá-los em instrumentos para servir o povo? Será que os bancos vão simplesmente se tornar, como vozes influentes agora propõem até mesmo no *Financial Times*, serviços públicos regulamentados? Duvido muito. Será que os poderes que atualmente dominam o sistema vão apenas procurar sanar o problema com o sacrifício popular e, em seguida, devolver os bancos aos interesses de classe que nos colocaram nessa confusão? Isso é quase certamente para onde nos dirigimos, a menos que uma onda de oposição política indique outra maneira de solucionar o problema. Os assim chamados "bancos de investimento boutique" já estão se formando rapidamente às margens de Wall Street, prontos para entrar na pele de Lehman e Merrill Lynch. Enquanto isso os grandes bancos que ainda restam estão depositando secretamente fundos para retomar o pagamento dos bônus milionários que pagavam antes da crise.

—◆—

A possibilidade de sairmos da crise de uma maneira diferente depende muito do equilíbrio das forças de classe. Depende do grau com que a massa da população se levanta e diz: "Já basta, vamos mudar o sistema". O Joe e a Jean médios (mesmo se ele ou ela é um encanador) têm boas razões para dizer isso. Nos Estados Unidos, por exemplo, a renda familiar desde a década de 1970 tem em geral estagnado em meio a uma imensa acumulação de riqueza por interesses da classe capitalista. Pela primeira vez na história dos EUA, os trabalhadores não têm participação em qualquer dos ganhos de produtividade crescentes. Temos vivenciado trinta anos de repressão salarial. Por que e como isso aconteceu?

A crise / 19

Fonte: Instituto de Análise Econômica

Fonte: Escritório Nacional de Estatística

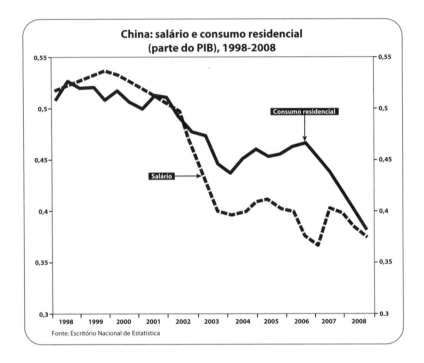

Um dos principais obstáculos para o contínuo acúmulo de capital e a consolidação do poder de classe capitalista na década de 1960 foi o trabalho. Havia escassez de mão de obra, tanto na Europa quanto nos EUA. O trabalho era bem organizado, razoavelmente bem pago e tinha influência política. No entanto, o capital precisava de acesso a fontes de trabalho mais baratas e mais dóceis. Houve uma série de maneiras para fazer isso. Uma delas foi estimular a imigração. O Ato de Imigração e Nacionalidade de 1965, que aboliu as cotas de origem nacional, permitiu o acesso ao capital dos EUA à população excedente global (antes apenas europeus e caucasianos eram privilegiados). No fim dos anos 1960, o governo francês começou a subvencionar a importação de mão de obra da África do Norte, os alemães transportaram os turcos, os suecos trouxeram os iugoslavos, e os britânicos valeram-se dos habitantes do seu antigo império.

Outra forma foi buscar tecnologias que economizassem trabalho, como a robotização na indústria automobilística, o que criou desemprego. Um pouco disso aconteceu, mas houve muita resistência por parte do trabalho, que insistia em acordos de produtividade. A consolidação do poder de monopólio das empresas também enfraqueceu a implementação de novas tecnologias, porque custos laborais mais elevados eram transferidos para o consumidor por meio de preços mais altos (resultando em inflação estável). As três grandes empresas automobilísticas em

Detroit geralmente faziam isso. Seu monopólio acabou finalmente quebrado quando os japoneses e alemães invadiram o mercado de automóveis dos EUA na década de 1980. O retorno às condições de uma maior concorrência, que se tornou um objetivo político fundamental nos anos 1970, então forçou o uso de tecnologias que economizassem trabalho. Mas isso entrou bem tarde no jogo.

Se tudo isso falhasse, havia pessoas como Ronald Reagan, Margaret Thatcher e o general Augusto Pinochet à espera, armados com a doutrina neoliberal, preparados para usar o poder do Estado para acabar com o trabalho organizado. Pinochet e os generais brasileiros e argentinos o fizeram com poderio militar, enquanto Reagan e Thatcher orquestraram confrontos com o grande trabalho, quer diretamente no caso do confronto de Reagan com os controladores de tráfego aéreo e a luta feroz de Thatcher com os mineiros e os sindicatos de impressão, quer indiretamente pela criação de desemprego. Alan Budd, conselheiro-chefe econômico de Thatcher, mais tarde admitiu que "as políticas dos anos 1980 de ataque à inflação com o arrocho da economia e gastos públicos foram um disfarce para esmagar os trabalhadores", e assim criar um "exército industrial de reserva", que minaria o poder do trabalho e permitiria aos capitalistas obter lucros fáceis para sempre. Nos EUA, o desemprego subiu, em nome do controle da inflação, para mais de 10% em 1982. Resultado: os salários estagnaram. Isso foi acompanhado nos EUA por uma política de criminalização e encarceramento dos pobres, que colocou mais de 2 milhões atrás das grades até 2000.

O capital também teve a opção de ir para onde o trabalho excedente estava. As mulheres rurais do Sul global foram incorporadas à força de trabalho em todos os lugares, de Barbados a Bangladesh, de Ciudad Juárez a Dongguan. O resultado foi uma crescente feminização da proletariado, a destruição dos sistemas camponeses "tradicionais" de produção autossuficiente e a feminização da pobreza no mundo. O tráfico internacional de mulheres para a escravidão doméstica e prostituição surgiu, na medida em que mais de 2 bilhões de pessoas, cada vez mais amontoadas em cortiços, favelas e guetos de cidades insalubres, tentavam sobreviver com menos de dois dólares por dia.

Inundadas com capital excedente, as empresas norte-americanas começaram a expatriar a produção em meados da década de 1960, mas esse movimento apenas se acelerou uma década depois. Posteriormente, peças feitas quase em qualquer lugar do mundo – de preferência onde o trabalho e as matérias-primas fossem mais baratos – poderiam ser levadas para os EUA e montadas para a venda final no mercado. O "carro mundial" e a "televisão global" tornaram-se um item padrão na década de 1980. O capital já tinha acesso ao trabalho de baixo custo no mundo inteiro. Para completar, o colapso do comunismo, drástico no ex-bloco soviético e gradual na China, acrescentou cerca de 2 bilhões de pessoas para a força de trabalho assalariado global.

"Globalizar-se" foi facilitado por uma reorganização radical dos sistemas de transporte, que reduziu os custos de circulação. A conteinerização – uma inovação fundamental – permitiu que peças feitas no Brasil pudessem ser utilizadas para montar carros em Detroit. Os novos sistemas de comunicações permitiram a organização rigorosa da cadeia produtiva de mercadorias no espaço global (lançamentos da moda de Paris puderam ser quase imediatamente enviados a Manhattan por meio das maquiladoras de Hong Kong). Barreiras artificiais do comércio, como tarifas e cotas, foram reduzidas. Acima de tudo, uma nova arquitetura financeira global foi criada para facilitar a circulação do fluxo internacional de capital-dinheiro líquido para onde fosse usado de modo mais rentável. A desregulamentação das finanças, que começou no fim dos anos 1970, acelerou-se depois de 1986 e tornou-se irrefreável na década de 1990.

A disponibilidade do trabalho não é mais um problema para o capital, e não tem sido pelos últimos 25 anos. Mas o trabalho desempoderado significa baixos salários, e os trabalhadores pobres não constituem um mercado vibrante. A persistente repressão salarial, portanto, coloca o problema da falta de demanda para a expansão da produção das corporações capitalistas. Um obstáculo para a acumulação de capital – a questão do trabalho – é superado em detrimento da criação de outro – a falta de mercado. Então, como contornar essa segunda barreira?

———◆———

A lacuna entre o que o trabalho estava ganhando e o que ele poderia gastar foi preenchida pelo crescimento da indústria de cartões de crédito e aumento do endividamento. Nos EUA, em 1980 a dívida agregada familiar média era em torno de 40 mil dólares (em dólares constantes), mas agora é cerca de 130 mil dólares para cada família, incluindo hipotecas. As dívidas familiares dispararam, o que demandou o apoio e a promoção de instituições financeiras às dívidas de trabalhadores, cujos rendimentos não estavam aumentando. Isso começou com a população constantemente empregada, mas no fim da década de 1990 tinha de ir mais longe, pois esse mercado havia se esgotado. O mercado teve de ser estendido para aqueles com rendimentos mais baixos. Instituições financeiras como Fannie Mae e Freddie Mac foram pressionadas politicamente para afrouxar os requerimentos de crédito para todos. As instituições financeiras, inundadas com crédito, começaram a financiar a dívida de pessoas que não tinham renda constante. Se isso não tivesse acontecido, então quem teria comprado todas as novas casas e condomínios que os promotores de imóveis com financiamento estavam construindo? O problema da demanda foi temporariamente superado, no que diz respeito à habitação, pelo financiamento da dívida dos empreendedores, assim como dos compradores. As instituições financeiras controlavam coletivamente tanto a oferta quanto a demanda por habitação!

A crise / 23

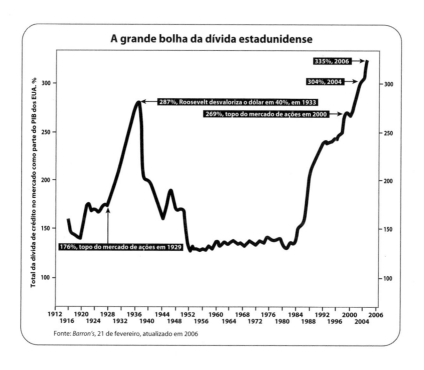

A mesma história ocorreu com todas as formas de crédito ao consumo para todos os produtos, desde automóveis e cortadores de grama até fácil acesso a cartões de presente de Natal na Toys 'R' Us e Wal-Mart. Todo esse endividamento era obviamente arriscado, mas isso era para ser controlado por maravilhosas inovações financeiras de securitização que, supostamente, partilhariam o risco, criando a ilusão de que este tinha desaparecido. O capital financeiro fictício assumiu o controle e ninguém queria pará-lo porque todo mundo que importava parecia estar fazendo muito dinheiro. Nos EUA, as contribuições políticas de Wall Street subiram. Você se lembra da famosa pergunta retórica de Bill Clinton quando ele assumiu o cargo? "Você quer me dizer que o sucesso do programa econômico e minha reeleição dependeram da Federal Reserve e de um monte de negociantes de títulos?" Clinton não era mais que um aprendiz astuto.

Mas havia outra maneira de resolver o problema da demanda: a exportação do capital e o cultivo de novos mercados ao redor do mundo. Essa solução, tão antiga quanto o próprio capitalismo, foi perseguida com mais determinação a partir dos anos 1970. Os bancos de investimento de Nova York, então lotados de excedentes de petrodólares dos Estados do Golfo e desesperados por novas oportunidades de investimento num momento em que o potencial de rentabilidade de investimento dentro dos Estados Unidos estava exausto, fizeram empréstimos maciços para países em desenvolvimento como México, Brasil, Chile e até mesmo Polônia. Isso aconteceu porque, como Walter Wriston, chefe do Citibank, colocou, países não podem desaparecer – você sempre sabe onde encontrá-los em caso de dificuldades.

As dificuldades logo surgiram com a crise da dívida dos países em desenvolvimento da década de 1980. Mais de quarenta países, principalmente na América Latina e África, tiveram dificuldade em pagar suas dívidas quando as taxas de juros de repente subiram após 1979. O México ameaçou ir à falência em 1982. Os Estados Unidos prontamente revigoraram o Fundo Monetário Internacional (FMI) (que a gestão Reagan tinha procurado enfraquecer em 1981, em conformidade com o princípio neoliberal estrito) como um disciplinador global, para assegurar aos bancos que teriam seu dinheiro de volta e que as pessoas seriam obrigadas a pagar. Os "programas de ajuste estrutural" do FMI, que impuseram austeridade a fim de pagar aos bancos, proliferaram em todo o mundo. O resultado foi uma crescente onda de "risco moral" nas práticas de empréstimo dos bancos internacionais. Por um tempo, essa prática foi um enorme sucesso. No vigésimo aniversário do socorro financeiro mexicano, o economista-chefe da Morgan Stanley saudou tal socorro como "um fator que preparou o espaço para aumentar a confiança dos investidores em todo o mundo e ajudou a inflamar o mercado de crescimento do fim dos anos 1990, junto com uma forte expansão econômica dos EUA". Salvar os bancos e arrebentar com o povo funcionou às mil maravilhas – para os banqueiros.

Mas para que tudo isso fosse realmente eficaz, era preciso construir um sistema globalmente interligado de mercados financeiros. Dentro dos Estados Unidos, as restrições geográficas sobre o setor bancário foram retiradas passo a passo a partir do fim dos anos 1970. Até então, todos os bancos, exceto os de investimento – que foram separados judicialmente de instituições de conta corrente –, tinham sido confinados a operar dentro de um Estado, enquanto as empresas de poupança e empréstimos financiavam hipotecas, que eram separadas dos bancos de conta corrente. Mas a integração dos mercados financeiros global e nacional também foi vista como vital e isso levou, em 1986, à articulação de ações globais e mercados de negociação financeira. O "Big Bang", como foi chamado na época, conectava Londres e Nova York e imediatamente a seguir todos os mais importantes mercados financeiros mundiais (e, em última instância, locais) em um único sistema de negociação. Nesse sentido, os bancos puderam operar livremente sem levar em consideração fronteiras (em 2000 a maioria dos bancos do México era estrangeira, e o HSBC estava em toda parte, referindo-se a si mesmo carinhosamente como "o banco do povo local global"). Isso não significa que não havia barreiras aos fluxos de capitais internacionais, mas barreiras técnicas e logísticas ao fluxo de capital global certamente foram muito diminuídas. O capital-dinheiro líquido podia vaguear mais facilmente pelo mundo à procura de locais onde a taxa de retorno fosse maior. A suspensão da distinção entre bancos de investimento e conta corrente nos Estados Unidos em 1999, que já estava em vigor desde a Lei Glass-Steagall de 1933, integrou ainda mais o sistema bancário em uma rede gigante do poder financeiro.

Mas na medida em que o sistema financeiro se globalizou, a competição entre os centros financeiros – principalmente Londres e Nova York – cobrou seu pedágio coercivo. As sucursais de bancos internacionais, como Goldman Sachs, Deutsche Bank, UBS, RBS e HSBC, internalizaram a concorrência. Se o regime regulador em Londres era menos rigoroso do que nos EUA, então as filiais na City de Londres começaram o negócio, em vez de Wall Street. Como o negócio lucrativo fluía naturalmente para onde o regime regulatório fosse mais relaxado, a pressão política sobre os reguladores para olhar para outras questões crescia. Michael Bloomberg, o prefeito de Nova York, encomendou um relatório em 2005 que concluiu que regulamentação excessiva nos EUA ameaçava as futuras companhias financeiras de sua cidade. Toda a gente em Wall Street, juntamente com o "Partido de Wall Street" no Congresso, ecoou essas conclusões.

———◆———

O sucesso da política de repressão salarial depois de 1980 permitiu que os ricos ficassem muito ricos. Dizem-nos que isso é bom porque os ricos vão investir em novas atividades (depois de satisfazer sua necessidade competitiva de se deleitar com o consumo conspícuo, é claro). Bem, sim, eles investem, mas não necessariamente direto na produção. A maioria deles prefere investir em ações. Por exemplo, eles colocam dinheiro no mercado de ações e o valor das ações sobe, então colocam ainda mais dinheiro, independentemente de quão bem as empresas em que investem estão de fato. (Você se lembra das previsões do fim dos anos 1990 da Dow em

35 mil?) O mercado de ações tem um caráter Ponzi, mesmo sem os Bernies Madoffs deste mundo precisarem organizá-lo explicitamente assim. Os ricos apostaram alto em todo tipo de ativos, incluindo ações, propriedades, recursos, petróleo e outros futuros de mercadorias, bem como o mercado de arte. Eles também investiram no capital cultural com o patrocínio de museus e todo o tipo de atividades culturais (tornando assim a chamada "indústria cultural" uma estratégia preferida para o desenvolvimento econômico urbano). Quando o Lehman Brothers quebrou, o Museu de Arte Moderna de Nova York perdeu um terço de sua receita de patrocínio.

Novos mercados estranhos surgiram, liderados pelo que se tornou conhecido como "sistema de banco às escuras", permitindo o investimento em trocas de crédito, derivativos de moeda e assim por diante. O mercado de futuros abarcou tudo desde o comércio de direitos de poluição até especulações sobre o tempo. De quase nada em 1990, esses mercados cresceram e passaram a circular aproximadamente 250 trilhões de dólares em 2005 (a produção total mundial foi então de apenas 45 trilhões de dólares) e talvez algo como 600 trilhões de dólares em 2008. Os investidores puderam investir em derivativos de ativos e, finalmente, até mesmo em derivativos de contratos de seguros de derivativos de ativos. Esse foi o ambiente em que os fundos de cobertura floresceram, com enormes lucros para quem investiu neles. Aqueles que os administravam acumularam grandes fortunas (mais de 1 bilhão de dólares em remuneração pessoal por ano para vários deles em 2007 e 2008, e algo como 3 bilhões de dólares para os que mais receberam).

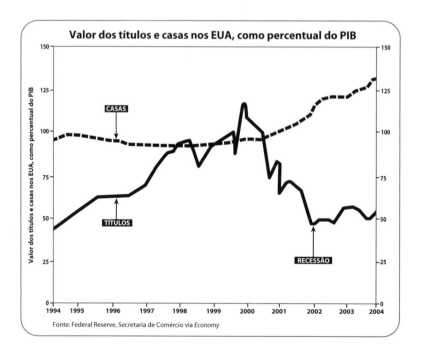

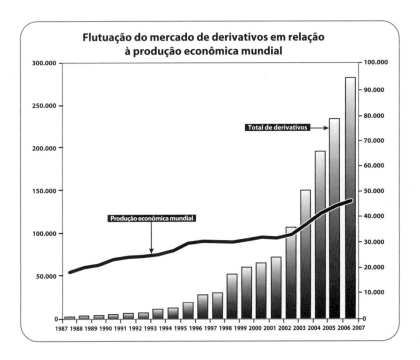

A tendência de investimento em ativos se tornou generalizada. De 1980 em diante vieram à tona periodicamente relatórios sugerindo que muitas das grandes corporações não financeiras geravam mais dinheiro de suas operações financeiras do que fazendo coisas. Isso foi particularmente verdadeiro na indústria automobilística. Essas corporações agora eram administradas por contadores e não por engenheiros, e suas divisões financeiras que tratavam de empréstimos aos consumidores foram altamente rentáveis. A General Motors Acceptance Corporation tornou-se logo uma das maiores detentoras de hipotecas de propriedade privada, bem como um lucrativo negócio de financiamento de compra de carros. Mas mais importante ainda, o comércio interno dentro de uma corporação que produzia autopeças em todo o mundo permitiu que preços e demonstrativos de lucros fossem manipulados em diferentes moedas de forma a declarar lucro em países onde as taxas eram mais baixas e usar flutuações de moeda para obter ganhos monetários. No entanto, para se proteger, as empresas também tiveram de blindar-se contra potenciais perdas ligadas a mudanças inesperadas nas taxas de câmbio.

O colapso de 1973 do sistema de câmbio fixo criado nos anos 1960 significou a ascensão de um sistema mais volátil de câmbio. Um novo mercado de futuros de moedas se formou na década de 1970 em Chicago, organizado em torno de regras estritas. No fim da década de 1980, para compensar a volatilidade, a prática de cobertura (colocar apostas de duas mãos sobre futuros de moeda) tornou-se mais comum. Um mercado descentralizado e informal de trocas surgiu fora do quadro regulamentar e das regras de comércio. Foi o tipo de iniciativa privada que levou a uma avalanche de novos produtos financeiros na década de 1990 – troca de inadimplência de crédito, derivativos cambiais, trocas de taxas de juros e todo o resto –, o que constituiu um sistema de banco às escuras totalmente desregulamentado em que muitas empresas se tornaram jogadoras intensas. Se esse sistema de banco às escuras podia funcionar em Nova York, então por que também não em Londres, Frankfurt, Zurique e Singapura? E por que limitar a atividade a bancos? A Enron era supostamente especializada em fazer e distribuir energia, mas cada vez mais apenas comercializava futuros de energia e quando faliu em 2002 viu-se que não era nada além de uma empresa de comércio de derivativos que havia sucumbido em mercados de alto risco.

Na medida em que o que aconteceu parece incrivelmente opaco, deixe-me contar uma anedota para ilustrar. Tendo tido algum sucesso na troca de futuros de moeda no banco de investimentos Salomon Brothers, Andy Krieger, de 29 anos de idade, entrou no Bankers Trust, em 1986, apenas a tempo para o "Big Bang". Ele encontrou uma maneira puramente matemática para fazer lucro sobre o preço de opções de moeda. Ele também conseguiu manipular o mercado, colocando a opção de comprar uma grande quantidade de moeda em alguma data futura, que levava outros investidores a comprar a moeda o mais rápido possível. Krieger então vendia a moeda que ele detinha na subida dos preços e cancelava sua opção. Ele perdia o depósito da opção, claro, mas encontrou a galinha dos ovos de ouro ao vender a moeda com lucro. Isso pode acontecer porque os negócios se deram no mercado informal (ou seja, em contratos privados e fora do quadro de troca de futuros de moeda de Chicago). Krieger fez imensas apostas – uma vez apostou o valor total do kiwi* da Nova Zelândia (levando ao pânico o governo neozelandês) – e faturou cerca de 250 milhões de dólares em 1987, um ano de crise financeira em que o resto do Bankers Trust teve perdas. Aparentemente, ele sozinho foi o responsável por manter o Bankers Trust vivo. Haviam-lhe prometido um bônus de 5%, o que na época teria sido enorme, mas quando ele recebeu meros 3 milhões de dólares renunciou "por princípio". Enquanto isso, o Bankers Trust, sem verificar seus números, divulgou declarações tranquilizadoras sobre sua rentabilidade para sustentar seu valor de mercado. Os cálculos de Krieger revelaram estar errados em 80 milhões de dólares, mas, em vez de admitir que sua rentabilidade tinha desaparecido, o banco tentou todos os tipos de práticas de contabilidade "criativa" para encobrir o desvio antes de finalmente ter de admitir que havia um erro.

Observe os elementos desse conto. Em primeiro lugar, negócios não regulamentados e informais permitem todos os tipos de inovação financeira e práticas nebulosas que, no entanto, geram um monte de dinheiro. Em segundo lugar, o Banco Mundial apoia tais práticas, mesmo sem entendê-las (a matemática em particular), porque são muitas vezes tão rentáveis em comparação com seus negócios centrais que, consequentemente, melhoram seu valor de mercado. Em terceiro lugar, a contabilidade criativa entra em cena e, em quarto, a valorização dos ativos já que as práticas contábeis são extremamente incertas em mercados voláteis. Por fim, tudo isso foi conduzido por um jovem investidor que tinha habilidades que pareciam torná-lo fora de série. Frank Partnoy, em seu relato sobre tudo isso, *Infectious Greed* [Ganância contagiosa]** (publicado, note-se, em 2003), escreve:

> Em poucos anos, os reguladores perderam o controle limitado que tinham sobre os intermediários de mercado, os intermediários de mercado perderam o controle limitado que tinham sobre os administradores de empresa, e os administradores de empresa perderam o controle limitado que tinham sobre seus empregados. Essa cadeia de perda de controle levou a tomadas de risco exponenciais em muitas empresas, em grande parte escondido da opinião pública. Simplificando, a aparência de controle dos mercados financeiros era uma ficção.

Como valores de ativos foram pressionados para cima, isso afetou o conjunto da economia. As ações eram uma coisa, mas a propriedade era outra. Tornou-se quase impossível comprar ou até mesmo morar em Manhattan, a menos que você se endividasse incrivelmente. Todo mundo foi pego nessa inflação de ativos, in-

---

* Termo pelo qual o dólar neozelandês é informalmente conhecido e que se refere ao pássaro kiwi, símbolo nacional da Nova Zelândia que estampa a moeda de um dólar. (N. E.)

** Nova York, Times Books, 2003. (N. E.)

cluindo as classes trabalhadoras cujos rendimentos não aumentavam. Se os super-ricos podiam fazê-lo, por que não um trabalhador que pode comprar uma casa em condições de crédito fácil e tratá-la como uma máquina de sacar dinheiro em processo de valorização para cobrir emergências de saúde, enviar os filhos para a faculdade ou fazer um cruzeiro pelo Caribe?

Mas a inflação dos ativos não pode continuar para sempre. Agora é a vez dos Estados Unidos de experimentar a dor dos ativos em queda, mesmo que os políticos do país façam seu melhor para exportar sua versão perversa de capitalismo para o resto do mundo.

———◆———

A relação entre representação e realidade no capitalismo sempre foi problemática. Dívida refere-se ao valor futuro de bens e serviços. Isso sempre envolve um palpite, que é definido pela taxa de juros, descontando no futuro. O crescimento da dívida desde os anos 1970 se refere a um problema fundamental subjacente, que eu chamo de "problema da absorção do excedente de capital". Os capitalistas estão sempre produzindo excedentes na forma de lucro. Eles são forçados pela concorrência a recapitalizar e investir uma parte desse excedente em expansão. Isso exige que novas saídas lucrativas sejam encontradas.

O eminente economista britânico Angus Maddison passou a vida tentando recolher dados sobre a história da acumulação de capital. Em 1820, ele calculou, a produção total de bens e serviços na economia capitalista mundial valia 694 bilhões de dólares (em dólares constantes de 1990). Por volta de 1913 tinha subido para 2,7 trilhões de dólares; em 1950, para 5,3 trilhões de dólares; em 1973, para 16 trilhões de dólares e até 2003 estava em quase 41 trilhões de dólares. O mais recente Relatório de Desenvolvimento do Banco Mundial de 2009 a coloca (em dólares correntes) em 56,2 trilhões dólares, dos quais os EUA respondem por quase 13,9 trilhões de dólares. Ao longo da história do capitalismo, a taxa composta de crescimento real foi de cerca de 2,25% ao ano (negativa nos anos 1930 e muito maior – cerca de 5% – no período de 1945 a 1973). O consenso atual entre os economistas e na imprensa financeira é que uma economia "saudável" do capitalismo, em que a maioria dos capitalistas obtém um lucro razoável, expande-se em 3% ao ano. Quando se cresce menos do que isso, a economia é considerada lenta. Quando se obtém abaixo de 1%, a linguagem de recessão e a crise estouram (muitos capitalistas não têm lucro).

O primeiro-ministro britânico Gordon Brown, num ataque de otimismo injustificado, defendeu no fim do outono de 2009 que era possível antever a economia mundial dobrando nos próximos vinte anos. Obama também acredita que estaremos de volta a 3% de crescimento "normal" em 2011. Se assim for, haverá mais de 100 trilhões de dólares na economia global até 2030. Saídas lucrativas teriam então

Crescimento do PIB: o mundo e as principais regiões, 1950-2030							
	Níveis em bilhões de dólares (1990)					Taxa anual média da mudança	
	1950	1973	1990	2003	2030	1990-2003	2003-30
Europa ocidental	1.396	4.097	6.033	7.857	12.556	2,05	1,75
EUA	1.456	3.537	5.803	8.431	16.662	2,91	2,56
Austrália, Canadá, Nova Zelândia	180	522	862	1.277	2.414	3,07	2,39
Japão	161	1.243	2.321	2.699	3.488	1,17	0,95
"RICOS"	3.193	9.399	15.019	20.264	35.120	2,33	2,06
Europa oriental	185	551	663	786	1.269	1,33	1,79
Rússia	315	872	1.151	914	2.017	-1,76	2,98
Outros países da antiga URSS	199	641	837	638	1.222	-2,17	2,43
América Latina	416	1.389	2.240	3.132	6.074	2,61	2,48
China	245	739	2.124	6.188	22.983	8,56	4,98
Índia	222	495	1.098	2.267	10.074	5,73	5,68
Outros países da Ásia	363	1.387	3.099	5.401	14.884	4,36	3,83
África	203	550	905	1.322	2.937	2,96	3,00
"RESTO"	2.148	6.624	12.117	20.648	61.460	4,19	4,12
MUNDO	5.341	16.022	27.136	40.913	96.580	3,21	3,23

de ser encontradas a um valor extra de 3 trilhões de dólares de investimento. Essa é uma cifra muito alta.

Pense nisso desta maneira. Quando o capitalismo era composto de atividades dentro um raio de cem quilômetros em torno de Manchester e Birmingham, na Inglaterra, e alguns outros pontos centrais em 1750, a acumulação de capital a uma taxa composta de 3% a um nível aparentemente infinito não representava um grande problema. Mas agora pense no crescimento composto infinito não só em relação a tudo o que está acontecendo na América do Norte, Oceania e Europa, mas também no Leste e Sudeste da Ásia, assim como em grande parte da Índia e do Oriente Médio, América Latina e áreas importantes da África. A tarefa de manter o capitalismo crescendo a esse ritmo composto é assustadora. Mas por que 3% de crescimento pressupõem 3% de reinvestimento? Isso é um dilema que precisa ser abordado. (Fique antenado!)

Há um grave problema subjacente, particularmente desde a crise de 1973 a 1982, sobre como absorver montantes de capital excedente na produção de bens e serviços cada vez maiores. Durante os últimos anos, as autoridades monetárias como o Fundo Monetário Internacional têm comentado que "o mundo está inundado com excesso de liquidez", isto é, há uma massa crescente de dinheiro à procura de algo rentável para colocar-se. Na crise dos anos 1970, grandes excedentes de dólares ficaram empilhados nos Estados do Golfo como resultado do aumento dos preços do petróleo. Foram então reciclados na economia mundial pelos bancos de investimento de Nova York, que emprestaram imensamente para os países

32 / O enigma do capital

em desenvolvimento, preparando o cenário para a eclosão da crise mundial da dívida da década de 1980.

Cada vez menos capital excedente tem sido absorvido na produção (apesar de tudo o que aconteceu na China) porque as margens de lucro global começaram a cair depois de um breve ressurgimento na década de 1980. Numa tentativa desesperada de encontrar mais locais para colocar o excedente de capital, uma vasta onda de privatização varreu o mundo, tendo sido realizada sob a alegação dogmática de que empresas estatais são ineficientes e relaxadas por definição, e a única maneira de melhorar seu desempenho é passá-las ao setor privado. O dogma não resiste a qualquer análise pormenorizada. Algumas empresas estatais são de fato ineficientes, mas outras não são. Basta viajar pela rede ferroviária francesa e compará-la aos sistemas pateticamente privatizados nos EUA e Inglaterra. E nada poderia ser mais ineficiente e perdulário do que o sistema de saúde privado nos Estados Unidos (o Medicare, o segmento estadual, tem custos de manutenção muito menores). Não importa. Indústrias administradas pelo Estado, assim seguiu o mantra, tiveram de ser abertas ao capital privado, que não tinham para onde ir, e serviços de utilidade pública como água, eletricidade, telecomunicações e transporte – para não falar de habitação, educação e saúde – tiveram de ser abertas para as bênçãos da iniciativa privada e a economia de mercado. Em alguns casos pode ter havido ganhos de eficiência, mas em outros não. O que se tornou evidente, no entanto, foi que os empresários que compraram esses bens públicos, em geral com bons descontos, rapidamente se tornaram bilionários. O mexicano Carlos Slim Helú, classificado como o terceiro homem mais rico do mundo pela revista *Forbes* em 2009, teve seu grande êxito com a privatização das telecomunicações do México no início dos anos 1990. A onda de privatizações num país marcado por sua pobreza catapultou vários mexicanos para a lista de mais ricos da *Forbes* em pouco tempo. A terapia de choque de mercado na Rússia pôs sete oligarcas no controle de quase metade da economia dentro de alguns anos (Putin tem lutado contra eles desde então).

À medida que mais capital excedente entrou na produção na década de 1980, particularmente na China, a concorrência intensificada entre os produtores começou a colocar pressão sobre os preços (como visto no fenômeno do Wal-Mart com preços cada vez menores para os consumidores dos EUA). Os lucros começaram a cair depois de mais ou menos 1990, apesar da abundância de trabalhadores com baixos salários. Salários e lucros baixos são uma combinação peculiar. Como resultado, cada vez mais dinheiro entrou na especulação em ativos, porque era onde lucros eram passíveis de ser realizados. Por que investir em produção de baixo lucro, quando você pode tomar emprestado no Japão sem taxa de juros e investir em Londres a 7% com cobertura para seus investimentos em caso de uma possível e deletéria mudança na taxa de câmbio iene-libra? Em qualquer caso, foi mais ou menos nesse período que ocorreu a explosão da dívida e os novos mercados de derivativos decolaram, o que, juntamente com a infame bolha ponto.com da internet, sugou uma vasta quantidade de capital excedente. Quem precisava se preocupar com o investimento na produção quando tudo isso estava acontecendo? Esse foi o momento em que a financeirização da tendência de crise do capitalismo começou de fato.

O crescimento a 3% para sempre está se deparando com sérias restrições. Existem restrições ambientais, de mercado, de rentabilidade e espaciais (apenas zonas importantes da África, embora completamente devastadas pela exploração de seus recursos naturais, bem como remotas regiões em geral no interior da Ásia e da América Latina, ainda não foram totalmente colonizadas pela acumulação de capital).

A virada para a financeirização desde 1973 surgiu como uma necessidade. Ofereceu uma forma de lidar com o problema da absorção do excedente. Mas de onde viria o dinheiro a mais, a liquidez a mais? Na década de 1990, a resposta foi clara: aumento do endividamento em relação ao capital existente. Os bancos normalmente emprestam, digamos, três vezes o valor de seus depósitos sob a lógica de que os devedores nunca deixarão de pagar ao mesmo tempo. Quando um banco se defronta com muita inadimplência, certamente tem de fechar suas portas porque nunca vai ter dinheiro suficiente em mãos para cobrir suas obrigações. A partir da década de 1990, os bancos elevaram a razão dívida-capital frequentemente concedendo empréstimos uns aos outros. O setor bancário tornou-se mais endividado do que qualquer outro da economia. Até 2005, a razão chegou a estar tão alta como 30 para 1. Não admira que o mundo parecesse estar inundado com excesso de liquidez. Excedentes de capital fictício criados dentro do sistema bancário absorveram o excedente! Era quase como se a comunidade bancária tivesse se retirado para a cobertura do capitalismo na qual fabricava uma grande quantidade de dinheiro pelo comércio e endividamento entre os próprios bancos sem qualquer noção do que os trabalhadores que vivem no porão estavam fazendo.

Mas quando um par de bancos começou a ter problemas, a confiança entre os bancos erodiu e a liquidez fictícia sobre dívidas desapareceu. O desendividamento começou, o que provocou perdas maciças e desvalorizações do capital dos bancos. Tornou-se então claro para aqueles no porão o que os habitantes da cobertura haviam feito nos últimos vinte anos.

As políticas governamentais têm agravado em vez de amenizar o problema. O termo "socorro nacional" é impreciso. Os contribuintes estão simplesmente socorrendo os bancos, a classe capitalista, perdoando-lhes dívidas e transgressões, somente isso. O dinheiro vai para os bancos, mas até agora nos EUA não para os proprietários que foram despejados ou a população em geral. Os bancos estão usando o dinheiro, não para empréstimos, mas para reduzir o desnível dívida-capital e comprar outros bancos. Eles estão ocupados em consolidar seu poder. Esse tratamento desigual provocou uma onda de raiva política populista daqueles que vivem no porão contra as instituições financeiras, apesar de a direita e muitos na mídia chamarem de irresponsáveis os proprietários que vão com muita sede ao pote. Medidas mornas para ajudar as pessoas, claramente muito atrasadas, são então propostas para impedir o que poderia ser uma séria crise de legitimidade para o futuro do poder dominante da classe capitalista. Podemos voltar à economia alimentada pelo crédito, uma vez que os bancos comecem a emprestar novamente? Se não, por quê?

———◆———

Nos últimos trinta anos viu-se uma reconfiguração dramática da geografia da produção e da localização do poder político-econômico. No fim da Segunda Guerra Mundial, entendeu-se que a concorrência intercapitalista e o protecionismo estatal haviam desempenhado um papel importante nas rivalidades que levaram à guerra. Se a paz e a prosperidade deveriam ser alcançadas e mantidas, um quadro mais aberto e seguro para a negociação política e o comércio internacionais, um quadro a partir do qual todos poderiam se beneficiar a princípio, tinha de ser criado. A principal potência capitalista da época, os Estados Unidos, usou sua posição dominante para ajudar a criar, juntamente com seus principais aliados, um novo quadro para a ordem global. Incentivou a descolonização e o desmantelamento dos impérios anteriores (britânico, francês, holandês etc.) e intermediou o nascimento das Nações Unidas e do Acordo de Bretton Woods de 1944, que definiu as regras do comércio internacional. Quando a Guerra Fria começou, os EUA usaram seu poderio militar para oferecer ("vender") proteção a todos aqueles que optaram por alinhar-se com o mundo não comunista.

Os Estados Unidos, em suma, assumiram a posição de poder hegemônico dentro do mundo não comunista. Lideraram uma aliança global para manter a maior parte possível do mundo aberta para absorver o excedente de capital. Seguiram sua própria agenda por mais que parecessem agir para o bem universal. O apoio oferecido pelos EUA para estimular a recuperação capitalista na Europa e no Japão logo após a Segunda Guerra Mundial foi um exemplo de tal estratégia. Governaram com uma mistura de coerção e consentimento.

Na conferência de Bretton Woods de 1944, o renomado economista John Maynard Keynes, o negociador britânico, buscou uma unidade de moeda global fora do controle de qualquer uma das nações. Os EUA rejeitaram essa ideia, insistindo que o dólar dos EUA tinha esse papel, apoiado por uma taxa de câmbio fixa do dólar em relação ao ouro. Todas as outras moedas fixaram então sua taxa de câmbio com base no dólar para facilitar o comércio global. Obviamente não havia necessidade para qualquer mercado de futuros de moeda porque a taxa de câmbio no prazo de seis meses era conhecida, impedindo, naturalmente, desvalorizações ocasionais catastróficas. As crises financeiras – ao contrário de crises de superprodução do tipo que levou a graves recessões em 1958 e 1966 – foram raras sob esse sistema. Os poderes do capital financeiro, embora importantes, estavam circunscritos e eram razoavelmente transparentes.

O sistema funcionou bem, enquanto os EUA se abstiveram do uso de seu poder de imprimir dólares para atender apenas a seus interesses. Entretanto, a guerra no Vietnã e os programas da "Grande Sociedade" de combate à pobreza dos anos 1960 (a estratégia de "armas *e* manteiga", como se dizia na época) levaram a uma crise do dólar a partir de mais ou menos 1968. Foi nessa época também que as corporações dos EUA começaram a enviar seu excedente de capital para o estrangeiro. Excedentes de dólares, fora do controle dos EUA, estavam se acumulando no sistema bancário europeu. A crença na taxa de câmbio fixa do dólar contra o ouro começou a ruir. Mas o que podia substituí-la?

A ideia de Keynes de uma moeda global neutra sob a forma de "direitos de saque especiais", com base no valor das cinco moedas mais importantes e gerenciada pelo FMI, foi retomada em 1969. Mas era uma ameaça à hegemonia dos EUA. Uma solução mais aceitável para o país, surgida de uma série de complicados acordos internacionais entre 1968 e 1973, foi abandonar a taxa de câmbio fixa com base no ouro. Todas as principais moedas do mundo começaram então a flutuar com base no dólar. Isso introduziu flexibilidade e volatilidade internacional para o sistema de negociação, mas a moeda de reserva global permaneceu sob controle dos EUA.

O efeito foi substituir um desafio à hegemonia dos EUA por outro. Se era preciso que o dólar permanecesse forte, a economia produtiva dos EUA tinha de ter um desempenho tão bom quanto a de seus rivais, se não melhor. Na década de 1980 ficou claro que as economias do Japão e da Alemanha Ocidental estavam muito à frente da dos EUA em termos de produtividade e eficiência e que havia outras ameaças competitivas à espreita. Os EUA não podiam reverter para o protecionismo. No máximo, tinham de tomar a liderança para forçar cada vez mais livre-comércio internacional como um meio para a absorção do excedente de capital. Os EUA simplesmente tinham de competir. O capitalismo, que antes havia se desenvolvido ao longo de linhas de monopólio no quadro nação-Estado, tornou-se muito mais competitivo em nível internacional (exemplo disso é a súbita invasão do mercado de automóveis dos EUA por montadoras japonesas e alemãs). O capital financeiro, tanto internamente nos EUA quanto internacionalmente, teve de se mudar para o primeiro plano para alocar o excedente de capital para onde a taxa de lucro fosse maior.

Cresceram muitas indústrias, não nos Estados Unidos ou nos centros tradicionais de produção do Nordeste e Centro-Oeste, mas no Oeste e Sul. O resultado foi a reorganização violenta e implacável e a deslocalização da produção em todo o mundo. A desindustrialização dos centros mais antigos de produção ocorreu em todos os lugares a partir das indústrias de aço de Pittsburgh, Sheffield e Essen à indústria têxtil de Mumbai. Foi acompanhada por um surto impressionante na industrialização de espaços totalmente novos na economia global, em particular aqueles com recursos específicos ou vantagens organizacionais – Taiwan, Coreia do Sul, Bangladesh e as zonas especiais de produção, como as "maquiladoras" do México (fábricas de montagem livres de impostos) ou as plataformas de exportação criadas no delta do rio Pérola da China. Mudanças globais na capacidade de produção acompanhadas por inovações tecnológicas altamente competitivas, muitas das quais poupavam trabalho, contribuíram ainda mais para disciplinar o trabalho global.

Os Estados Unidos ainda mantiveram um poder financeiro enorme, mesmo perdendo sua dominância anterior (embora não significância) no âmbito da produção. Cada vez mais, os EUA contaram com a extração de rendas, seja com base em suas vantagens em inovações tecnológicas e financeiras seja em direitos de propriedade intelectual. Mas isso significou que as finanças não deviam ser sobrecarregadas com excesso de regulamentação.

A queda do setor financeiro dos EUA em 2008 e 2009 comprometeu sua hegemonia. A capacidade do país de lançar um plano independente de recuperação do financiamento de suas dívidas foi limitada politicamente pela oposição ferrenha dos conservadores em casa, assim como pela enorme dívida acumulada a partir da década de 1990. Os EUA têm pedido empréstimos à taxa de cerca de 2 bilhões de dólares por dia há vários anos e, até agora, os credores – como chineses e outros bancos centrais da Ásia Oriental, juntamente com os dos Estados do Golfo – mantiveram os empréstimos porque os EUA eram uma economia demasiadamente grande para fracassar; o crescente poder dos credores sobre a política dos EUA é palpável. Enquanto isso, a posição do dólar como moeda de reserva global está ameaçada. Os chineses ressuscitaram a sugestão original de Keynes e pediram a criação de uma moeda global com direitos de saque especiais para ser gerido por um FMI presumivelmente democratizado (em que os chineses teriam uma importante voz). Isso ameaça a hegemonia financeira dos EUA.

O fim da Guerra Fria também fez com que a proteção militar contra a ameaça comunista se tornasse irrelevante, na medida em que os países do ex-bloco soviético, juntamente com a China e o Vietnã por caminhos muito diferentes, tornaram-se integrados ao sistema econômico capitalista global. Embora isso crie novas oportunidades para a absorção do excedente, também coloca o problema de acelerar a criação de excedentes. Tentativas de mobilizar o resto do mundo sob a égide militar dos EUA para a proteção contra outro inimigo – a chamada Guerra ao Terror – não tiveram êxito.

É nesse contexto que temos de ler as previsões sagradas do Conselho de Inteligência Nacional dos EUA, publicadas pouco depois da eleição de Obama, que apresentam como o mundo será em 2025. Talvez pela primeira vez, um órgão oficial dos EUA tenha previsto que, até lá, os Estados Unidos, ainda um jogador poderoso no mundo dos negócios, não serão mais o operador dominante. O mundo será multipolar e menos centralizado, e a importância de atores não estatais (de organizações terroristas a ONGs) aumentará. Acima de tudo, "a mudança sem precedentes na riqueza relativa e no poder econômico de maneira geral do Oeste para o Leste, já em curso, continuará".

Essa "mudança sem precedentes" inverteu a drenagem de longa data de riqueza do Leste, Sudeste e Sul Asiático para a Europa e América do Norte, que ocorre desde o século XVIII – uma drenagem que Adam Smith observou com pesar em *A riqueza das nações**. A ascensão do Japão na década de 1960, seguida por Coreia do Sul, Taiwan, Singapura e Hong Kong na década de 1970, e, ainda, o rápido crescimento da China depois de 1980, mais tarde acompanhados por surtos de industrialização na Indonésia, Índia, Vietnã, Tailândia e Malásia durante a década de 1990, alteraram o centro de gravidade do desenvolvimento capitalista, mesmo que esse não tenha sido um processo suave. A crise financeira do Leste e Sudeste Asiático de 1997 a 1998 viu um fluxo de riqueza voltar de forma breve, mas forte, a Wall Street e bancos europeus e japoneses.

Se as crises são momentos de reconfiguração radical do desenvolvimento capitalista, então o fato de os Estados Unidos terem de financiar por meio de déficit sua saída das dificuldades financeiras em uma escala tão grande e de os déficits serem em grande parte cobertos por países com excedentes poupados – Japão, China, Coreia do Sul, Taiwan e Estados do Golfo – sugerem que esta pode ser a ocasião para tal mudança. É mesmo possível interpretar as atuais dificuldades dos EUA e Reino Unido como o troco ao que Wall Street e a City de Londres fizeram ao Leste e Sudeste Asiático, em 1997 e 1998.

Mudanças tectônicas desse tipo já aconteceram antes, como descrito a fundo no livro de Giovanni Arrighi de 1994, *O longo século XX***. Há, segundo ele, um claro padrão em que períodos de financeirização precedem uma mudança de hegemonia. Para acomodar o acúmulo interminável, a hegemonia se desloca no decorrer do tempo de entidades políticas menores (por exemplo, Veneza) a outras maiores (por exemplo, os Países Baixos, Grã-Bretanha e Estados Unidos). A hegemonia normalmente pertence à entidade política que produz grande parte do excedente (ou à qual grande parte do excedente flui na forma de tributos ou extrações imperialistas). Com um total de produção global em 56,2 trilhões de dólares em 2008, a cota dos EUA de 13,9 trilhões de dólares ainda faz desse país o ator que controla o capitalismo global, capaz de orientar as políticas globais (como faz em seu papel de ator-chefe nas instituições internacionais, como Banco Mundial e FMI).

---

* São Paulo, WMF Martins Fontes, 2010, 2 v. (N. E.)
** Rio de Janeiro/São Paulo, Contraponto/Unesp, 2006. (N. E.)

Mas o mapa da atividade produtiva do mundo e da acumulação de riqueza parece radicalmente diferente hoje de como era em 1970. A Ásia se adaptou rápido ao ritmo. Pequenas aldeias chinesas como Shenzhen e Dongguan, perto de Hong Kong, tornaram-se cidades multimilionárias e potências de produção do dia para a noite. Grande parte do excedente mundial foi absorvida na produção desses novos espaços de atividades capitalistas, bem como nas infraestruturas necessárias para facilitar o crescente volume de comércio internacional desses países (por exemplo, aeroportos e portos de carga). Os espaços específicos para os quais as atividades passaram não estavam dados de antemão, foram determinados por uma série de contingências e fatores locais, dependendo, em parte, dos chamados "naturais", bem como dos recursos humanos e das vantagens de localização (como a proximidade do Norte do México com o mercado dos EUA). As especificidades das políticas estatais (como investimento em infraestruturas, subvenções para investimento, políticas em relação a trabalho ou criação da legislação das zonas de "maquila" no México e nas "zonas econômicas especiais" após 1980 na China) também desempenharam um papel importante.

A geografia do desenvolvimento e da subsequente crise tem sido desigual. Os países que tinham sido os mais perdulários na promoção da bolha imobiliária – Estados Unidos, Grã-Bretanha, Irlanda e Espanha – foram os epicentros iniciais da crise, mas houve abundância de pontos em outros lugares. Os epicentros financeiros foram Nova York e Londres, que tinham compartilhado a liderança em cortar, fracionar e assegurar hipotecas residenciais e outras formas de dívida e em construir os instrumentos financeiros (principalmente obrigações de dívida colateralizadas e veículos especiais de investimento) para o marketing e a comercialização da dívida, juntamente com os mecanismos secundários para o seguro, a cobertura e a troca desta. A arquitetura financeira que surgiu após a unificação "Big Bang" dos mercados financeiros globais em 1986 fez com que falhas em Londres e Nova York fossem imediatamente sentidas em toda parte. Este era, afinal, o sistema financeiro que permitia a um investidor num escritório em Singapura, Nicholas Leeson, comercializar no mercado de Tóquio de tal forma a levar à falência o venerável Barings Bank de Londres, em 1995. Foi por isso que o choque causado no sistema financeiro global pela quebra do Lehman Brothers foi tão instantâneo e profundo.

O colapso dos mercados de crédito, entretanto, teve um impacto diferenciado de acordo com o grau em que a atividade econômica dependia desses mercados. A Islândia, que havia assumido o papel de empreendedor de crédito especulativo e sistema bancário, perdeu quase toda a sua riqueza de ativos em questão de semanas, deixando os investidores (muitos na Grã-Bretanha) com imensas perdas e seu governo em desordem. Muitos países da Europa oriental que haviam recentemente aderido à União Europeia e haviam tomado grandes empréstimos não puderam rolar suas dívidas e enfrentaram a falência (o governo da Letônia entrou em colapso).

Por outro lado, os países que não haviam integrado totalmente seu sistema financeiro à rede global, como China e Índia, foram mais bem protegidos. E, como consumidores recuaram, países como os EUA e Reino Unido, com endividamento imenso das famílias em relação à renda, foram atingidos de forma diferente, como foram os países, a exemplo dos EUA de novo, que tinham as proteções sociais menos generosas contra o aumento do desemprego. (Os países europeus eram em geral muito melhores nessa questão e, portanto, não precisaram responder com pacotes de estímulo extras.) Os países que dependiam fortemente dos EUA como principal mercado de exportação, em particular aqueles do Leste e Sudeste Asiático, acabaram sendo puxados para baixo, assim como os mercados acionários, enquanto produtores de matérias-primas e bens, que estavam em alta no início de 2008 e consideravam-se imunes à crise, de repente se viram em sérias dificuldades quando os preços das matérias-primas e bens despencaram no segundo semestre de 2008. Os preços do petróleo, que havia subido para quase 150 dólares o barril no verão de 2008 (levando a muita conversa sobre o "pico petrolífero"), voltaram para 40 dólares dentro de poucos meses, causando todo tipo de problemas para Rússia, Venezuela e Estados do Golfo. O colapso do *boom* baseado nas receitas do petróleo no Golfo fez com que milhares de trabalhadores imigrantes da Índia, Palestina e Sudeste da Ásia fossem enviados para casa.

México, Equador, Haiti e Kerala, na Índia, que dependiam fortemente das remessas dos trabalhadores de outros lugares, de repente viram os rendimentos familiares secarem na medida em que os empregos na construção civil no exterior eram perdidos e empregadas domésticas, demitidas. Desnutrição e mortes por fome aumentaram em muitos desses países mais pobres, desmentindo a ideia de que populações marginalizadas não são de alguma forma afetadas por crises financeiras no mundo capitalista avançado.

A crise se propagou em cascata de uma esfera para outra e de uma localização geográfica para outra, com toda sorte de rebotes e respostas que pareciam quase impossíveis de colocar sob controle, muito menos parar e reverter. Enquanto as populações pareceram inicialmente surpresas com o rumo dos acontecimentos, protestos populares contra as formas do capital internacional, que tinham aparecido e se intensificado depois do movimento em Seattle em 1999, mas diminuíram após o 11 de Setembro, de repente reapareceram, dessa vez com um alvo afiado e, novamente, com muita desigualdade geográfica. As greves eclodiram na França, junto com protestos na China, revoltas rurais na Índia e agitação estudantil na Grécia. Nos Estados Unidos, um movimento de pessoas sem teto para ocupar habitações abandonadas ou nas quais houve despejos começou a tomar forma.

O que era certo era que o modelo anglo-estadunidense de desenvolvimento econômico do mundo, que dominou no período pós-Guerra Fria de triunfalismo do livre-mercado na década de 1990, estava desacreditado.

Então por que o capitalismo gera periodicamente essas crises? Para responder a isso, precisamos de uma compreensão muito melhor de como o capitalismo funciona do que a que possuímos hoje. O problema é que as teorias e ortodoxias econômicas que, manifestamente, não conseguiram prever a crise continuam informando nossos debates, dominando nosso pensamento e fundamentado a ação política. Sem desafiar essas concepções mentais dominantes não pode haver alternativa (como Margaret Thatcher costumava dizer) que não seja um retorno frustrado ao tipo de capitalismo que nos levou a essa bagunça em primeiro lugar. Como, então, podemos entender melhor a propensão a crises do capitalismo e por quais meios poderíamos identificar uma alternativa? Essas são as questões que animam a análise que segue.

2
O CAPITAL REUNIDO

Como o capitalismo sobrevive e por que é tão propenso a crises? Para responder a essas perguntas primeiro descreverei as condições necessárias para a acumulação do capital florescer. Então, identificarei as possíveis barreiras que existem para o crescimento perpétuo e examinarei como estas normalmente foram superadas no passado, antes de mostrar quais são os principais bloqueios desta vez.

O capital não é uma coisa, mas um processo em que o dinheiro é perpetuamente enviado em busca de mais dinheiro. Os capitalistas – aqueles que põem esse processo em movimento – assumem identidades muito diferentes. Os capitalistas financistas se preocupam em ganhar mais dinheiro emprestando a outras pessoas em troca de juros. Os capitalistas comerciantes compram barato e vendem caro. Os proprietários cobram aluguéis porque a terra e os imóveis que possuem são recursos escassos. Os rentistas ganham dinheiro com royalties e direitos de propriedade intelectual. Comerciantes de bens trocam títulos (por ações e participações, por exemplo), dívidas e contratos (incluindo seguros) por um lucro. Até mesmo o Estado pode atuar como um capitalista, por exemplo quando usa as receitas fiscais para investir em infraestruturas que estimulem o crescimento e gerem mais receitas em impostos.

Mas a forma de circulação de capital que passou a dominar a partir de meados do século XVIII é aquela do capital industrial ou de produção. Nesse caso, o capitalista começa o dia com uma certa quantidade de dinheiro e, tendo selecionado uma tecnologia e uma forma organizacional, entra no mercado e compra as quantidades de força de trabalho e meios de produção necessários (matérias-primas, instalações físicas, produtos intermediários, máquinas, energia e assim em diante). A força de trabalho é combinada com os meios de produção por um processo de trabalho ativo realizado sob a supervisão do capitalista. O resultado é uma mercadoria que é vendida no mercado por seu proprietário, o capitalista, por um lucro.

No dia seguinte, o capitalista, por razões que em breve se tornarão aparentes, toma uma porção dos ganhos de ontem, converte-a em capital novo e inicia o processo novamente em uma escala expandida. Se a tecnologia e as formas organizacionais não mudam, então isso implica a compra de mais força de trabalho e mais meios de produção para criar cada vez mais lucros no segundo dia. E assim segue, *ad infinitum*.

No setor de serviços e entretenimento esse processo parece um pouco diferente, porque o processo de trabalho (cortar o cabelo ou divertir a massa) é em si a mercadoria a ser vendida, portanto não há intervalo de tempo entre a produção e a venda da mercadoria (embora possa haver muito tempo de preparação envolvido). A necessidade de reinvestir em expansão, dada muitas vezes a natureza pessoal dos serviços oferecidos, não é tão forte, apesar de existirem muitos exemplos de expansão de lojas de serviço e redes de cinema, cafés e até mesmo centros de educação superior privados.

A continuidade do fluxo na circulação do capital é muito importante. O processo não pode ser interrompido sem incorrer em perdas. Há também fortes incentivos para acelerar a velocidade da circulação. Aqueles que podem se mover mais rapidamente pelas diversas fases da circulação do capital acumulam lucros superiores aos de seus concorrentes. A aceleração quase sempre leva a maiores lucros. As inovações que ajudam a acelerar as coisas são muito procuradas. Nossos computadores, por exemplo, estão se tornando mais e mais rápidos.

Qualquer interrupção no processo ameaça levar à perda ou desvalorização do capital investido. Os ataques do 11 de Setembro de 2001 nos Estados Unidos, por exemplo, interromperam o fluxo de bens, serviços e pessoas dentro e fora da cidade de Nova York (e outras) e fecharam mercados financeiros por um tempo. Dentro de três dias, porém, tornou-se claro que os fluxos tinham de ser ressuscitados ou a economia estaria em apuros. Apelos públicos vigorosos foram feitos para todos saírem e fazerem compras, viajarem, consumirem e voltarem aos negócios (especialmente no setor financeiro). Era patriótico ajudar a economia a retomar seu rumo indo às compras! O presidente George W. Bush até mesmo tomou a atitude extraordinária de aparecer em um comercial coletivo das companhias aéreas exortando a todos a esquecer seus medos e continuar a viajar de avião. Embora as interrupções temporárias do tipo da do 11 de Setembro possam ser revertidas, a falta de movimento a longo prazo prenuncia uma crise do capitalismo.

A circulação do capital implica também movimento espacial. O dinheiro é reunido em alguma região e levado para um lugar especial para utilizar os recursos de trabalho que vêm de outro lugar. Deposito dinheiro em uma conta poupança no meu banco local em Baltimore, e o dinheiro acaba nas mãos de um empresário que construiu uma fábrica de meias em Dongguan, na China, e contrata trabalhadores migrantes do interior (principalmente jovens mulheres). Os meios de produção (incluindo as matérias-primas) têm de ser trazidos de mais um lugar para produzir uma mercadoria que tem de ser levada a um mercado em outro lugar. Atritos ou barreiras a esse movimento espacial tomam tempo para ser negociados e diminuem a circulação. Ao longo da história do capitalismo muito esforço tem sido posto, portanto, na redução do atrito de distância e dos obstáculos à circulação. Inovações nos transportes e comunicações têm sido cruciais. Aumentar a abertura das fronteiras do Estado ao comércio e finanças, assinar acordos de livre-comércio e garantir um bom enquadramento jurídico para o comércio internacional também são vistos como essenciais a longo prazo. Imagine se as barreiras alfandegárias na Europa nunca tivessem sido abolidas. Para citar outro exemplo contemporâneo, a securitização das hipotecas locais e sua venda a investidores em todo o mundo eram vistos como uma maneira de conectar áreas de escassez de capital àquelas com excedentes, supostamente minimizando os riscos.

Ao longo da história do capitalismo tem havido uma tendência para a redução geral das barreiras espaciais e a aceleração. As configurações do espaço e do tempo da vida social são periodicamente revolucionadas (lembre-se do que aconteceu com a chegada das ferrovias no século XIX e do impacto atual da web). O movimento torna-se ainda mais rápido e as relações no espaço cada vez mais estreitas. Mas essa tendência não é nem suave nem irreversível. O protecionismo pode voltar, as barreiras podem ser reforçadas, guerras civis podem interromper os fluxos. Além disso, as revoluções nas relações espaciais e temporais produzem tensões e crises (tenha em mente os difíceis ajustes forçados em muitas cidades, com a desindustrialização generalizada nas capitais da produção capitalista na década de 1980 quando a produção mudou-se para o Leste da Ásia). A geografia que isso produz será examinada posteriormente.

Por que os capitalistas reinvestem na expansão, em vez de consumir seus lucros em prazeres? Esse é o lugar em que "as leis coercitivas da concorrência" desempenham um papel decisivo. Se eu, como capitalista, não reinvestir em expansão e um rival o fizer, então depois de um tempo eu provavelmente estarei fechando as portas. Preciso proteger e expandir minha participação no mercado. Tenho de reinvestir para permanecer um capitalista. Isso pressupõe, no entanto, a existência de um ambiente competitivo, que exige que também expliquemos como a concorrência é perpetuada em face das tendências para a monopolização ou outras barreiras sociais ou tradicionais ao comportamento competitivo. Voltarei a esse problema em breve.

Há, contudo, outra motivação para reinvestir. O dinheiro é uma forma de poder social que pode ser apropriado por particulares. Além disso, é uma forma de poder social que não tem limites inerentes. Há um limite para a quantidade de terra que posso ter, de ativos físicos que posso comandar. Imelda Marcos tinha 6 mil pares de sapatos, descobriu-se após a derrubada da ditadura de seu marido nas Filipinas, mas isso ainda constituía um limite da mesma forma que as pessoas muito ricas não podem possuir bilhões de iates ou condomínios fechados. Mas não existe limite inerente aos bilhões de dólares que um indivíduo pode comandar. A ilimitação do dinheiro e o desejo inevitável de comandar o poder social que ele confere oferecem uma gama abundante de incentivos sociais e políticos para querer ainda mais dinheiro. E uma das principais maneiras de ter mais é reinvestir uma parte dos fundos excedentes conquistados ontem para amanhã gerar mais excedentes. Existem, é triste dizer, muitas outras formas de acumular o poder social que o dinheiro possibilita: fraude, corrupção, banditismo, roubo e tráfico ilegal. Mas vou considerar aqui em especial as formas legalmente sancionadas, embora possa haver um argumento sério de que as formas extralegais são fundamentais, não apenas periféricas, ao capitalismo (os três maiores setores de comércio externo global são as drogas, as armas ilegais e o tráfico de seres humanos).

Não se pode deixar de levar em conta a importância da natureza ilimitada do poder do dinheiro. Os principais gestores de fundos de cobertura em Nova York tiveram remunerações pessoais de 250 milhões de dólares cada em 2005, enquanto em 2006 o gestor mais bem-sucedido fez 1,7 bilhão de dólares e, em 2007, que foi um ano desastroso nas finanças globais, cinco deles (incluindo George Soros) ganharam 3 bilhões de dólares cada. É isso o que tenho em mente quando falo do dinheiro ilimitado como uma forma de poder social. O que George Soros faria se ele fosse pago em pares de sapatos?

A ganância pessoal pelo ouro não é nada nova, é claro. Mas há muito tempo os sistemas sociais têm sido construídos para tentar limitar a concentração excessiva de poder pessoal que a posse de riqueza monetária confere. O que os antropólogos chamam de "potlatch" em sociedades não capitalistas, por exemplo, confere prestígio a quem abre mão dos bens materiais que acumula, renuncia a eles ou em alguns casos até os destrói totalmente em elaboradas cerimônias. Várias formas de economias de dote fazem o mesmo. A generosidade filantrópica tem uma longa tradição, mesmo dentro da história do capitalismo – pense nas fundações Carnegie, Ford, Rockfeller, Gates, Leverhulme e Soros. Instituições não capitalistas, como o Vaticano, também podem atrair riqueza pessoal (na época medieval, a Igreja Católica vendia indulgências – bilhetes para o céu – para ricos comerciantes). Durante a maior parte do século passado, muitos dos Estados capitalistas avançados adotaram a tributação progressiva, redistribuições em espécie e impostos de herança fortes, reduzindo assim concentrações excessivas de riqueza pessoal e poder.

Então, por que as restrições à concentração excessiva do poder do dinheiro foram afrouxadas nos EUA e em outros lugares depois de 1980? Explicações em termos de uma explosão repentina de "ganância infecciosa" (termos de Alan Greenspan) simplesmente não adiantam, pois o desejo subjacente do poder do dinheiro sempre esteve presente. Por que o presidente Bill Clinton se rendeu tão facilmente aos portadores de títulos? Por que Larry Summers, quando era o secretário do Tesouro de Clinton, se opôs veementemente à regulação financeira, e por que Joseph Stiglitz, que agora se posiciona no lado esquerdo do grupo dominante, mas que era o principal conselheiro econômico de Clinton na década de 1990, terminou "por acaso" apoiando decisões que acabaram sempre tornando os ricos mais ricos? Será que George W. Bush abraçou princípios de tributação que favoreceram imensamente os ricos só porque gostava deles ou porque necessitava de seu apoio à reeleição? Foi coincidência que o "Partido de Wall Street" tenha tomado o poder, tanto no Congresso quanto no Executivo? Em caso afirmativo, por que Gordon Brown, o novo chanceler trabalhista do Ministério das Finanças da Grã-Bretanha, também se juntou tão facilmente a essa linha? (Será que a City de Londres chegou a ele, também?) E por que os mais ricos enriqueceram imensamente em todos os lugares, desde a Rússia e o México até a Índia e a Indonésia?

Na ausência de quaisquer limites ou barreiras, a necessidade de reinvestir a fim de continuar a ser um capitalista impulsiona o capitalismo a se expandir a uma taxa composta. Isso cria então uma necessidade permanente de encontrar novos campos de atividade para absorver o capital reinvestido: daí "o problema da absorção do excedente de capital". De onde virão as novas oportunidades de investimento? Existem limites? Claramente, não há nenhum limite inerente à capacidade monetária de estimular o crescimento (como se tornou evidente em 2008 e 2009, quando os Estados produziram, aparentemente do nada, trilhões de dólares para salvar um sistema financeiro em crise).

Mas existem outros potenciais obstáculos à circulação do capital, que, se se tornarem intransponíveis, podem produzir uma crise (definida como uma condição em que os excedentes de produção e reinvestimentos estão bloqueados). O crescimento, em seguida, para e parece haver um excesso ou superacumulação de capital em relação às possibilidades de uso desse capital de forma lucrativa. Se o crescimento não recomeça, então o capital superacumulado se desvaloriza ou é destruído. A geografia histórica do capitalismo está repleta de exemplos de crises de superacumulação, algumas locais e de curta duração (como a queda dos bancos suecos em 1992), outras em uma escala um pouco maior (a recessão de longa data que aflige a economia japonesa desde 1990 aproximadamente) e outras vezes tomando todo o sistema e, mais tarde, o globo (como em 1848, 1929, 1973 e 2008). Numa crise geral, uma grande quantidade de capital fica desvalorizada (cerca de 50 trilhões de dólares de perda estimada em valores de ativos globais na crise atual, por exemplo). Capital desvalorizado pode existir em muitas formas: fábricas desertas e abandonadas; áreas de escritório e lojas de varejo vazias; mercadorias excedentes que não podem ser vendidas; dinheiro que fica ocioso sem ganhar nenhuma taxa de retorno; declínio dos valores de ativos e ações, terras, propriedades, objetos de arte etc.

Tanto Karl Marx quanto Joseph Schumpeter escreveram de modo detalhado sobre as tendências "criativo-destrutivas" inerentes ao capitalismo. Embora Marx claramente admirasse a criatividade do capitalismo, ele (seguido por Lenin e toda a tradição marxista) enfatizou sua autodestruição. Os schumpeterianos têm vangloriado a criatividade sem fim do capitalismo, tratando a destrutividade como uma questão de custos normais dos negócios (embora admitam que, às vezes, a destrutividade infelizmente fique fora de controle). Ainda que os custos (sobretudo quando medidos em vidas perdidas nas duas guerras mundiais que foram, afinal, guerras intercapitalistas) tenham sido maiores do que o que os schumpeterianos normalmente admitem, pode ser que estejam certos a partir da perspectiva da *longue durée*, pelo menos até recentemente. O mundo tem, afinal, sido feito e refeito várias vezes desde 1750, e a produção acumulada, bem como o padrão de vida medido em bens materiais e serviços, aumentou significativamente para um número crescente de pessoas privilegiadas por mais que a população total tenha subido de menos de 2 bilhões para cerca de 6,8 bilhões. O desempenho do capitalismo nos últimos duzentos anos tem sido nada além de surpreendentemente criativo. Mas hoje a situação pode estar muito mais próxima do que nunca do que Marx descreveu – e não só porque as desigualdades sociais e de classe têm se aprofundado dentro de uma economia global muito mais volátil (já o fez antes – a vez mais preocupante foi nos anos 1920, antes da última grande depressão).

O capitalismo tem sobrevivido até agora apesar de muitas previsões sobre sua morte iminente. Esse êxito sugere que tem fluidez e flexibilidade suficientes para superar todos os limites, ainda que não, como a história das crises periódicas também demonstra, sem violentas correções. Marx propõe uma forma útil de olhar para isso em suas anotações, enfim publicadas sob o título *Grundrisse der Kritik der Politischen Ökonomie**, em 1941. Ele contrasta o ilimitado potencial de acumulação monetária, por um lado, com os aspectos potencialmente limitadores de atividade material (produção, troca e consumo de mercadorias), por outro. O capital não consegue tolerar tais limites, ele sugere. "Cada limite aparece", observa, "como uma barreira a ser superada". Há, portanto, dentro da geografia histórica do capitalismo, uma luta perpétua para converter limites aparentemente absolutos em barreiras que possam ser transcendidas ou contornadas. Como isso acontece e quais são os limites principais?

O exame do fluxo de capital por meio da produção revela seis barreiras potenciais à acumulação, que devem ser negociadas para o capital ser reproduzido: i) capital inicial sob a forma de dinheiro insuficiente; ii) escassez de oferta de trabalho ou dificuldades políticas com esta; iii) meios de produção inadequados, incluindo os chamados "limites naturais"; iv) tecnologias e formas organizacionais

---

* Karl Marx, *Grundrisse: manuscritos econômicos de 1857-1858 – Esboços da crítica da economia política* (São Paulo, Boitempo, 2011). A tradução para o português tem por base a edição da MEGA, *Karl Marx Ökonomie Manuskripte 1857/58*, partes 1 e 2 (MEGA-2 II/1, Berlim, Dietz, 1976 e 1982). (N. E.)

inadequadas; v) resistências ou ineficiências no processo de trabalho; e vi) falta de demanda fundamentada em dinheiro para pagar no mercado. Um bloqueio em qualquer um desses pontos interrompe a continuidade do fluxo de capital e, se prolongado, acaba produzindo uma crise de desvalorização. Consideremos esses obstáculos potenciais um a um.

———◆———

A acumulação original do capital no fim da época medieval na Europa se fundamentou em violência, depredação, furto, fraude e roubo. Por esses meios extralegais, piratas, padres e comerciantes, complementados pelos usurários, reuniram "poder de dinheiro" inicial suficiente para começar a circular o dinheiro de forma sistemática sob a forma de capital. O roubo espanhol de ouro incaico foi o exemplo paradigmático. Nos estágios iniciais, porém, o capital não circulou diretamente por meio da produção. Assumiu uma variedade de outras formas, como capital agrário, comerciante, fundiário e, por vezes, mercantilista de Estado. Essas formas não eram adequadas para absorver os vastos fluxos de ouro. Ouro demais perseguia bens de menos. O resultado foi a "grande inflação" do século XVI na Europa. Foi só quando os capitalistas aprenderam a circular o capital através da produção empregando trabalho assalariado que o crescimento composto pôde começar, aproximadamente após 1750.

A burguesia em ascensão progressivamente usou seu poder do dinheiro para influenciar e reconstituir as formas do Estado, em última análise assumindo uma influência dominante sobre as instituições militares e administrativas, além dos sistemas jurídicos. Em seguida, ela pôde adotar meios sancionados legalmente para reunir o poder do dinheiro pela despossessão e destruição das formas pré-capitalistas de providência social. Fê-lo tanto dentro do Estado – ao lotear, por exemplo, terras comuns e monetarizar os aluguéis na Grã-Bretanha – quanto no exterior, por meio de práticas coloniais e imperialistas (a imposição de impostos sobre a terra na Índia). Uma relação estreita, em seguida, surgiu entre as finanças e o Estado, em especial por meio do aumento da dívida pública (geralmente para financiar guerras).

No coração do sistema de crédito está um conjunto de acordos que constitui o que chamo de "nexo Estado-finanças". Isso descreve a confluência do poder estatal e das finanças que rejeita a tendência analítica de ver o Estado e o capital como claramente separáveis um do outro. Isso não significa que o Estado e o capital tenham constituído no passado ou agora uma identidade, mas que existem estruturas de governança (como o poder sobre a confecção da moeda real no passado e os bancos centrais e ministérios do Tesouro hoje) nas quais a gestão do Estado para a criação do capital e dos fluxos monetários torna-se parte integrante, e não separável, da circulação do capital. A relação inversa também se sustenta na medida em que impostos ou empréstimos fluem para os cofres do Estado e na medida em que as funções do Estado também se monetarizam, mercantilizam e, finalmente, privatizam.

À medida que mais e mais excedente criado ontem é convertido em capital novo hoje, mais e mais dinheiro investido hoje vem dos lucros obtidos ontem. Isso poderia levar a pensar que a acumulação violenta praticada em tempos anteriores é redundante. Mas a "acumulação por despossessão" continua a desempenhar um papel na reunião do poder do dinheiro inicial. Meios tanto legais quanto ilegais – como violência, criminalidade, fraude e práticas predatórias do tipo das que foram descobertas nos últimos tempos no mercado de hipotecas *subprime* ou de forma ainda mais significativa no comércio de drogas – são implementados. Os meios legais incluem a privatização do que antes era considerado como recursos de propriedade comum (como a água e a educação), o uso do poder público para apreender bens, as práticas generalizadas de aquisições, as fusões e outros mecanismos similares que resultam no "desmembramento de ativos" e o cancelamento de obrigações de pensão e saúde, por exemplo, num processo de falência. As perdas de ativos que muitos têm experimentado durante a crise recente podem ser vistas como uma forma de despossessão, que pode ser transformada em mais acumulação na medida em que os especuladores compram os ativos mais baratos hoje pensando em vendê-los com lucro quando o mercado melhorar. Isso é o que os banqueiros e os fundos de cobertura fizeram durante o *crash* de 1997 a 1998 no Leste e Sudeste Asiático. As grandes perdas nessa parte do mundo alimentaram os cofres dos principais centros financeiros.

Se fosse só a acumulação de ontem que pudesse ser capitalizada para expandir hoje, ao longo do tempo nós veríamos um aumento gradual da concentração do capital-dinheiro em algumas mãos. Mas o sistema de crédito permite que grandes quantidades de poder de dinheiro possam ser reunidas rapidamente por meios diferentes. Isso se torna importante porque, como o pensador utópico francês do século XVIII Saint-Simon há muito argumentou, é preciso que haja a "associação de capitais" em larga escala para pôr em marcha os tipos de trabalhos monumentais como ferrovias que são necessários para sustentar o desenvolvimento capitalista a longo prazo. Isso foi o que os financistas do século XIX, os irmãos Péreires, educados na teoria saint-simoniana, efetivamente alcançaram por meio das instituições de crédito que criaram para ajudar o barão Haussmann a transformar o ambiente urbano da Paris do Segundo Império na década de 1850. (As avenidas que vemos hoje são desse período.)

No caso das sociedades limitadas e de capital casado, além de outras formas organizacionais corporativas que surgiram no século XIX, enormes quantidades de poder de dinheiro são reunidas e centralizadas (muitas vezes a partir de uma miríade de pequenas quantidades de poupanças pessoais) sob o controle de alguns diretores e gerentes. Aquisições (tanto amigáveis quanto hostis), fusões e compra da maioria das ações de uma empresa com capital emprestado também têm sido um grande negócio. Atividades desse tipo podem acarretar novas rodadas de acumulação por despossessão. Nos últimos tempos, grupos privados de capital (como Blackstone) normalmente adquirem empresas públicas, reorganizam-nas, tiram-lhes ativos e demitem funcionários antes de vendê-las de volta para o domínio público com um lucro substancial. Além disso, existem todos os tipos de truques em que o grande capital pode abater o pequeno (a regulação estatal que é particularmente pesada para as pequenas empresas leva a uma maior centralização do capital). A despossessão dos pequenos operadores (lojas de bairro ou agricultura familiar) para abrir caminho para as grandes empresas (cadeias de supermercados e agronegócio), frequentemente com a ajuda de mecanismos de crédito, também tem sido uma prática de longa data.

A questão da organização, configuração e massa do capital-dinheiro disponível no ponto de partida da circulação nunca desaparece. A construção de uma usina siderúrgica, uma ferrovia ou o lançamento de uma companhia aérea exigem um imenso despendimento inicial de capital-dinheiro antes mesmo de a produção começar e os intervalos de tempo entre o início e a conclusão podem ser substanciais. Só há relativamente pouco tempo, por exemplo, tornou-se possível a constituição de consórcios privados de capitais associados para realizar grandes projetos de infraestrutura, no lugar do Estado, como o Túnel da Mancha que liga a Grã-Bretanha à Europa. Esses grandes projetos de infraestrutura tornam-se cada vez mais necessários na medida em que o capitalismo cresce em escala por meio do crescimento da capitalização.

Redes geográficas também devem ser construídas para facilitar os fluxos de capital financeiro global conectando as zonas de excedente de capital com as regiões de escassez de capital. Aqui, também, há uma longa história de inovação na indústria de serviços financeiros e nas relações com o Estado e entre Estados. O principal objetivo é superar qualquer obstrução potencial à livre circulação de capitais em todo o mercado mundial. Isso abre a possibilidade de "ajustes espaciais" em cascata para o problema da absorção do capital excedente. Demasia de capital excedente na Grã-Bretanha no fim do século XIX? Então, envie-o para os Estados Unidos, a Argentina ou a África do Sul, onde pode ser usado com rentabilidade. Capital excedente em Taiwan? Então, envie-o para criar fábricas que exploram trabalhadores na China ou no Vietnã. Excedentes de capital nos Estados do Golfo em 1970? Então, envie-os para o México por meio dos bancos de investimentos de Nova York.

Para que tudo isso aconteça de forma eficaz, em última análise, é preciso criar instituições internacionais com caráter de Estado, como as criadas no âmbito do Acordo de Bretton Woods para facilitar e regulamentar os fluxos internacionais de capital. O Banco Mundial e o Fundo Monetário Internacional, juntamente com o Banco de Compensações Internacionais na Basileia, são centrais aqui, mas outras organizações, como a Organização de Cooperação e de Desenvolvimento Econômico (OCDE) e o G-7 (mais tarde G-8), agora expandido para G-20, também desempenham um papel importante, na medida em que os bancos centrais do mundo e os departamentos de Tesouro procuram coordenar suas ações para constituir uma arquitetura financeira mundial em evolução para uma versão internacional do nexo Estado-finanças.

Há, no entanto, duas ideias importantes a serem discutidas sobre o papel do nexo Estado-finanças. A primeira é que ele extrai juros e impostos em troca de seus serviços. Além disso, sua posição de poder em relação à circulação do capital lhe permite extrair rendas de monopólio de quem precisa de seus serviços. Por outro lado, para atrair dinheiro ocioso para a circulação ou tem de oferecer segurança e eficiência transacionais a seus clientes ou uma taxa de retorno aos que poupam com os excedentes de dinheiro. Em seguida, baseia-se na discrepância entre o custo de seus serviços e da taxa de juros oferecida aos que poupam e a taxa de juros ou cobranças sobre os usuários para sustentar sua própria lucratividade. Mas os bancos também podem emprestar mais do que tomam emprestado. Faz uma diferença se os bancos emprestam três ou trinta vezes o que eles têm em depósito. O aumento da dinâmica significa muito simplesmente a criação de moeda dentro do sistema bancário e o rápido aumento dos lucros. Na trajetória da crise atual, a rentabilidade do setor financeiro subiu. A porcentagem dos lucros totais nos EUA imputável aos serviços financeiros subiu de cerca de 15% em 1970 para 40% em 2005.

———◆———

O sistema de crédito e as instituições que se especializam na reunião e distribuição do poder do dinheiro, portanto, tornam-se mais e não menos significativos ao longo do tempo. Uma configuração inadequada do sistema de crédito ou alguma crise dentro dela, do tipo que estamos testemunhando agora, constitui um ponto de bloqueio potencial para mais acumulação de capital.

Essa centralização do poder do dinheiro por meio do sistema de crédito tem todos os tipos de implicações para a trajetória do desenvolvimento capitalista. Dá a uma classe privilegiada de financistas um poder social imenso em potencial em relação aos produtores, comerciantes, proprietários, desenvolvedores, trabalhadores assalariados e consumidores. O aumento da centralização do capital cria, ainda, o perigo do poder ascendente do monopólio e da concorrência diminuída, o que pode levar à estagnação. Estados capitalistas, portanto, às vezes, têm sido obrigados a promover a concorrência, legislando contra o excesso de poder de monopólios (por exemplo, a legislação antitruste nos Estados Unidos ou a Comissão sobre os Monopólios na Europa). Mas é bem provável que o nexo Estado-finanças, avassalado pelo poder de crédito centralizado, constitua uma forma que se pode chamar "capitalismo de Estado monopolista". Foi assim que muitos teóricos críticos nos Estados Unidos descreveram a situação em 1960. Paul Baran e Paul Sweezy, por exemplo, publicaram seu influente texto *Capitalismo monopolista** (1966). A linha

---

* Rio de Janeiro, Zahar, 1974. (N. E.)

oficial do influente Partido Comunista Francês em 1960 foi que eles estavam lutando contra o "capitalismo monopolista de Estado".

A circulação do capital é inerentemente arriscada e sempre especulativa. Em geral "especulação" se refere a uma situação em que um excesso de capital é aplicado em atividades nas quais os retornos são potencialmente negativos, mas que a euforia do mercado permite disfarçar. A Enron, por exemplo, disfarçou eficientemente suas perdas (como fez todo o sistema bancário depois) durante os anos 1990 e continuou obtendo lucros fictícios, mesmo em face de perdas reais. Estes são os casos especiais aos quais geralmente chamamos de "farra especulativa". Mas é vital lembrar que toda a circulação de capital é especulativa de cabo a rabo. "Você tem de entender", o romancista francês Émile Zola escreveu certa vez, "que a especulação, a aposta, é o mecanismo central, o próprio coração de um caso grande como o nosso. Sim, isso atrai o sangue, tirá-lo de todas as fontes em pequenas veias, recolhe-o, envia-o de volta a rios em todas as direções e estabelece uma circulação grande de dinheiro, que é a própria vida dos grandes empreendimentos"[...].

O dinheiro que é lançado para a circulação no início do dia não é necessariamente realizado como lucro no fim do dia. Quando o excedente é realizado no fim do dia, enaltecemos a presciência, a imaginação e a criatividade do empresário, mas, se não é (muitas vezes sem culpa particular do empresário), normalmente acusamos o capitalista de ser um especulador! No espaço de um ano, Kenneth Lay, o diretor da Enron, deixou de ser um empreendedor genial para ser um vil especulador.

Embora tudo deva ser feito para garantir que o capital gere (produza) e obtenha (realize) o excedente no fim do dia, muitas vezes as coisas dão errado. Isso significa que as expectativas, a fé, as crenças, as expectativas, os desejos e os "espíritos animais" (como o economista John Maynard Keynes os chamou na década de 1930) têm um importante papel a desempenhar para a decisão de lançar o capital em circulação. A psicologia dos investidores não pode ser ignorada como também não se pode ignorar o estado de confiança na integridade do sistema financeiro que leva muitas pequenas poupanças a emprestar ao capitalista em troca de um pagamento de juros. Se eu não confio nos bancos, então prefiro guardar o ouro debaixo de meu travesseiro, o que diminui os empréstimos disponíveis para o capitalista. O ditado "tão seguro quanto o Banco da Inglaterra" sempre foi uma forma popular icônica de registrar essa fé. O crédito é muito protestante, observou Marx – repousa puramente sobre a fé.

De vez em quando, porém, as expectativas se tornam tão excessivas e o financiamento é tão perdulário que dão origem a uma crise financeira distinta dentro do próprio sistema financeiro. Marx fornece uma breve descrição em *O capital**.

---

* São Paulo, Civilização Brasileira, 2008. (N. E.)

O burguês [leia Wall Street], embriagado com a prosperidade e arrogantemente seguro de si, acaba de declarar que o dinheiro é uma criação puramente imaginária. As mercadorias [leia tão seguras quanto casas] sozinhas são o dinheiro. Mas agora a observação oposta ressoa nos mercados do mundo: só o dinheiro [leia a liquidez] é uma mercadoria. Como o cervo anseia por água fresca, anseia com toda a sua alma por dinheiro, a única riqueza. Numa crise, a antítese entre mercadorias e sua forma de valor, o dinheiro, é elevada ao nível de uma contradição absoluta.

No fundo dessa contradição, as expectativas tornam-se crivadas com medo (nem casas nem o Banco da Inglaterra parecem tão seguros quanto se presumia que fossem) e o financiamento torna-se escasso demais para apoiar a acumulação.

Crises financeiras e monetárias têm sido características de longa data da geografia histórica do capitalismo. Mas sua frequência e profundidade aumentaram acentuadamente desde 1970, mais ou menos, e temos de lidar com o porquê de isso estar acontecendo e pensar no que poderia ser feito. A taxa de capitalização do crescimento da acumulação do capital global coloca uma pressão imensa sobre o nexo Estado-finanças para encontrar formas novas e inovadoras de reunir e distribuir quantidades de capital-dinheiro, além de modos e locais onde se posicionar para explorar oportunidades lucrativas. Muitas das inovações financeiras recentes foram projetadas para superar as barreiras impostas pelos arranjos institucionais e regulatórios pré-existentes. A pressão para desregulamentar tornou-se aparentemente irresistível. Mas os movimentos desse tipo invariavelmente criam uma probabilidade séria de o financiamento tornar-se selvagem e desenfreado, gerando uma crise. Foi o que aconteceu quando o Crédit Mobilier e o Crédit Immobilier dos irmãos Péreires faliram, juntamente com o orçamento municipal de Paris, na crise de 1868. E isso é o que aconteceu no sistema financeiro global em 2008.

O nexo Estado-finanças funciona há muito tempo como o "sistema nervoso central" da acumulação do capital. Quando os sinais internos de seu funcionamento derem errado, então, obviamente, as crises surgirão. Boa parte do que acontece dentro dos bancos centrais e ministérios das finanças dos Estados contemporâneos é ocultada e envolta em mistério. Não foi à toa que William Greider chamou sua investigação exaustiva de 1989 sobre como funciona o Federal Reserve de "Segredos do Templo". Marx retratou o mundo das finanças como o "Vaticano" do capitalismo. No mundo de hoje poderia ser ainda mais irônico chamá-lo de "Kremlin", já que o mundo parece mais propenso a acabar sendo governado pela ditadura de seus banqueiros centrais do que pelos trabalhadores. O nexo Estado-finanças tem todas as características de uma instituição feudal, repleta de intrigas e passagens secretas, exercendo um poder estranho e totalmente antidemocrático, não apenas sobre como o capital circula e se acumula, mas sobre quase todos os aspectos da vida social. A fé cega nos poderes corretivos residentes no nexo Estado-finanças é consistente com a confiança e as expectativas que Keynes considerou tão cruciais para a sustentação do capitalismo.

Cada Estado tem uma forma particular do nexo Estado-finanças. As variações geográficas nos arranjos institucionais são consideráveis, e os mecanismos de coordenação interestatais, como o Banco de Compensações Internacionais na Basileia e o Fundo Monetário Internacional, têm também um papel importante. As potências envolvidas na construção dos arranjos como as que se reuniram para tomar as decisões internacionais-chave sobre a futura arquitetura financeira do sistema de comércio mundial, como em Bretton Woods em 1944, são normalmente da elite, peritos, altamente tecnocráticos e antidemocráticos. E assim isso continua em nossos dias. Somente os iniciados nos caminhos secretos estão sendo chamados a corrigi-los.

Amplas lutas políticas acontecem, no entanto, sobre e em torno do nexo Estado-finanças. Com frequência mais populistas do que classistas, esses protestos geralmente se concentram em ações dessa facção da classe que controla o nexo Estado-finanças. A campanha "Cinquenta anos são o suficiente" contra a continuação do FMI e do Banco Mundial na década de 1990 inspirou-se em uma aliança de interesses diversos trazendo juntos, por exemplo, o trabalho, bem como ambientalistas, para produzir o lema "Caminhoneiros em defesa das tartarugas" logo após os protestos de rua contra a OMC em Seattle, em 1999. O foco foi em grande medida o papel disciplinador, neocolonial e imperialista dessas instituições. O trabalho, por sua parte, muitas vezes, só participa dessas lutas com um pé atrás. Pode, no entanto, ser facilmente atraído para uma política populista de indignação (muitas vezes liderada por interesses da pequena burguesia ou nacionalistas – lembre-se de quando, em 1956, o então chanceler-sombra britânico Harold Wilson criticou os poderes do que ele chamou de "os gnomos de Zurique", que pôs a economia britânica em xeque). Mais comumente, o populismo se concentra no que fazem os barões da alta finança, as imensas fortunas e o poder do dinheiro que muitas vezes adquirem e o poder social esmagador que com frequência exercem ao ditar as condições de existência de todos os outros. A polêmica sobre o salário e o bônus dos banqueiros em 2009 na Europa e nos Estados Unidos é ilustrativa desse tipo de movimento populista e seus limites. Isso se assemelha à indignação nos Estados Unidos contra os bancos e financistas que foram amplamente responsabilizados pelos males da década de 1930. A simpatia popular com os ladrões de banco "Bonnie e Clyde" faz parte do folclore lendário do período.

As forças sociais envolvidas na forma como o nexo Estado-finanças funciona – e nenhum Estado é exatamente como qualquer outro – diferem, portanto, um pouco da luta de classes entre capital e trabalho geralmente privilegiada na teoria marxista. Não pretendo sugerir por isso que as lutas políticas contra as altas finanças não são do interesse do movimento sindical, porque é claro que são. Mas há muitas questões, incluindo impostos, tarifas, subsídios e políticas de regulação tanto internas quanto externas, em que o capital industrial e o trabalho organizado em determinados contextos geográficos serão aliados, não oponentes. Isso aconteceu com o pedido de um socorro da indústria automobilística dos EUA em 2008 e 2009. As montadoras e os sindicatos sentaram lado a lado na tentativa de preservar os empregos e salvar as empresas da falência. Por outro lado, há uma vasta gama de interesses, além do trabalho, que luta contra o poder da alta finança. Quando os financistas se tornam dominantes em todos os outros setores, como aconteceu nos Estados Unidos a partir de meados dos anos 1980, e quando os que deveriam ser regulamentados capturam o aparelho regulador do Estado, o nexo Estado-finanças tende a favorecer interesses particulares em vez do corpo político em geral. Indignação popular continuada é então essencial para restabelecer o equilíbrio.

No entanto, quando o sistema financeiro e o nexo Estado-finanças fracassam, como aconteceu em 1929 e em 2008, então todo o mundo reconhece que há uma ameaça para a sobrevivência do capitalismo, e ninguém mede esforços e todo tipo de compromisso é estabelecido para ressuscitá-lo. Não podemos, ao que parece, viver sem o capitalismo apesar de reclamarmos dele.

3

O CAPITAL VAI AO TRABALHO

Uma vez que o dinheiro é reunido nas mãos corretas e no lugar correto no momento correto, então tem de ser posto a trabalhar para mobilizar as matérias-primas, as instalações e os equipamentos, os fluxos de energia e a força de trabalho para produzir uma mercadoria. Vamos considerar os vários elementos que devem ser adquiridos para a produção ocorrer.

A acumulação perpétua a uma taxa composta depende da disponibilidade permanente de reservas suficientes de acesso à força de trabalho. O que Marx chama de "exército industrial de reserva" é, portanto, uma condição necessária para a reprodução e a expansão do capital. Esse exército de reserva deve ser acessível, socializado e disciplinado, além de ter as qualidades necessárias (isto é, ser flexível, dócil, manipulável e qualificado quando preciso). Se essas condições não forem satisfeitas, então o capital enfrenta um sério obstáculo à acumulação contínua.

A despossessão da massa da população do acesso direto aos meios de produção (a terra, em particular) libera a força de trabalho como uma mercadoria no mercado. O relato de Marx sobre a "acumulação primitiva" pode ser dramatizado ou simplificado em demasia, mas sua verdade essencial é inegável. De alguma forma ou outra, a massa da população tem sido colocada em uma posição em que tem de trabalhar para o capital para sobreviver. A acumulação primitiva não terminou com a ascensão do capitalismo industrial na Grã-Bretanha no final do século XVIII. Nos últimos trinta anos, por exemplo, cerca de 2 bilhões de trabalhadores assalariados foram adicionados à força de trabalho global disponível, em função da abertura da China e do colapso do comunismo na Europa central e oriental. Em todo o mundo, aconteceu a integração das populações camponesas até então independentes nas forças de trabalho. O mais dramático de todos esses acontecimentos foi a mobilização das mulheres, que agora formam a espinha dorsal da força de trabalho global. Está agora disponível uma reserva enorme de força de trabalho para a expansão capitalista.

Os mercados de trabalho são, no entanto, geograficamente segmentados. Uma viagem diária para o local de trabalho de quatro horas é como um limite externo para os trabalhadores no dia a dia. Claro que a distância percorrida em quatro horas de viagem depende da velocidade e do custo do transporte, mas a inevitável segmentação geográfica dos mercados de trabalho significa que as questões da oferta de trabalho se resumem numa série de problemas locais integrados nas estratégias regionais e estaduais, mitigada pelos movimentos migratórios (do capital e do trabalho). O Estado se envolve, *inter alia*, quando se trata de imigração e leis trabalhistas (salário mínimo, jornada de trabalho e regulação das condições de trabalho), fornecimento de infraestruturas sociais (como educação, formação e saúde) que afetam a qualidade da oferta do trabalho e políticas destinadas a manter o exército de reserva (a provisão de bem-estar social).

Os capitalistas podem administrar e contornar os limites potenciais da oferta de trabalho de várias maneiras, mesmo em contextos locais. Alguma expansão pode ser obtida por meio de crescimento da população (e em algumas instâncias políticas pró-natalidade por parte do Estado, como subsídios às famílias numerosas na França, tiveram um impacto definitivo sobre as condições de oferta do trabalho em benefício do capital). Há, de fato, uma relação muito geral entre o crescimento populacional e a acumulação composta do capital. O crescimento surpreendente do desempenho do capitalismo na China depois de 1980 dependeu, por exemplo, da redução radical da mortalidade infantil nos anos de Mao, que mais tarde resultou em uma enorme força de trabalho jovem clamando por emprego.

Na ausência de aumento da produtividade, a acumulação conduz ao emprego relativamente total dos recursos de trabalho local. Escassez de trabalho significa aumento dos salários. Ou os salários continuam a subir de tal forma a não interferir com a massa crescente da acumulação (porque mais trabalhadores estão empregados), ou a acumulação diminui, assim como a demanda de trabalho, empurrando os salários para baixo. Em algumas ocasiões, os capitalistas na realidade iniciam uma greve, recusando-se a reinvestir, porque os salários mais altos são um corte em sua rentabilidade. A esperança é que o desemprego resultante rediscipline o trabalho, fazendo-o aceitar uma taxa de salários menor.

Embora os casos de "greve do capital" possam ser identificados (a "Recessão Reagan" de 1980 a 1982, quando o desemprego subiu para mais de 10%, teve um pouco esse caráter), existem outras formas mais vantajosas para o capital de resolver os problemas da escassez de trabalho. As tecnologias de economia de trabalho e as inovações organizacionais podem mandar as pessoas para fora do trabalho e de volta à reserva industrial. O resultado é um exército "flutuante" de trabalhadores demitidos cuja existência coloca uma pressão descendente sobre os salários. O capital manipula simultaneamente a oferta e a demanda de trabalho.

O trabalho, sabendo disso muito bem, com frequência luta contra a implementação de novas tecnologias (como aconteceu no caso do chamado movimento ludista no início do século XIX). "Acordos de produtividade", que aceitam as novas tecnologias em troca de segurança no trabalho, tornaram-se importantes no processo de negociação sindical depois de aproximadamente 1945 nos países capitalistas avançados. Uma estratégia capitalista alternativa é mobilizar os elementos da população que ainda não foram proletarizados. O alvo mais óbvio é os camponeses e as populações rurais (como tem acontecido na China nos últimos anos). Nos países capitalistas avançados, onde essas populações em grande parte desapareceram, houve uma virada importante para a mobilização das mulheres na força de trabalho, juntamente com a proletarização dos elementos da população que conseguiram viver fora da economia do trabalho assalariado. Nos Estados Unidos, a agricultura familiar e os pequenos comerciantes têm sido os maiores alvos da proletarização desde os anos 1930. Em muitos aspectos, a mobilização dessas reservas é preferível ao aumento do desemprego por demissões e mudança tecnológica, que pode ser politicamente problemática e economicamente cara se o Estado for responsável pela assistência ao desemprego.

Uma vez que a escassez de trabalho é sempre localizada, a mobilidade geográfica do capital ou do trabalho (ou ambos) se torna fundamental na regulação da dinâmica dos mercados de trabalho locais. Mesmo os movimentos de curta distância (como o movimento das empresas de cidades centrais sindicalizadas dos EUA para os subúrbios, onde havia reservas latentes não sindicalizadas abundantes, em especial de mulheres, a partir da década de 1950) podem transformar radicalmente o equilíbrio do poder de classe no que diz respeito aos salários e às condições de trabalho. Distâncias mais longas, como do Nordeste e Centro-Oeste industrializado e sindicalizado ao Sul e Oeste dos Estados Unidos ou a longa migração do excedente de trabalho do Sul para as cidades do Norte a partir da década de 1920, também incidem sobre o problema da oferta de trabalho. Em tempos recentes, os fluxos de trabalho global têm tido ainda mais importância. Embora a população nascida fora dos EUA tenha se situado em cerca de 5% em 1970, representa mais de 12,5% hoje. Uma das consequências negativas de tais políticas tem sido uma crescente maré de fervor anti-imigração, acompanhada por ondas de racismo e discriminações étnicas no seio das classes trabalhadoras.

No decorrer do tempo, os capitalistas têm procurado controlar o trabalho, colocando trabalhadores individuais em concorrência uns com os outros para os postos de trabalho em oferta. A força de trabalho potencial tem gênero, raça, etnia e tribo ou se divide pela língua, política, orientação sexual e crença religiosa, e tais diferenças emergem como fundamentais para o funcionamento do mercado de trabalho. Tornam-se ferramentas por meio das quais os capitalistas administra a oferta de trabalho em conjunto com os setores privilegiados da força de trabalho que usam o racismo e o machismo para minimizar a competição. A história da acumulação primitiva implicou a produção de títulos de superioridade "natural" e, portanto, baseadas na biologia, que legitimou as formas de poder hierárquico e de classe em face das alegações religiosas ou seculares do status de igualdade perante os olhos de Deus ou do Estado (a Revolução Francesa e Estadunidense). Ao longo de sua história, o capital não foi de maneira nenhuma relutante em explorar, se não promover, fragmentações, e os próprios trabalhadores lutam para definir meios de ação coletiva que muitas vezes se defrontam com os limites das identidades étnicas, religiosas, raciais ou de gênero. De fato, nos EUA nos anos 1950 e 1960, as organizações de trabalho procuraram reduzir a concorrência nos mercados de trabalho pela imposição de exclusões baseadas em raça e gênero.

A capacidade de preservar tais distinções é ilustrada pelo fato de que, mesmo após quase meio século de campanha pelo princípio "salário igual para trabalho igual", o fosso salarial entre homens e mulheres não desapareceu, mesmo nos Estados Unidos, onde as pressões têm sido provavelmente mais fortes. Em outros lugares, por exemplo, no Leste Asiático, as disparidades entre homens e mulheres são muito piores e é lá, claro, que o grosso das populações recém-proletarizadas é composto de mulheres. As diferenças salariais nos Estados Unidos entre negros e brancos, bem como entre hispânicos e asiáticos, têm persistido igualmente, se não, em alguns casos, crescido ao longo dos anos. Em outra parte, como na Índia, as distinções de casta mantiveram uma enorme barreira nos mercados de trabalho, apesar das disposições constitucionais de igualdade de tratamento. E na medida em que todos os mercados de trabalho são locais, e mais ainda para os trabalhadores do que para os capitalistas, as solidariedades sociais e políticas, se quiserem significar alguma coisa, têm na primeira instância de ser construídas sobre uma base geográfica local antes que qualquer movimento nacional ou internacional possa se tornar possível. Apesar de os capitalistas também serem divididos por linhas étnicas e outras (embora sejam geralmente muito mais homogêneos do que as forças de trabalho), os trabalhadores têm dificuldade em explorar tais diferenças de forma sistemática a seu proveito próprio, mesmo que a história do antissemitismo popular contra os financistas de Wall Street muitas vezes tenha tido um papel lamentável.

A partir de meados da década de 1960, as inovações nas tecnologias dos transportes tornaram mais fácil o deslocamento da produção, para áreas com salários baixos e fraca organização do trabalho. Nas últimas décadas, como observado antes, as deslocalizações maciças da atividade industrial transformaram radicalmente a forma como funcionam os mercados de trabalho, em comparação com as circunstâncias que em geral prevaleciam antes de 1970.

Há, no entanto, muitos aspectos contraditórios internalizados dentro da política da oferta de trabalho, decorrentes da dinâmica de organização da classe e da política de classe, tal como praticada individual e coletivamente pelos trabalhadores nos seus mercados de trabalho distintos. A taxa de salário real é definida pelos custos de fornecimento dos bens e serviços necessários para reproduzir a força de trabalho em um determinado padrão de vida aceitável. O que é "aceitável" ou "dado" é um produto da luta de classes, das normas costumeiras e dos pactos sociais (mais frequentemente do que os não tácitos, mas às vezes explícitos como o direito a saúde decente e educação) realizados normalmente dentro de alguma organização social territorializada. (Daí, novamente, a importância do Estado como um quadro institucional chave para a definição de algum tipo de consenso bruto de como a vida social deve ser regulamentada.) Uma vez que os mercados de trabalho são invariavelmente locais, as questões de custos e padrões de vida variam de acordo com a geografia, mesmo dentro de distâncias bastante curtas (a cidade de Nova York não é Buffalo, e nenhuma dessas cidades, claro, é algo como Mumbai). O quadro institucional em que a negociação salarial ocorre também varia de nível estadual (como na Suécia e, até recentemente, Reino Unido) a local (Estados Unidos). No último caso o resultado foi "campanhas pelo salário mínimo", cada lugar com sua própria definição do que constitui um salário mínimo, proliferando a partir de uma localidade para outra, como aconteceu a partir da metade dos anos 1990 em um momento em que o governo federal foi politicamente oposto a aumentar o salário mínimo nacional. A militância, o grau de organização e o nível de aspiração dentro de movimentos trabalhistas localizados variam claramente de lugar para lugar e de tempo em tempo, de tal forma que as barreiras potenciais à acumulação contínua do capital podem proliferar aqui e desaparecer acolá. O poder supremo da força do trabalho – para se afastar de seu trabalho e fazer greve – está sempre lá, mas aqui também há muitas vezes uma assimetria de poder, na medida em que aqueles com reservas de dinheiro (normalmente os capitalistas) podem pressionar aqueles com pouco dinheiro (os trabalhadores e seus sindicatos), mesmo que a ameaça para o capitalismo de agitação laboral generalizada continue sendo uma reserva de poder de grande importância.

Mas, dentro desse mar de luta, geralmente há locais calmos suficientes onde o capital pode dominar com relativa facilidade e assegurar que a oferta de força de trabalho seja adequada a seus fins. Acho justo dizer que, desde 1980, a combinação de repressões políticas (incluindo o colapso dos regimes comunistas), alterações tecnológicas, elevada capacidade de mobilidade dos capitais e enorme onda de acumulação primitiva nas (e migração de) zonas anteriormente periféricas têm resolvido efetivamente o problema da provisão de trabalho para o capital. Embora restrições locais existam aqui e ali, a disponibilidade de reservas de trabalho maciças (inclusive aquelas com alto nível de educação, cada vez mais da Índia e do Sudeste Asiático) em todo o mundo é inegável, e pesa sobre os níveis da luta de classes, com uma vantagem poderosa para o capital.

É nessas circunstâncias que os interesses da classe capitalista esclarecida (em oposição aos capitalistas individuais em intensa concorrência uns com os outros, que muitas vezes praticam a política de *après moi le déluge**) podem se unir em tor-

---

* "Depois de mim o dilúvio", expressão francesa que significa a total indiferença de quem a profere pelo desenlace de determinada situação, mesmo sendo uma catástrofe.

no de um projeto político para subsidiar a oferta de mercadorias mais baratas necessárias à sobrevivência para manter o valor da força de trabalho baixo (como aconteceu quando o interesse industrial na Grã-Bretanha procurou reduzir as tarifas sobre o trigo importado, a fim de baratear o fornecimento de pão em meados do século XIX, e como tem acontecido nos EUA com o advento do fenômeno Wal-Mart e com os bens de varejo baratos da China). Também podem apoiar o investimento em melhorias para a qualidade da oferta de trabalho, por meio de saúde, educação e habitação e, finalmente, como Henry Ford fez quando se articulou para estabelecer uma jornada de oito horas por 5 dólares na década de 1920, propor salários mais altos e racionalizar o consumo dos trabalhadores como meio para garantir uma demanda maior e mais eficaz no mercado.

O papel do poder do Estado em relação a essas lutas não é de modo algum fixo. Certamente, se o trabalho é bem organizado demais e muito poderoso num determinado local, a classe capitalista procurará comandar o aparato estatal para que este atenda a seus interesses, como aconteceu, observou-se anteriormente, com Pinochet, Reagan, Thatcher, Kohl *et al.* Mas a organização do trabalho por partidos políticos de esquerda pode empurrar na direção oposta, como tem acontecido em vários lugares (como a Escandinávia) em determinados momentos (como no consenso "social-democrata" dos anos 1960 em grande parte da Europa). Mas o uso do poder estatal para transcender a barreira da organização do trabalho tem sido muito efetivo desde meados da década de 1970 em muitas partes do mundo. Outro método é facilitar, se não subsidiar, a mobilidade do capital para que ele possa se deslocar para onde haja condições de negócio mais vantajosas, incluindo oferta de trabalho e organização fraca do trabalho (como nos assim chamados Estados antissindicatos do "Direito ao trabalho" no Sul dos EUA). A competição interurbana, interregional e internacional por parte dos aparatos estatais por investimentos de capital tem um papel importante aqui. O Estado (local, regional ou nacional) se torna responsável por garantir o fornecimento de força de trabalho em quantidades e qualidades adequadas (incluindo formação profissional, treinamento e docilidade política) em relação à demanda de trabalho corporativo. Embora o aparelho do Estado possa passar a seguir a agenda das empresas em vez da agenda de trabalho, há ainda um grande interesse em localidades que investem em oportunidades educacionais de alta qualidade (universidades e escolas técnicas), pois isso poderá ajudar a atrair a indústria de alta tecnologia que irá contribuir mais para a base tributária da localidade.

Alguns marxistas construíram uma teoria distinta da formação da crise com base em obstáculos à oferta de trabalho adequado. A chamada teoria da crise por "esmagamento dos lucros" se coloca no problema perpétuo das relações de trabalho e da luta de classes, tanto no processo quanto no mercado de trabalho. Quando essas relações representam um obstáculo à acumulação do capital, segue-se então uma crise, a menos que alguma medida (ou, mais provavelmente, uma mistura de medidas do tipo descrito acima) possa ser tomada para o capital superar ou

O capital vai ao trabalho / 61

contornar essa barreira. Alguns analistas, como Andrew Glyn (ver seu relato impressionante, escrito com outros autores, em *British Capitalism, Workers and the Profit Squeeze* [Capitalismo britânico, trabalhadores e esmagamento dos lucros]*), interpretam o que aconteceu no fim dos anos 1960 e início dos anos 1970 (particularmente na Europa e América do Norte) como um excelente exemplo de uma situação de esmagamento dos lucros. Certamente, a gestão dos recursos de trabalho e as políticas de organização e oferta do trabalho dominaram a política do período. A organização da classe trabalhadora em grande parte da Europa e mesmo nos Estados Unidos era relativamente forte e os aparatos estatais em todos os lugares estavam ou cautelosos com o poder do trabalho organizado ou, mediante políticas dos partidos de esquerda, tornaram-se parcialmente subservientes aos interesses do trabalho organizado. Não há dúvida de que se tratava de um sério obstáculo para a contínua acumulação do capital. A maneira como essa barreira foi contornada pelo capital com a ascensão do neoliberalismo durante os anos 1970 e início dos anos 1980 define em muitos aspectos a natureza dos dilemas que enfrentamos agora.

A sobrevivência do capitalismo depende da permanente superação ou neutralização dessa barreira potencial à acumulação sustentada. Como escrevo no fim de 2009, há muito poucos sinais de um esmagamento dos lucros. As reservas de trabalho existem em toda parte e há poucas barreiras geográficas ao acesso capitalista. O ataque político sobre os movimentos da classe trabalhadora do mundo inteiro reduziu a resistência do trabalhador a níveis muito modestos em quase toda a parte. A crise de 2008 a 2009 não pode ser entendida em termos de esmagamento dos lucros. A repressão salarial por causa da oferta de trabalho superabundante e a consequente falta de demanda de consumo efetiva são problemas muito mais graves.

No entanto, a questão do trabalho nunca acaba. A agitação do trabalho pode muito bem surgir como um problema sério, em qualquer momento e em qualquer lugar. A China, por exemplo, é uma prova contemporânea, onde há uma maré de agitação crescente na medida em que a crise econômica mundial criou aumentos não desejados e não esperados (na China) no desemprego (estimado em cerca de 20 milhões de desempregados no início de 2009) dentro de uma população recentemente proletarizada. É importante levar em consideração o desenvolvimento geográfico desigual das lutas sindicais.

A relação capital-trabalho sempre tem um papel central na dinâmica do capitalismo e pode estar na origem das crises. Mas hoje em dia o principal problema reside no fato de o capital ser muito poderoso e o trabalho muito fraco, não o contrário.

———◆———

Quando os capitalistas reinvestem, precisam encontrar meios adicionais de produção disponíveis no mercado. Os insumos de que necessitam são de dois tipos: os

---

* Harmondsworth, Penguin, 1972. (N. E.)

produtos intermédios (já moldados pelo trabalho humano), que podem ser utilizados no processo de produção (como a energia e o tecido necessários para fazer um casaco) e máquinas e equipamento de capital fixo, incluindo os edifícios da fábrica e as infraestruturas físicas, como sistemas de transporte, canais e portos que permitem a atividade da produção. A categoria dos meios de produção é evidentemente muito ampla e complicada. Mas, se qualquer um desses meios tornar-se indisponível, constitui-se uma barreira para a acumulação do capital. A indústria automobilística não pode expandir sem mais insumos de aço, plástico e componentes eletrônicos e pneus de borracha, assim como não fará mais sentido sua expansão a menos que existam estradas nas quais se possa dirigir. As inovações tecnológicas em parte do que hoje chamamos de "cadeia da mercadoria" ou "cadeia da oferta" que fluem na produção, invariavelmente, tornam necessárias inovações em outros lugares. O aumento da produtividade na indústria do algodão do século XIX com o advento do tear, Marx assinala, exigiu inovações na produção de algodão (o descaroçador de algodão), nos transportes e comunicações, nas técnicas de tingimento químicas e industriais e assim por diante.

A conversão de uma parte do lucro de ontem em capital novo depende, portanto, da disponibilidade de uma quantidade cada vez maior dos meios de produção, bem como de uma quantidade crescente de bens básicos para o sustento dos trabalhadores adicionais a serem empregados. O problema é organizar o fornecimento de insumos materiais, de modo a sustentar a continuidade do fluxo de capital. O capital tem, em outras palavras, de produzir as condições para sua própria expansão continuada antes da própria expansão! Como ele faz isso de uma forma harmoniosa e sem problemas?

A resposta é que, curiosamente, tal como Marx colocou, "o curso do amor verdadeiro nunca é suave". Há sempre carências em algum lugar e excedentes em outro, e, ocasionalmente, essas carências se aglutinam em grandes barreiras à expansão que perturbam a continuidade do fluxo do capital. Mas mercados que funcionam de forma eficiente, com sinais de preço livres como reflexo das condições da demanda e oferta, têm sido historicamente uma forma muito boa de coordenação. Eles têm facilitado cada vez mais a complexa divisão social do trabalho e aumentos no que é chamado "o beco sem saída da produção" (sinalizando o número de etapas de produção independentes envolvidas antes de chegar ao produto acabado). O número crescente de componentes integrados no produto final (os carros que incorporam sofisticados dispositivos eletrônicos, como sistemas de GPS) aumenta a complexidade dos fluxos de abastecimento. Essa situação necessita da criação de estruturas de mercado mais ou menos "honestas" e confiáveis, com bons sinais de preço para garantir a continuidade da circulação do capital. A ligação interna entre a expansão do capital com juro composto e o uso de sinais de mercado para coordenar os fluxos apela à regulação estatal contra, por exemplo, a monopolização, o escanteamento e a manipulação dos mercados, ao mesmo tempo que exige a redução das barreiras sociais (tarifas, cotas ou atrasos desnecessários) para a circulação de mercadorias. A supressão dos controles fronteiriços na década de 1980 no tráfego de caminhões na Europa teve um enorme impacto sobre a lisura dos fluxos de entradas em muitos processos da produção. Em oposição, tensões geopolíticas entre os Estados podem prejudicar o livre fluxo de insumos vitais e atuar como um estancamento da acumulação do capital. As interrupções do petróleo russo e dos fluxos de gás natural através da Ucrânia por causa de disputas políticas em 2008 criaram sérios problemas para os produtores e consumidores, chegando a áreas distantes como Alemanha e Áustria.

Mas o mercado não é o único meio para a coordenação. Cada vez mais, os produtores lidam diretamente com os fornecedores e, com modelos de agendamento e fornecimento ótimos, transmitem pedidos de componentes diretamente à sua cadeia de abastecimento e assumem a entrega no princípio de "na hora certa", que minimiza o custo de estoques ociosos. Em muitas indústrias (de automóveis, eletrônicos etc.), as coordenações diretas vêm para suplantar o mercado aberto. Os produtores sinalizam antes quantos meios de produção adicionais vão precisar, e as empresas fornecedoras calculam sua produção de acordo com esse sinal. E em certos casos de falha do mercado, o Estado pode intervir com seus próprios modelos de estruturas de insumo/produção para planejar ou a totalidade ou um componente-chave na cadeia de oferta que o capital tem dificuldade de organizar (como o fornecimento de energia ou de água e toda uma panóplia de infraestruturas físicas para a produção). Apesar de ser uma crença comum, particularmente nos Estados Unidos, que intervenções do Estado levam à ineficiência, a história da industrialização do Japão ou de Singapura encabeça uma longa lista de exemplos em que o planejamento, a coordenação, a intervenção e a reorganização pelo Estado dos fluxos do capital têm sido mais eficazes do que a anarquia de coordenações do mercado aberto. Se as próprias empresas conseguiram evitar a anarquia dos mercados abertos com mecanismos eficientes de programação ótima com seus fornecedores, então por que a sociedade não pode fazer o mesmo em um terreno ainda mais amplo?

Deixando de lado a luta ideológica sobre o planejamento estatal versus mercado, o que tudo isso significa é que a continuidade do fluxo do capital em um mundo com uma divisão social do trabalho cada vez mais complicada repousa sobre a existência de arranjos institucionais adequados que facilitem a continuidade desse fluxo pelo espaço e pelo tempo. Sempre que esses arranjos são defeituosos ou inexistentes, o capital se depara com sérios entraves. Embora possam ser encontradas formas de o capital operar com sucesso em, digamos, condições de ilegalidade, corrupção e direitos de propriedade indeterminados, estas em geral não constituem um ambiente ideal para o capital florescer. O que fazer com os "Estados fracassados" e como garantir a criação de "um bom clima de negócios" (incluindo a supressão da corrupção e da ilegalidade), portanto, tornaram-se missões prioritárias das instituições financeiras internacionais, como o FMI e o Banco Mundial, e também um projeto de vários braços das práticas imperialistas contemporâneas estadunidense e europeia em muitas partes do mundo. Os acordos da OMC, por exemplo, codificam o "bom comportamento" para os Estados que os ratificaram (e muitos Estados não têm outra opção a não ser assinar se quiserem continuar a negociar com os EUA e a Europa), de tal forma a favorecer as liberdades das corporações de fazer negócios sem regulação ou interferência estatal excessiva.

Infelizmente, tais projetos atacam invariavelmente as formas de produção de valor e de valorização diferentes das indicadas pelo mercado e, se forem bem-sucedidos (o que muitas vezes não são), dissolvem formas de significado cultural e solidariedades sociais, que desempenham um importante papel na manutenção da vida diária, tanto em nível material quanto social, fora da produção habitual de mercadorias. Modos de vida não mercantis e não capitalistas são, em suma, considerados uma barreira para a acumulação do capital e, portanto, devem ser dissolvidos para dar lugar aos 3% de taxa de crescimento composto que constitui a força motriz capitalista. A complicada história de como o limite absoluto contra a acumulação do capital na China sob o regime comunista foi dissolvido após as reformas de 1978 numa série de barreiras, cada uma das quais transcendida ou contornada de modo gradual, é, naturalmente, uma das histórias políticas e econômicas mais significativas dos nossos tempos.

Mas há também, ao que parece, algumas tensões e contradições potenciais dentro das cadeias produtivas que podem levar às assim conhecidas "crises de desproporcionalidade". No fim do volume 2 de *O capital*, Marx configura o que chamou de "esquemas da reprodução" para analisar as relações dinâmicas entre dois grandes setores da economia, os que produzem "bens básicos" (para alimentar, sustentar e reproduzir o trabalhador, posteriormente ampliado para incluir os "bens de luxo" para o consumo pessoal da classe capitalista) e os que produzem os meios de produção (para os capitalistas utilizarem na produção). Marx, então, se perguntou como o capital poderia passar de um setor para o outro, dada a tendência dos capitalistas de equalizar a taxa de lucro em todos os setores por meio da concorrência. O que Marx mostrou foi que poderiam facilmente aparecer situações em que o reinvestimento do capital fluiria de tal forma a criar desproporções entre os setores e que essas desproporcionalidades poderiam gerar uma espiral de crises. O problema surgiu porque, no esforço de maximizar a taxa de lucro, os capitalistas individuais tenderam para uma má alocação sistemática dos fluxos do capital nos dois setores. Investigações posteriores construídas sobre os argumentos de Marx, com o uso de modelos matemáticos muito mais sofisticados, sugerem que Marx estava certo em seu raciocínio geral. O economista japonês do século XX Michio Morishima, por exemplo, mostrou que, dependendo da dinâmica das mudanças tecnológicas e da intensidade do capital nos dois setores, chega-se ou a "oscilações explosivas" ou à "divergência monotônica" em torno de uma trajetória de crescimento equilibrado da economia. Essa percepção confirmou as conclusões de modelos anteriores (baseados indiretamente no trabalho pioneiro de Marx sobre os esquemas de reprodução) do crescimento econômico dos economistas Roy Harrod e Evsey Domar, nos idos de 1930 e 1940, de que o crescimento econômico sempre esteve em uma "corda bamba" do crescimento equilibrado e poderia sair muito facilmente desse caminho estreito e mergulhar de cabeça em crises de grandes proporções.

O que eles também mostraram foi que as crises são, de fato, não apenas inevitáveis, mas também necessárias, pois são a única maneira em que o equilíbrio pode ser restaurado e as contradições internas da acumulação do capital, pelo menos temporariamente, resolvidas. As crises são, por assim dizer, os racionalizadores irracionais de um capitalismo sempre instável. Durante uma crise, como esta em que estamos agora, é sempre importante manter esse fato em mente. Temos sempre a perguntar: o que está sendo racionalizado aqui e que direção estão tomando as racionalizações, uma vez que isso é o que vai definir não apenas a nossa forma de saída da crise, mas o caráter futuro do capitalismo? Em tempos de crise há sempre opções. Qual delas é escolhida depende criticamente da relação das forças de classe e das concepções mentais sobre o que poderia ser possível. Não havia nada de inevitável no New Deal de Roosevelt, na mesma medida em que a contrarrevolução de Reagan e Thatcher de 1980 não era inevitável. Mas as possibilidades não são infinitas. É a tarefa da análise descobrir o que agora pode ser possível e colocá-lo firmemente em relação ao que é provável, dado o estado atual das relações de classe em todo o mundo.

Na base da longa cadeia da oferta que traz os meios de produção para o capitalista, esconde-se um problema mais profundo de limites naturais em potencial. O capitalismo, como qualquer outro modo de produção, baseia-se no usufruto da natureza. O esgotamento e a degradação da terra e dos chamados recursos naturais não fazem mais sentido no longo prazo do que a destruição dos poderes coletivos de trabalho, pois ambos estão na raiz da produção de toda a riqueza. Mas os capitalistas individuais, que trabalham em seus próprios interesses de curto prazo e são impelidos pelas leis coercitivas da competição, estão perpetuamente tentados a tomar a posição de *après moi le déluge* com respeito ao trabalhador e ao solo. Mesmo sem isso, a corrida pela acumulação perpétua coloca enormes pressões sobre a oferta de recursos naturais, enquanto o inevitável aumento da quantidade de resíduos testa a capacidade dos sistemas ecológicos de absorvê-los sem transformá-los em tóxicos. Aqui, também, é provável que o capitalismo encontre limites e barreiras que se tornarão cada vez mais difíceis de contornar.

Em nenhum lugar a ideia de limites para o capital foi mais estridente e persistentemente afirmada ao longo da história do capitalismo do que com relação à escassez na natureza. Os famosos economistas do Iluminismo Thomas Malthus e David Ricardo se deram conta de que a diminuição dos retornos na agricultura acabaria por levar a taxa de lucro a zero, ditando o fim do capitalismo como nós o conhecemos,

66 / O enigma do capital

porque todo o lucro seria absorvido por rendas de terrenos e pelo fornecimento de recursos naturais. Malthus foi ainda mais longe, é claro, insistindo (na primeira versão de sua teoria da população) que o conflito entre o crescimento populacional e os limites naturais era obrigado a produzir (e já estava produzindo) crises de fome, pobreza, peste e guerra, independentemente das políticas implementadas.

Embora Marx não fosse avesso a contemplar o fim do capitalismo, ele contestou ferozmente as visões de Malthus e Ricardo. Com relação a Ricardo, Marx sugeriu que os custos de transporte em queda e a abertura de novas terras férteis, sobretudo nas Américas, deram a falsa impressão de que a queda nos lucros (a tendência que Marx prontamente aceitou) e as crises tinham algo a ver com a escassez natural. Quando confrontado com uma crise, observou Marx ironicamente, Ricardo "se refugia na química orgânica". No caso de Malthus, a objeção central de Marx era que o capitalismo gera pobreza em virtude de suas relações de classe e sua necessidade imperiosa de manter um excedente de trabalho empobrecido para a exploração futura. A atribuição de baixos padrões de vida à escassez na natureza (e não às opressões do capital), no entanto, tem sido periodicamente ressuscitada. Explicações ambientais eram comuns durante a crise dos anos 1970 (o influente *Limites do crescimento** de Donella H. Meadows foi publicado em 1972 e o primeiro "Dia da Terra" foi em 1970) e não é nenhuma surpresa que, nos tempos de turbulência econômica iniciados em 2006, uma vasta gama de questões em torno do meio ambiente tenha sido invocada, variando do pico do petróleo e dos preços das mercadorias (pelo menos até o outono de 2008) ao aquecimento global, como base para explicações ou, pelo menos, parte das explicações de nossas dificuldades econômicas atuais.

Há todos os tipos de meios, ao que parece, pelos quais os supostos limites da natureza podem ser confrontados, por vezes superados e mais frequentemente contornados. A dificuldade é que a categoria "natureza" é tão ampla e tão complicada que pode abranger praticamente tudo o que é material (incluindo, é claro, a chamada "segunda natureza" produzida pelas atividades humanas que vamos considerar separadamente a seguir). É, portanto, muito difícil chegar a qualquer explicação abrangente do papel desempenhado pela escassez da natureza (em oposição à escassez resultante das manipulações de mercado) na formação da crise. O conceito de recursos naturais é, por exemplo, uma avaliação técnica, social e cultural de tal modo que qualquer escassez natural aparente pode, em princípio, ser mitigada, se não totalmente contornada por mudanças tecnológicas, sociais e culturais. Mas, ao que parece, as formas culturais são frequentemente tão fixas e problemáticas quanto qualquer outra coisa.

Os tubarões estão sendo cruelmente caçados e estão perto da extinção para satisfazer a predileção cultural chinesa por sopa de barbatana de tubarão, como ocorre com os elefantes africanos por suas presas de marfim que, quando se tornam pó,

---

* Rio de Janeiro, Qualitymark, 2007. (N. E.)

supostamente têm poderes afrodisíacos (o advento da Viagra pode ainda salvar o elefante africano!). As preferências culturais ocidentais pelas dietas à base de carne têm implicações enormes para o uso de energia e para o aquecimento global, de forma direta (gado produz grande nuvens de metano) e indireta (os insumos energéticos nos alimentos para o gado são exorbitantes em relação à energia liberada pelo consumo de carne por populações humanas). A preferência cultural "anglo" por uma "casa própria" em um pedaço de terra tem gerado padrões de suburbanização que são perdulários em relação à energia e desperdiçam terra. Em nenhum desses casos seria formalmente correto culpar o capitalismo *per se* pelo desenvolvimento e persistência dessas preferências culturais perversas para o meio ambiente, embora tenha de ser dito que um capitalismo igualmente perverso é perfeitamente compatível com a realização, a aceitação e, em alguns casos, a promoção sem medir esforços dessas preferências culturais (como a suburbanização e o consumo de carne), sempre e onde o lucro estiver para ser feito.

Além disso, "natureza" é um termo simples demais para dar conta da imensa diversidade geográfica de formas de vida e da complexidade infinita dos ecossistemas interligados. No esquema ampliado das coisas, o desaparecimento de uma zona úmida aqui, de uma espécie local ali e de um determinado habitat em algum outro lugar podem parecer triviais, bem como inevitáveis, dados os imperativos do crescimento populacional humano, sem dizer a continuidade da acumulação do capital sem fim com uma taxa composta. Mas é justamente a agregação de tais mudanças de pequena escala que pode produzir problemas macroecológicos, como o desmatamento, a perda de habitats e da biodiversidade, a desertificação e a poluição oceânica.

A construção da relação com a natureza como inerentemente dialética indica uma série de possíveis transformações nos comportamentos humanos bem como um processo de evolução natural, incluindo a produção humana da própria natureza, que torna essa relação dinâmica e perpetuamente aberta. Enquanto, por um lado, essa formulação parece negar qualquer possibilidade de uma crise ambiental contínua ou prolongada, o que dizer de "final", ela também traz consigo a perspectiva de consequências não intencionais em cascata com amplos efeitos críticos para a continuidade da vida diária como a conhecemos atualmente. Quem teria pensado que a refrigeração, que tem salvado tantas vidas e fez a urbanização em grande escala possível mediante a preservação da qualidade dos alimentos, acabaria por produzir o buraco de ozônio por causa dos clorofluorcarbonos utilizados para refrigeração; que o DDT ficaria tão disperso ao longo da cadeia alimentar a tal ponto de levar à morte pinguins da Antártida; ou que o amianto e as tintas à base de chumbo teriam efeitos terríveis na saúde das populações humanas muitas décadas após seu primeiro uso? Há muito que se compreendeu (desde os gregos antigos, pelo menos) que as consequências ambientais não intencionais das atividades humanas podem ser extensas e que, sabe-se desde os tempos antigos, a mera habilidade de usar o fogo ou deixar livres carneiros e cabras no campo, para não falar da vasta gama de efeitos mais contemporâneos de magia química sobre a toxicidade dos ecossistemas, podem resultar em formas extensivas de modificação ambiental, de tal forma que nada do que hoje chamamos de natureza é desprovida de influência humana.

Mas a taxa composta de crescimento da acumulação do capital inevitavelmente sugere que as modificações ambientais se tornem mais profundas e mais extensas em suas consequências ao longo do tempo. Quando as fábricas de algodão de Manchester começaram a expelir fumaça em seus arredores por volta de 1780, as cabanas rupestres nas colinas Pennine logo em seguida colapsaram em virtude da deposição ácida. Mas isso está muito longe das estações elétricas do Vale do Ohio que destroem a ecologia das florestas e dos lagos da Nova Inglaterra e das estações elétricas britânicas que fazem o mesmo na Escandinávia desde os anos 1950.

O que chamamos de mundo natural não é uma entidade passiva, mas, como o filósofo Alfred North Whitehead disse certa vez, "um sistema na eterna busca de novidade". Para começar, os movimentos tectônicos abaixo da superfície da terra geram instabilidades que causam terremotos, erupções vulcânicas, maremotos e outros eventos, enquanto as instabilidades nas circulações atmosféricas e oceânicas causam furacões, tornados, tempestades de neve, secas e ondas de calor com todos os tipos de consequências humanas, embora desigualmente distribuídas tanto geográfica quanto socialmente. Além disso, o comércio e o lucro em casos de catástrofes humanas induzidas por eventos naturais são um característica do capitalismo muito frequente e merecem nossa atenção.

Apesar de a ação humana ter eliminado com sucesso a peste bubônica e a varíola, agora tem de enfrentar patógenos inteiramente novos e doenças como o HIV/Aids, o SRAS, o vírus do Nilo ocidental, o vírus ebola e a gripe aviária, para não dizer nada sobre uma possível nova gripe mutante pandêmica do tipo que matou milhões em 1918. Os climas têm sido submetidos a um conjunto de forças que misturam desconfortavelmente elementos induzidos pelo homem e elementos não humanos de tal forma a torná-los difíceis de determinar, mesmo quando os melhores cérebros científicos são colocados para trabalhar em conjunto para descobrir as consequências climáticas globais da ação humana. Embora os efeitos sejam incontestáveis, a gama de consequências é quase impossível de determinar. As mudanças passadas, antes de os seres humanos começarem a trabalhar para mudar a face da terra, foram por vezes bastante rápidas – pelo menos na medida do tempo geológico (centenas de anos) – e completamente imprevisíveis (como as ondas de extinção das espécies). Sem contar aquilo que permanece sob controle, os indiscutíveis efeitos humanamente induzidos estão sujeitos à lei do crescimento da taxa composta, o que certamente deve ser motivo de séria preocupação, além de pelo menos incentivar pesquisas sérias e medidas de precaução regulamentares internacionais (do tipo realizado no Protocolo de Montreal, de 1989, que limitou o uso de CFCs). Mas mesmo assim, quem pensa que eles podem prever o futuro climático, ainda que sem muita certeza, está enganado.

A geografia histórica do capitalismo, no entanto, foi marcada por uma fluidez e flexibilidade incríveis no que diz respeito à relação com a natureza juntamente com amplas consequências inesperadas (boas e más, a partir da perspectiva da saúde humana). Por isso, seria falso afirmar que existem limites absolutos em nossa relação metabólica com a natureza que não podem, em princípio, ser superados ou ignorados. Mas isso não significa que as barreiras não sejam, por vezes, graves e que a superação possa ser alcançada sem passar por algum tipo de crise ambiental geral (por oposição ao colapso da população de tubarões, que poderia ser interpretado como "meramente" lamentável se não fosse pelo impacto desconhecido, mas provavelmente violento, que terá sobre todo o ecossistema oceânico).

Muitas políticas capitalistas, especialmente hoje em dia, consistem em assegurar que os dons gratuitos da natureza estejam tanto disponíveis para o capital de modo fácil quanto garantidos para o uso futuro. As tensões no seio da política capitalista sobre esses tipos de questões podem às vezes ser agudas. Por um lado, por exemplo, o desejo de manter um fluxo crescente de petróleo barato tem sido fundamental para a orientação geopolítica dos Estados Unidos ao longo dos últimos cinquenta a sessenta anos, precisamente porque a absorção do excedente de capital pela suburbanização depois de 1945 estava condicionada à disponibilidade de petróleo barato. A certificação de que as reservas de petróleo do mundo estão abertas para a exploração tem levado os EUA a conflitos no Oriente Médio e em outros lugares, e a política de energia, só para dar um exemplo de uma relação essencial com a natureza, muitas vezes tem emergido como uma questão de posição dominante dentro do aparelho estatal e nas relações interestatais.

Mas, por outro lado, a política do petróleo barato tem suscitado problemas de depleção excessiva, bem como o aquecimento global e uma série de outras questões em torno da qualidade do ar (o ozônio troposférico, neblina, partículas em suspensão na atmosfera e outros) que representam riscos crescentes para as populações humanas. O alto consumo energético para a expansão urbana tem produzido a degradação crônica do uso do solo, o que propicia inundações, seca de vias fluviais e produção de "ilhas de calor" urbanas. Esses impactos ambientais complementam o esgotamento dos recursos naturais necessários para apoiar uma indústria automobilística que desempenhou um papel essencial na absorção do excedente de capital a partir da década de 1930.

Alguns marxistas, liderados pelo economista californiano Jim O'Connor, que fundou a revista *Capitalism, Nature, Socialism*, referem-se às barreiras da natureza como "a segunda contradição do capitalismo" (a primeira sendo, é claro, a relação capital-trabalho). Em nossa época é certo que essa "segunda contradição" está absorvendo tanta atenção política quanto a questão do trabalho, se não mais, e há um campo amplo de preocupação, de ansiedade e de esforço político que se centra na ideia de uma crise na relação com a natureza, como a fonte sustentável de matérias-primas e de terra para o desenvolvimento capitalista (urbano e agrícola), e de uma

70 / O enigma do capital

pia para o crescente fluxo de lixo tóxico. Mas há sempre um perigo em sobrestimar limites naturais supostamente "puros" em detrimento da concentração sobre a dinâmica capitalista que é a força das mudanças ambientais em primeiro lugar e das relações sociais (de classe em especial) que movem essas dinâmicas em certas direções ambientalmente perversas. A classe capitalista, é óbvio, está sempre feliz, nesse ponto pelo menos, de ter seu papel deslocado e mascarado por uma retórica ambientalista que não a toma como a criadora do problema. Quando os preços do petróleo subiram no verão de 2008, foi útil reclamar da escassez natural, quando as companhias petrolíferas e os especuladores eram os culpados.

No trabalho de O'Connor, a segunda contradição do capitalismo veio para substituir a primeira após as derrotas dos trabalhadores e movimentos socialistas da década de 1970. Para ele, o movimento ambientalista constitui (ou deveria constituir) a vanguarda da agitação anticapitalista e, durante os anos 1980 e 1990, de fato às vezes parecia que era o único movimento anticapitalista a ter alguma vida em si. Deixo a seu critério até que medida esse tipo de política deve ser prosseguido. Mas o que é certo é que a barreira na relação com a natureza é para ser tomada a sério e que as tensões estão se tornando, juntamente com todo o resto, mais globais.

Pode haver uma crise iminente na nossa relação com a natureza que exigirá adaptações generalizadas (cultural e social, bem como técnica), se for para contornar com sucesso essa barreira pelo menos por um tempo, no âmbito da acumulação de capital sem fim. O fato de, no passado, o capitalismo, ter navegado com sucesso pelas barreiras naturais e de tê-lo feito muitas vezes de modo rentável uma vez que as tecnologias ambientais têm sido um grande negócio e certamente podem se tornar muito maiores (como a administração de Obama propõe) não significa que a questão da natureza nunca constituirá um limite máximo. Mas em termos de uma crise imediata do nosso tempo, que começou em 2006, a questão dos limites naturais não pode, na superfície pelo menos, ser a primazia reconhecida do lugar, com a possível exceção do papel do chamado "pico do petróleo" e seu impacto sobre os preços da energia. A questão do pico petrolífero exige, portanto, algum comentário.

Como pano de fundo vale notar que o que começou a aparecer como o maior de todos os potenciais limites naturais para o desenvolvimento capitalista na Grã-Bretanha do século XVIII foi perfeitamente superado com os combustíveis fósseis e a invenção da máquina a vapor. Antes disso a terra tinha de ser usada tanto para a produção de alimentos quanto de energia (a partir de biomassa) e tornou-se cada vez mais claro que não poderia ser utilizada para ambos na perspectiva de uma taxa composta de crescimento, dada a capacidade de transporte do tempo. Por volta de 1780, a energia pôde vir do subterrâneo (sob a forma de reservas de carvão do período carbonífero) e as terras puderam ser utilizadas apenas para a produção alimentar. Cerca de um século mais tarde a imensa reserva de energia do período cretáceo também pôde ser aproveitada na forma de petróleo e gás natural. Faço essa observação a fim de apontar a estupidez óbvia de tentar responder à suposta escassez de petróleo contemporânea com a produção de etanol, que leva a produção da energia de volta para a terra (utilizando mais energia para sua produção do que de fato produz), com impactos imediatos e sérios sobre os preços dos grãos usados em alimentos. A perversidade de uma política que nos leva de volta para a armadilha energia versus alimentos da Grã-Bretanha do século XVIII não é nada a não ser chocante. Como isso aconteceu?

A ideia de "pico do petróleo" remonta a 1956 quando um geólogo, então trabalhando para a Shell Oil, M. King Hubbert, previu, com base em uma fórmula que liga as taxas de novas descobertas e as de exploração, que a produção de petróleo dentro dos EUA atingiria seu pico em 1970 e, em seguida, gradualmente contrairia. Ele perdeu seu trabalho na Shell, mas suas previsões se revelaram corretas e, desde 1970, os Estados Unidos diariamente tornam-se mais e mais dependentes do petróleo estrangeiro na medida em que as fontes domésticas têm continuado a declinar. Os EUA agora importam cerca de 300 bilhões de dólares de petróleo por ano, o que representa quase um terço de um florescente déficit comercial externo que deve ser coberto por empréstimos do resto do mundo em bem mais de 2 bilhões de dólares por dia. A recente guinada para o etanol combinou uma tendência a diminuir a vulnerabilidade política e econômica dos EUA em relação a essa dependência externa com um delicioso subsídio a um poderoso *lobby* do agronegócio, que domina o antidemocrático Senado dos EUA (no qual os pequenos Estados rurais comandam 60% dos votos) e que tem sido um dos mais poderosos *lobbies* em Washington (o elevado nível de subsídios agrícolas nos EUA tem sido um dos temas mais controversos nas negociações da OMC com o resto do mundo). O consequente e totalmente previsível aumento dos preços dos grãos também foi uma boa notícia para o agronegócio, mesmo que os nova-iorquinos, de repente, tenham encontrado seu pão com um aumento no preço de 50%. A exacerbação da fome no mundo não é brincadeira. Como um crítico da tese Hubbard observou, "encher o tanque de 50 litros de uma picape com etanol puro requer 450 libras de milho, o que são calorias suficientes para alimentar uma pessoa durante um ano. Com base nas tendências atuais (2008), o número de pessoas cronicamente famintas poderia dobrar até 2025, chegando a 1,2 bilhão".

Isso tudo foi apoiado por evidências crescentes (e muita retórica) de que a fórmula do "pico do petróleo" que Hubbert tinha aplicado para os EUA poderia ser usada com sucesso para prever o abastecimento mundial de petróleo. Na medida em que as taxas globais da descoberta subiram em meados da década de 1980, de acordo com os dados, era amplamente esperado que a produção de petróleo chegasse a seu pico no mais tardar em 2010. Vários países produtores de petróleo, além dos EUA, têm mais ou menos estado de acordo com a fórmula de pico de Hubbert, incluindo Kuwait, Venezuela, Reino Unido, Noruega e México. Apesar de a situação em outros lugares, particularmente na Arábia Saudita (onde há rumores de que o pico da produção já tenha sido alcançado), no Oriente Médio em geral, na Rússia (onde o então presidente Putin declarou recentemente que, embora por razões políticas e não por razões de fato, o pico petrolífero já foi passado) e na África, ser mais difícil de monitorar, o aumento dos preços do petróleo, de menos de 20 dólares o barril em 2002 para 150 dólares o barril (e uma duplicação dos preços da gasolina na bomba para os consumidores dos EUA) no verão de 2008, serviu como todas as provas populares necessárias para demonstrar que o pico do petróleo chegou e está aqui para ficar. Feliz ou infelizmente, dependendo do seu ponto de vista, os preços do petróleo caíram de repente para menos de 50 dólares o barril no fim de 2008, colocando uma grande interrogação popular sobre a relevância da teoria e abrindo o caminho para o relaxamento dos bancos centrais em relação aos temores sobre um aumento da inflação gerado pelos preços do petróleo e uma consequente redução das taxas de juro, chegando a zero, nos Estados Unidos no final de 2008. Como o petróleo a 50 dólares o barril é frequentemente citado como o ponto de ruptura a partir do qual o etanol se torna rentável, o enorme investimento que quase dobrou o número de plantas destinadas à produção de etanol nos EUA desde 2006 agora pode estar em perigo.

Como e por que a escassez supostamente dada pela natureza e representada de forma tão nítida pela fórmula do pico do petróleo pode ser tão volátil no mercado requer algumas explicações. Para chegar a isso precisamos apresentar outra categoria de distribuição, o que Marx caracteristicamente também deixou de lado "até mais tarde": as rendas de terrenos e de recursos naturais. Existem dois tipos de renda que importam (desconto aqui uma terceira categoria que Marx propôs chamada "renda absoluta", pois, francamente, não acho que funcione). A primeira categoria que funciona é chamada "renda diferencial" e surge, num primeiro momento, por causa da diferença na fertilidade ou no rendimento em terras e minas em relação a uma terra, mina ou poço de petróleo menos produtivo que precisa ser posto em produção a fim de satisfazer as demandas do mercado. A renda diferencial também pode e muitas vezes tem um componente de localização (a terra mais perto do centro da cidade é tipicamente mais valiosa do que a terra na periferia, e os poços de petróleo na superfície são mais fáceis de explorar do que aqueles situados em águas profundas ou em locais árticos). No caso do petróleo, os custos de exploração dos poços menos produtivos e menos acessíveis precisam ser cobertos, e uma taxa normal de lucro, acrescida à taxa média para que os capitalistas se engajem na produção – é isso que define o preço de base de petróleo. Todos os outros produtores ganham lucros excessivos já que seus custos de produção e acessibilidade são mais baixos e seu rendimento, superior em comparação com o poço marginal. Para quem vai esse excesso de lucro? Na medida em que os direitos de propriedade podem ser exercidos sobre a terra e os poços de petróleo, o titular desses direitos de propriedade (particulares ou o Estado) pode reivindicar uma taxa de royalty para a liberação da terra ou dos recursos para outros usos. A taxa pode ser um pagamento em dinheiro direto (renda) para o uso do recurso; uma parcela dos lucros adquirida pela empresa privada que explora o recurso; ou um rendimento a partir da venda direta do excesso de petróleo no mercado mundial por alguma entidade (como uma empresa estatal de petróleo) que detém o direito de propriedade para o recurso que ele próprio explora. Em todos esses casos, porém, o proprietário do imóvel tem um preço de reserva que normalmente procura extrair antes de liberar o recurso para a exploração de outros. Eles podem reivindicar toda ou a maior parte da renda diferencial, se forem espertos o suficiente, e ainda terão como continuar a produção.

A própria existência do preço de reserva atesta a renda monopolista atribuída a todas as formas de reivindicações dos direitos de propriedade sob os arranjos institucionais que caracterizam o capitalismo. Qualquer titular de um direito de propriedade pode impedir o acesso a essa propriedade e recusar-se a liberá-lo até um preço de reserva ser alcançado. Em situações de competição esse preço de reserva é geralmente muito baixo porque, se há abundância de terras disponíveis, os produtores têm escolhas quanto ao local aonde vão – e, se você não dispensar sua terra para eles a um preço razoável (por venda, arrendamento ou contrato de locação), outros o farão. Algumas vezes o preço de reserva se aproxima de zero, embora, nesse caso, pareça não ter sentido os proprietários liberarem sua terra de qualquer maneira.

Mas neste momento temos igualmente de reconhecer que a fertilidade ou a produtividade do recurso não é por inteiro dependente da natureza, mas também dos investimentos em tecnologias e aperfeiçoamentos que elevam a produtividade dos recursos originais a novos níveis. A fertilidade da terra é tanto fabricada quanto dada pela natureza. O titular do direito de propriedade da terra tem um grande interesse em que o usuário melhore sua produtividade. No período de sucesso da "agricultura intensiva" na Grã-Bretanha do século XIX, antes da longa depressão agrícola que começou em 1873, os proprietários favoreciam grandes aluguéis, pois isso incentivava os inquilinos a empreender melhorias a longo prazo (como drenagem, fertilização e técnicas de cultivo em rotação), que, em vez de melhorar a fertilidade, degradaram-na. Nesse caso, a renda diferencial adviria para o usuário durante o tempo do contrato de locação como um retorno do capital investido em melhorias a longo prazo. Mas como dar conta da terra extremamente fértil, que foi drenada ou subtraída do mar no século XVI? Embora a renda diferencial seja uma única categoria, resume maravilhosamente o problema da grande dificuldade de, enfim distinguir o que é dado pela natureza do que surge como resultado da ação humana, como destaca a questão estratégica que deve ser enfrentada por qualquer proprietário de um recurso: minerar um recurso existente (não importa se a sua produtividade é devida à natureza ou à ação humana) com uma eficiência impiedosa até que seja esgotado ou preservar e melhorar o recurso para o futuro de modo a garantir potencialmente o uso sustentável de longo prazo.

No caso de poços de petróleo, no entanto, estamos lidando com um recurso não renovável, o preço de reserva, o qual é dado pelas condições de relativa escassez. A renda diferencial em poços de petróleo (não importa se surge a partir de tecnologias de produção superior ou de condições naturais, digamos, de alta pressão e grandes quantidades subterrâneas) toma contornos de renda monopolista, como tem sido tão obviamente o caso do controle da Opep sobre a liberação de petróleo no mercado mundial a uma taxa que mantém ou estabiliza os preços a um determinado nível. O campo de ação da Opep é limitado, naturalmente, pelo fato de que nem todos os Estados pertencem ao cartel. Mas, apesar de todas as acusações de costume, os produtores e utilizadores em geral se beneficiam de razoável estabilidade dos preços no mercado, por causa das ações da Opep. Então, por que essa volatilidade nos preços do petróleo?

Isso nos leva ao cerne do problema, porque o mercado de óleo é impulsionado tanto pela escassez criada pelas condições sociais, econômicas e políticas quanto pela chamada escassez natural. Rendas e futuros de petróleo são alvo de investimentos especulativos, e a crença em alguma escassez iminente (devida a instabilidades políticas, guerras ou picos petrolíferos) eleva os preços drasticamente, sobretudo em condições em que exista uma escassez temporária na oferta para combinar algum "pico" de demanda como a que surgiu quando, em meados dos anos 1990, a China e a Índia entraram no mercado de petróleo de formas que acompanharam seu forte impulso de crescimento econômico. Rendas e futuros de petróleo, portanto, são capitalizados como uma forma de capital e aposta fictícia e também circulam de modo que todos os operadores dos mercados protejam seus investimentos, criando todos os tipos de derivativos e em seguida manipulando o mercado de forma a coincidir com suas apostas. Como os preços do petróleo sobem, é claro, todos os tipos de campos marginais são explorados (ou, em alguns casos, reabertos), simplesmente porque a definição da margem varia com a volatilidade singular. As areias betuminosas de Athabaska, no Canadá, são caras para explorar, mas se tornam altamente rentáveis quando o petróleo vai para 150 dólares o barril. Mas o problema é que leva um tempo considerável para colocar novos campos em produção e assim o tempo de resposta a um aumento da demanda é lento a menos que haja capacidade existente, como a controlada pela Opep, o que pode mais facilmente ser posto em jogo. Mas aqui, também, toda a operação, incluindo a de refinaria, é de capital intensivo e muito sensível para as condições nos mercados de capitais, para as margens de lucro e para o que está acontecendo no mercado de futuros de petróleo, que é um dos grandes mercados de cobertura e de apostas e assim fortemente influenciado pela disponibilidade do capital excedente. Considerando que o mundo está inundado de liquidez excessiva, então por que não colocar um pouco dela e apostar no mercado de futuros de petróleo? Especialmente se alguém lhe diz que o pico do petróleo está quase chegando!

O que está claro sobre tudo isso é que a relação com a natureza tem duas vias em que os caprichos e contingências das mudanças evolutivas que ocorrem naturalmente são correspondidos pelos caprichos e contingências das situações sociais, econômicas e políticas que definem tanto o significado quanto a relação com a natureza. Barreiras à acumulação se dissolvem perpetuamente e se reformam em torno da questão da chamada escassez natural e, às vezes, como Marx salientou, essas barreiras podem ser transformadas em contradições e crises absolutas.

———◆———

A natureza tem sido modificada pela ação humana ao longo dos tempos. O meio ambiente é uma categoria que tem de incluir os campos que foram limpos, os pântanos e as zonas úmidas que foram drenados, os rios que foram alvo de reengenharia e os estuários que têm passado por dragagens, as florestas que foram cortadas e replantadas, as estradas, canais, sistemas de irrigação, ferrovias, portos, pistas de pouso e terminais que foram construídos, as barragens, geradores de alimentação e sistemas de rede elétrica que foram desenvolvidos, sistemas de água e esgotos, cabos e redes de comunicações, grandes cidades, subúrbios, fábricas, escolas, casas, hospitais, *shoppings* e destinos turísticos em abundância. Além disso, esses ambientes são habitados por espécies inteiramente novas (pense em cães, gatos, raças bovinas e galinhas sem penas) que ou foram alvo de engenharia através de práticas de reprodução seletiva (complementada agora com práticas de engenharia genética direta que modificam os cultivos de milho e tomate), ou se transformaram, ou encontraram novos nichos ambientais (basta pensar nos padrões de doenças, como a gripe aviária, que se transformam e surgem nos ambientes recém-construídos da fábrica de produção de frangos sem penas). Há pouco na superfície do planeta Terra que possa ser imaginado como uma natureza pura e intocada, ausente de qualquer alteração humana. Por outro lado, não há nada de não natural no fato de as espécies, incluindo a nossa, modificarem o ambiente de modo que lhe seja propício à sua própria reprodução. As formigas o fazem, assim como as abelhas e os castores, estes de modo ainda mais espetacular. Da mesma forma que não há nada de não natural sobre um formigueiro, então não há, certamente, nada de particularmente não natural sobre Nova York.

Mas tudo isso tomou energia e engenho humano para ser construído. O ambiente construído que constitui um vasto campo de meios coletivos de produção e consumo absorve enormes quantidades de capital tanto na construção quanto na manutenção. A urbanização é uma forma de absorver o excedente de capital.

Mas os projetos desse tipo não podem ser mobilizados sem reunir um enorme poder financeiro. E o capital investido nesses projetos deve estar preparado para esperar por retornos a longo prazo. Isso implica ou o envolvimento do Estado ou um sistema financeiro robusto o suficiente para reunir o capital e implementá-lo com os efeitos desejados a longo prazo e esperar pacientemente pelo retorno. Isso tem significado geralmente inovações radicais no nexo Estado-finanças. Desde 1970, as inovações financeiras, como a securitização da dívida hipotecária e a disseminação dos riscos de investimento mediante a criação de mercados de derivativos, tacitamente (e agora, como vemos, de verdade) apoiadas pelo poder do Estado, permitiram um enorme fluxo de excesso de liquidez em todas as facetas da urbanização e do espaço construído no mundo todo.

Em cada instância, a inovação no nexo Estado-finanças tem sido uma condição necessária para canalizar os excedentes em urbanização e projetos de infraestruturas (barragens e rodovias, por exemplo). Mas, sucessivamente nos últimos trinta anos, o investimento excessivo em tais projetos tornou-se um gatilho catalisador comum para a formação de crises. Como foi dito anteriormente, várias das crises financeiras desde 1970 foram provocadas por excessos nos mercados imobiliários.

A taxa composta de crescimento que está no cerne do modo de produção capitalista não pode ser alcançada sem antes estabelecer as condições físicas de infraestrutura necessárias. Um crescimento econômico liderado por exportações para alguns países exige transporte prévio adequado e instalações portuárias, assim como uma fábrica não pode funcionar sem o fornecimento adequado (e, às vezes, abundante) de insumos de água e energia, além de transportes e infraestrutura de comunicações, que permitem a continuidade da produção sem estrangulamentos demais no fornecimento de insumos (incluindo o trabalho) e na comercialização do produto. Os trabalhadores também têm de viver, fazer compras, educar seus filhos e satisfazer suas necessidades de lazer em algum lugar razoavelmente perto.

A vasta infraestrutura que constitui o ambiente construído é um pressuposto material necessário para a produção capitalista, a circulação e a acumulação avançarem. Essa infraestrutura exige cada vez mais uma manutenção constante e adequada para mantê-la em bom funcionamento. Uma parcela crescente da produção econômica, portanto, tem de ser colocada na manutenção adequada dessas infraestruturas necessárias. Falhas de manutenção (como a ruptura de uma rede elétrica, a falta de abastecimento de água ou panes nos sistemas de transportes e comunicações) estão longe de ser incomuns, mesmo nas economias capitalistas mais avançadas (os Estados Unidos tiveram sua cota de desastres de infraestruturas, como o colapso de pontes e defeitos nas redes de energia nos últimos anos). A acumulação de capital adicional é, aliás, baseada na construção de novas infraestruturas. A sobrevivência do capitalismo, em suma, depende do investimento na organização e financiamento de infraestruturas adequadas para manter a taxa de crescimento composto. O capital tem de criar um cenário adequado para suas próprias necessidades – uma segunda natureza construída à sua própria imagem – em um dado momento, só para revolucionar a paisagem em um momento posterior, a fim de acomodar uma maior acumulação numa taxa composta.

Mas que incentivos existem para o capital investir nessas infraestruturas? Uma taxa adequada de retorno monetário é a resposta óbvia, e isso significa que o pagamento para a utilização dessas infraestruturas tem de ser extraído de alguma forma daqueles que delas se beneficiam. Embora seja fácil de imaginar com relação a casas, lojas e fábricas que podem ser alugadas ou vendidas para usuários e também imaginável (mas não necessariamente desejável) para determinados itens de provisão coletiva (como rodovias, escolas, universidades, hospitais) que poderiam ser financiados com base em uma taxa por serviço prestado, ainda existem muitos aspectos do ambiente construído que são mantidos em comum e dos quais é muito difícil extrair um pagamento direto. É aqui que o Estado tem de entrar novamente em cena e desempenhar um papel central. Para isso, precisa extrair os impostos. A teoria do gasto público produtivo surgiu na Paris do Segundo Império pelos financistas saint-simonianos e, mais tarde, foi generalizada por Keynes, que sugeriu que a base de tributação deve aumentar à medida que o capital privado responde positivamente a possibilidades geradas pelas novas disposições de infraestrutura. O resultado é uma forma de circulação Estado-capital em que não só os investimentos do Estado se pagam por si mesmos, mas também geram uma receita extra para ser colocada em mais infraestruturas.

Considerações desse tipo exigem a libertação do conceito de produção de seus confinamentos habituais. A imagem habitual de produção que prevalece é de trabalhadores que se esforçam em uma fábrica, talvez em uma linha de montagem, fazendo carros. Mas os trabalhadores que produzem e mantêm as estradas, os sistemas de abastecimento de água, os esgotos e as casas e aqueles que fazem o paisagismo e a decoração dos interiores são igualmente importantes. Uma infinidade de empresas e de trabalhadores está ativamente envolvida na produção da urbanização (quase sempre financiada por dívidas) ou, o que talvez seja melhor e mais genericamente descrito, na produção de novos espaços, lugares e ambientes. As lutas políticas que surgem nesse cenário apresentam tipicamente características bastante distintas. Embora os trabalhadores da construção possam travar uma guerra feroz com os empreiteiros sobre salários, condições de trabalho e segurança, eles são conhecidos por apoiar os projetos de desenvolvimento públicos e privados de todo tipo. Apesar de tais projetos criarem oposições, por razões ambientais, políticos e sociais, e apesar de invariavelmente suporem a despossessão dos direitos territoriais de populações muitas vezes vulneráveis, a classe trabalhadora é tão suscetível de colidir em oposição ou de se unir à luta anticapitalista.

A produção de espaços e lugares absorveu, ao longo do tempo, grandes quantidades de excedentes de capital. Novas paisagens e novas geografias foram criadas dentro das quais o capital circula em formas que são frequentemente assombradas por profundas contradições. Se a grande quantidade de capital fixo incorporada na terra (olhe para baixo, para a terra, da próxima vez que voar apenas para ter uma noção de quão vasta é) será realizada, então deverá ser usada e paga pelos produtores capitalistas aqui e agora. O abandono de todos esses elementos, como aconteceu com muitas cidades industriais mais antigas na enorme onda de desindustrialização da década de 1980, incorre em prejuízos (sociais, bem como infraestruturais) e pode ser uma fonte de crises que afetam não apenas aqueles que detêm a dívida em muitos desses investimentos de infraestrutura, mas também a

78 / O enigma do capital

economia em geral. É aqui que a tese de Marx de que o capitalismo encontra inevitavelmente barreiras dentro de sua própria natureza (nesse caso, dentro dos espaços, lugares e ambientes que tem produzido) torna-se mais visível.

———◆———

As relações entre capital e trabalho, bem como entre capital e natureza, são mediadas pela escolha de tecnologias e formas organizacionais. Marx, penso, é preciso em sua teorização das forças motrizes dessas escolhas e no porquê de os capitalistas fetichizarem as tecnologias (as máquinas, em particular) e as novas formas organizacionais. Tem um problema? Tem de haver uma solução tecnológica ou organizacional!

Máquinas não podem produzir lucros por elas mesmas. Mas os capitalistas com tecnologias e formas de organização superiores ganham tipicamente uma maior taxa de lucro que seus concorrentes e, por fim, levam-nos à falência. Ao fazê-lo, o custo dos bens consumidos pelos trabalhadores em geral declina devido ao aumento da produtividade. Os custos do trabalho podem ser reduzidos sem reduzir o nível de vida do trabalho, gerando maior lucro para todos os capitalistas. Se os ganhos de produtividade são muito fortes, os padrões de vida material dos trabalhadores podem aumentar mesmo com o declínio dos salários. Isso aconteceu nos EUA após a década de 1990 devido à entrada de importações baratas da China no sistema de varejo do Wal-Mart. Note-se que para o Wal-Mart foi mais uma forma de organização do que máquinas que emplacou.

O resultado é um incentivo permanente para o dinamismo organizacional e tecnológico. "A indústria moderna", observa Marx em *O capital*, "nunca vê ou trata a forma existente de um processo de produção como definitiva. Sua base técnica é, portanto, revolucionária, enquanto todos os modos de produção anteriores eram essencialmente conservadores". Esse é um tema persistente nas obras de Marx. Como ele e Engels prenunciam no *Manifesto do Partido Comunista**, "a burguesia não pode existir sem revolucionar constantemente os instrumentos de produção e, assim, as relações de produção, e com eles as relações da sociedade. [...] Essa subversão contínua da produção, esse abalo ininterrupto de todas as condições sociais, a incerteza e agitação permanentes distinguem a época burguesa de todas as outras".

Mas por que esse impulso revolucionário no coração do capitalismo e por que o capitalismo é tão diferente de outros modos de produção? Os seres humanos são claramente fascinados pela busca permanente da novidade, mas as condições sociais e culturais sob as quais o fascínio pode tornar-se uma força central de condução na evolução humana são muito especiais. A maioria das ordens sociais até então existen-

---

* São Paulo, Boitempo, 1998. (N. E.)

tes era inerentemente conservadora. Procuraram preservar o *status quo* para proteger uma classe dominante e reprimir os impulsos humanos para a inovação e as ideias novas. Esta era uma característica persistente da história da civilização chinesa, por exemplo. Em última análise provou ser o calcanhar de Aquiles do comunismo realmente existente. A ossificação burocrática e da estrutura de poder tornou-se o problema.

Por razões que são muito debatidas e provavelmente nunca serão resolvidas, entre a inquisição da Igreja Católica e a repressão de Galileu, no começo do século XVII, e a invenção da máquina a vapor por Watt, no final do século XVIII, ocorreu na Europa e na Grã-Bretanha em particular uma reconfiguração radical das condições sociais, políticas, culturais e jurídicas que transformaram inovação e novas ideias em um abre-te sésamo da criação de riqueza e poder. Uma classe dominante continuou a governar, mas não necessariamente por meio das mesmas personificações ou descendentes biológicos.

O tipo de sociedade que emergiu foi fundamentado nos direitos de propriedade privada, no individualismo jurídico e em alguma versão do livre-mercado e livre-comércio. O Estado viu cada vez mais seu papel como gestor dessa economia como uma forma de aumentar sua riqueza e poder. Nada disso funcionou perfeitamente de acordo com John Locke e Adam Smith, e basta ler *A casa abandonada**, de Charles Dickens, com suas intermináveis batalhas jurídicas em Chancery, para reconhecer que a sociedade britânica era e ainda se constitui como uma luta de poder perpétua entre a antiga e a nova ordem social. Mas na Grã-Bretanha e em sua antiga colônia, os Estados Unidos, as leis coercitivas da competição, que fluíram a partir desses novos arranjos institucionais, conseguiram fazer amplamente seu trabalho sem entraves por repressões de classe e de status.

O principal mecanismo que libera a inovação da repressão e do controle regulatório é, portanto, a concorrência. Em geral, isso produz um fluxo permanente de inovações em tecnologias e formas de organização simplesmente porque os capitalistas com os processos de trabalho mais eficientes, eficazes e produtivos obtêm lucros mais elevados do que o resto. A busca por maior eficiência, na verdade, engloba todos os aspectos da circulação do capital, desde a aquisição de material de trabalho e meios de produção (daí a estrutura da cadeia de oferta de entregas no tempo exato de fornecedores subcontratados para a moderna corporação) até estratégias de mercado eficientes e de baixo custo (a síndrome do Wal-Mart). Entidades capitalistas, de pequenos empresários a grandes corporações, são, portanto, obrigadas a prestar atenção às formas organizacionais e tecnológicas e estão sempre à procura de inovações que gerem lucros em excesso, pelo menos por um tempo. O problema é que o lucro adicional que obtêm é efêmero, pois os concorrentes podem alcançar e até mesmo ultrapassar sua vantagem tecnológica e organizacional.

---

* Lisboa, Romano Torres, 1964, 2 v. (N. E.)

80 / O enigma do capital

A competição feroz, que os capitalistas por vezes chamam de "ruinosa", tende, portanto, a produzir inovações de salto de qualidade, que muitas vezes levam os capitalistas a fetichizar a inovação tecnológica e organizacional como a resposta para todas as suas orações (incluindo o disciplinamento do trabalho tanto no mercado quanto no processo de trabalho). Esse fetichismo é alimentado à medida que a inovação se torna um negócio que visa formar seu próprio mercado, convencendo todos e cada um de nós de que não podemos sobreviver sem ter o mais recente *gadget* e parafernália sob nosso comando. O medo dos impactos destrutivos e potencialmente ruinosos das novas tecnologias, por vezes, provoca as tentativas de controlar ou mesmo suprimir inovações ameaçadoras. Nos últimos tempos, monopolizar e comprar patentes ou destruir sistematicamente determinados caminhos inovadores (como os carros elétricos) por meio do controle de monopólio não são casos inéditos, mas, como estamos vendo atualmente no caso da indústria automobilística de Detroit, esse tipo de resposta não funciona no longo prazo.

Mas não é só a concorrência entre os capitalistas que importa. Existem outras instâncias de decisão que desempenham um papel decisivo na promoção da inovação, das quais a mais importante é o aparelho de Estado. Um sistema interestatal putativo se consolidou na Europa com o Tratado de Vestfália, em 1648. Entidades soberanas se formaram, e sua integridade territorial devia supostamente ser respeitada ou protegida, se necessário pela força. A partir desse ponto em diante, muitos Estados se envolveram na busca de tecnologias militares, formas organizacionais, transportes e comunicações superiores. Patrocinadas pelo Estado, embora nominalmente autônomas, "sociedades científicas" – a Académie Française e a Sociedade Real Britânica, por exemplo – começaram a patrocinar iniciativas de pesquisa, como a célebre busca por um cronômetro que iria trabalhar em alto mar e, assim, facilitar a navegação (as ordens aristocráticas que ainda detinham o poder se recusaram, no entanto, a reconhecer a realização de um simples artesão, John Harrison, que na verdade resolvera o problema em 1772). O que mais tarde veio a ser chamado de "complexo militar-industrial" surgiu em forma sombria no início da história do desenvolvimento do Estado capitalista (a organização dos "Ponts et Chaussées", fundada em 1747, tornou-se lendária na França por sua competência científica e tecnológica sobre os problemas de construção de infraestrutura e militares). Mas foi somente durante e após a Segunda Guerra Mundial que esse aspecto do comportamento inovador tornou-se fundamental, na medida em que a corrida por armas da Guerra Fria, a corrida do espaço e todo o resto envolveram diretamente o Estado na atividade de pesquisa e desenvolvimento (P&D), juntamente com as empresas capitalistas, em diferentes setores da economia (tudo desde a energia nuclear para imagens de satélite até a saúde pública). Períodos de guerra ou de tensão política (como a Guerra Fria e, mais recentemente, a chamada "Guerra ao Terror"), tiveram assim um papel crucial na orientação dos caminhos da inovação. Da mesma maneira como o nexo Estado-finanças passou a desempenhar um papel fundamental no desenvolvimento capitalista, um nexo Estado-corporações também surge em torno das questões de pesquisa e desenvolvimento em setores da economia considerados de importância estratégica (e não apenas militar) para o Estado. A segurança torna-se um grande negócio.

Na medida em que P&D sustenta vantagens comparativas na competição econômica global, um vasto leque de serviços dentro do aparato governamental (lidando com saúde, alimentação, agricultura, transportes, comunicações e energia, assim como com ramificações mais tradicionais de militares e de segurança), apoiado por um sistema universitário semipúblico enorme de pesquisa, tem desempenhado um papel vital na inovação tecnológica e organizacional em associação com a indústria nas principais potências capitalistas. No Japão, foi o Estado que arrebanhou burocraticamente as atividades das empresas em torno de um programa de pesquisa tecnológica e organizacional que colocou o Japão em nível de preeminência na concorrência por meio da industrialização (um modelo que se seguiu na Coreia do Sul, Taiwan, Brasil, Singapura e agora desempenha um papel crucial na China).

A partir do momento em que todas essas forças se unem, o ritmo das mudanças tecnológicas e organizacionais normalmente acelera para produzir uma rápida sucessão de novas fronteiras em inovação de produto e desenvolvimento, assim como de métodos de produção. Tais ondas de inovação podem tornar-se destrutivas e ruinosas até para o próprio capital, em parte porque as tecnologias e formas de organização de ontem têm de ser descartadas antes de terem sido amortizadas (como o computador com o qual estou trabalhando) e porque as reestruturações perpétuas nos processos de trabalho são prejudiciais à continuidade do fluxo e desestabilizam as relações sociais. A desvalorização dos investimentos anteriores (instalações, máquinas e equipamentos, ambientes construídos, redes de comunicação) antes que seu valor seja recuperado, por exemplo, torna-se um problema sério. Da mesma forma, mudanças rápidas nos requisitos de qualidade de trabalho (por exemplo, a súbita necessidade de novas habilidades, como a alfabetização eletrônica), que ultrapassam as capacidades existentes na força de trabalho, geram tensões no mercado de trabalho. As infraestruturas sociais e educacionais têm dificuldade para se adaptar rapidamente, e a necessidade permanente de muitas "reciclagens" na vida de um trabalhador coloca pressões sobre os recursos públicos, bem como sobre as energias particulares. A produção da precariedade crônica por meio da desqualificação e requalificação é apoiada pelo desemprego tecnologicamente induzido (cerca de 60% dos postos de trabalho que se perderam nos EUA nos últimos anos são atribuíveis às mudanças tecnológicas, enquanto apenas 30% devem-se à amplamente criticada deslocalização dos empregos para o México, a China e outros países).

Crises de desproporcionalidade em espiral também podem surgir fora do desenvolvimento desigual das capacidades tecnológicas nos diferentes setores, produzindo, por exemplo, os desequilíbrios na produção de bens de sobrevivência versus meios de produção. Mudanças dramáticas nas relações espaço-temporais, consequências das inovações nos transportes e comunicações, podem revolucionar o panorama global da produção e consumo (como já discutido no caso da desindustrialização) e produzir "crises de mudanças" (mudanças repentinas nos fluxos do investimento de capital de um "ponto acelerado" para outro) dentro de um sistema instável de desenvolvimento geográfico desigual. Acelerações repentinas e aumentos de velocidade gerais na circulação do capital (como o comércio de computadores nos mercados financeiros, que muitas vezes são culpados pelas dificuldades recentes em Wall Street) podem ser caóticos e perturbadores, bem como vantajosos e altamente lucrativos para aqueles cujos modelos matemáticos funcionam melhor (pelo menos por um tempo).

A história da mudança tecnológica e organizacional dentro do capitalismo tem sido nada menos do que notável. Mas é, evidentemente, uma faca de dois gumes que pode ser tão perturbadora e destrutiva como progressiva e criativa. Marx achava que tinha identificado um meio fundamental para explicar a queda de rentabilidade que tanto Malthus quanto Ricardo haviam estudado. Era mais bem explicada, segundo ele, pelo impacto global das inovações de economia de trabalho sobre as taxas de lucro. Deslocar o trabalho da produção, a origem de toda a nova riqueza, era contraproducente para a lucratividade no longo prazo. A tendência de queda dos lucros (que Ricardo tinha identificado) e as crises a que inevitavelmente daria origem eram internas ao capitalismo e não eram explicáveis em termos de limites naturais. Mas é difícil fazer a teoria de Marx sobre a queda da taxa de lucros funcionar quando a inovação é tanto para economizar capital ou meios de produção (por exemplo, pelo uso mais eficiente da energia) quanto para economizar trabalho. O próprio Marx, na verdade, listou uma série de influências de contratendência para a queda da taxa de lucro, incluindo as taxas crescentes de exploração do trabalho, a redução dos custos dos meios de produção (inovações de economia de capital), o comércio externo que reduziria os custos dos recursos, um enorme aumento do exército industrial de reserva de mão de obra que inibe o estímulo ao emprego de novas tecnologias, juntamente com a constante desvalorização do capital, a absorção do excedente de capital na produção de infraestruturas físicas e, finalmente, a monopolização e a abertura de novas linhas de produção com trabalho intensivo. Essa lista é tão longa que torna a explicação de uma "lei" sólida de queda de lucros uma resposta mecânica à inovação para economizar trabalho, que permanece uma proposta insuficiente.

O último item na lista de contratendências de Marx merece aprofundamento porque o problema da absorção do excedente de capital poderia há muito tempo ter levado ao fim do capitalismo, se não fosse pela abertura de novas linhas de produtos. Desde a época de Marx, a elaboração de novas linhas e nichos de produtos tem sido um salva-vidas para o desenvolvimento capitalista, ao mesmo tempo que tem transformado a vida diária, até mesmo das populações de baixa renda dos chamados países em desenvolvimento (como demonstra a rápida proliferação de rádios e telefones celulares em todo o mundo em poucas décadas). As tecnologias de uso doméstico agora empregadas por profissionais da burguesia e das classes alta e média dos países capitalistas avançados (que passaram a incluir, além de Europa e América do Norte, grande parte do Leste e Sudeste Asiático) são simplesmente surpreendentes. A inovação e o desenvolvimento de produtos, como todas as outras coisas, tem se tornado um grande negócio, aplicável não só para a melhoria dos produtos existentes (como automóveis), mas também de setores da indústria inteiramente novos (como computadores e eletrônicos e seus enormes campos de aplicação no governo, produtos farmacêuticos, cuidados de saúde, organização empresarial, entretenimento e similares, além de bens de uso doméstico). Grande parte disso depende, naturalmente, dos gostos dos consumidores e de seu nível de demanda efetiva (assuntos a serem tratados em breve). Mas a propensão espantosa para a criação de linhas de produtos totalmente novas e a aceleração que ocorreu no desenvolvimento de novos produtos desde aproximadamente a década de 1950 colocou o desenvolvimento do consumismo e de uma crescente demanda efetiva no centro da sustentabilidade do capitalismo contemporâneo de uma forma que Marx, por exemplo, teria achado difícil de reconhecer.

A implicação, porém, é que qualquer enfraquecimento nas leis coercitivas da competição, por meio, por exemplo, das leis de patentes e monopolização, da centralização crescente do capital ou da intervenção forte demais da burocracia do Estado, terá um impacto sobre o ritmo e a forma das revoluções tecnológicas. Nos Estados Unidos, as universidades de pesquisa, que são difíceis de regulamentar e manter sob o controle centralizado, apesar de se tornarem mais corporativizadas e cada vez mais dependentes dos recursos do Estado e das empresas, desempenham um papel crucial na manutenção de uma vantagem tecnológica em relação ao resto do mundo. A forma livre peculiar das universidades as preserva da tendência para a ossificação (e corrupção tácita) na sobreposição entre as burocracias estatais e corporativas. Significativa e tardiamente, os europeus, os japoneses e os chineses passaram a reconhecer a importância desse tipo de setor de P&D de Estado-universidade para seu futuro competitivo e estão tentando desesperadamente alcançar o nível dos EUA, investindo de forma pesada no ensino superior e financiando centros de pesquisa e desenvolvimento.

As dimensões da luta de classes também merecem consideração. As oposições generalizadas (por exemplo, o movimento ludista de quebra de máquinas no início do século XIX, que Marx levou em consideração), incluindo a sabotagem das novas tecnologias e formas de organização no chão de fábrica, têm uma longa história. Essa oposição surge porque o capital com frequência usa as novas tecnologias como armas na luta de classes e os trabalhadores resistem instintivamente. Quanto mais trabalhadores se tornam apêndices das máquinas que operam, menos margem de manobra têm, menos contam suas habilidades específicas e mais vulneráveis ficam ao desemprego induzido pela tecnologia. Por isso, há frequentemente forte oposição dos trabalhadores à introdução de novas tecnologias. O compromisso, é claro, tem sido acordos de produtividade entre os sindicatos e o capital, em que ambos os lados partilham alguns dos benefícios que decorrem do aumento da produtividade. Os acordos de produtividade que ficaram conhecidos em muitos dos setores avançados do mundo capitalista nas décadas de 1950 e 1960 (sustentando um padrão de vida melhor para os setores privilegiados da classe trabalhadora) tornaram-se cada vez mais difíceis de se fazer valer após a crise de meados da década 1970. Desde então, a maioria dos benefícios do aumento da produtividade tem ido para os capitalistas e seus agentes da classe alta, enquanto a renda dos trabalhadores estagnou em comparação.

Mas existem duas outras implicações do dinamismo tecnológico e organizacional que são de extrema importância se quisermos entender a trajetória evolutiva do capitalismo. Embora ambos sejam de longa data, têm também se tornado mais e mais salientes desde a Segunda Guerra Mundial, até o ponto em que surgiram como dominantes a partir dos anos 1970.

Em primeiro lugar, tem sido argumentado que existem as chamadas "ondas longas" ou "ciclos de Kondratieff", que duram em média cinquenta anos na história do desenvolvimento capitalista e são fundadas em inovações tecnológicas que se agregam em um determinado lugar e momento para definir o estágio do desenvolvimento estável e de difusão até que um novo pacote de inovações venha substituí-lo. É possível olhar para trás e definir "eras" do desenvolvimento capitalista, que correspondem aproximadamente às ferrovias, navios a vapor, indústria do carvão e do aço e telégrafo; ao automóvel, petróleo, indústrias de borracha e plásticos e rádio; ao motor a jato, geladeiras, condicionadores de ar, indústrias de metais leves (alumínio) e TV; e ao chip de computador e nova indústria eletrônica, que sustentou a "nova economia" da década de 1990. O que está faltando nessa conta são a compreensão das consequências revolucionárias e sociais contraditórias da dinâmica Estado-capital e as mudanças associadas a isso na forma de organização (como a passagem de empresas familiares a corporações verticalmente integradas e, depois, a sistemas de rede horizontais de produção e distribuição).

A tese de ondas temporais (e com difusão espacial) regularmente espaçadas e que ocorrem de modo mecânico na inovação tecnológica e organizacional, na minha opinião, não funciona. Mas a percepção de que formas tecnológicas e organizacionais tornam-se, por assim dizer, paradigmáticas por um tempo, até se esgotarem suas possibilidades, apenas para serem substituídas por outra coisa, é importante. É ainda mais significativa quando o problema da absorção do excedente de capital se torna mais agudo. Onde a quantidade crescente de excedente de capital encontraria oportunidades de investimento rentável se não fosse por essas ondas de inovação? Quanto mais excedente há ao redor, mais há uma corrida frenética por novas tecnologias, formando uma enorme onda especulativa que suplantam os *booms* e acidentes nas ferrovias do século XIX. O nexo Estado-capital se integra aqui com o nexo de pesquisa Estado-corporação já que, sem o capital de risco à frente, muitas inovações enlanguesceriam nas sombras em vez de se tornarem tão rapidamente proeminentes.

Os arranjos institucionais e as culturas estatais e burocráticas desempenham aqui um papel crítico. As ondas de inovação são suscetíveis, no entanto, de tornarem-se mais rápidas, mais compactas e mais especulativas, em resposta à taxa composta de acumulação do capital e à necessidade dominante de encontrar novos locais para a absorção do excedente de capital. De onde, então, virá nossa próxima bolha especulativa estimulada pela inovação? A minha aposta atual é a engenharia biomédica e genética (nas quais as grandes organizações filantrópicas, fundadas por aqueles que, como Bill Gates e George Soros, substituíram parcialmente o Estado no financiamento da pesquisa, concentram suas atividades), junto com as chamados tecnologias "verdes" (que, suspeito, são mais limitadas do que geralmente se imagina).

Considerem-se, em segundo, as implicações revolucionárias das mudanças tecnológica e organizacional para a sociedade em geral. Há muito tempo é verdade que o esforço para criar novas riquezas e poder por meio de novos produtos e inovação organizacional tem permitido a uma classe dominante continuar a governar, mas não necessariamente pela mesma identidade ou descendentes biológicos. Pense em Andrew Carnegie, Jay Gould, os Vanderbilts, Andrew Mellon e outros "barões" do pós-Guerra Civil estadunidense e da vasta riqueza que construíram a partir de quase nada por conta das ferrovias; pense em Henry Ford, John D. Rockefeller (da Standard Oil) e todas as outras pessoas cujo aumento de poder da classe repousou sobre o automóvel; e, depois, pense em Bill Gates, Paul Allen, Jack Welch, Michael Bloomberg e outros, que assumiram as rédeas depois de 1980 com as novas tecnologias eletrônicas e de comunicação, juntamente com os magnatas financeiros, como George Soros, Sandy Weill, Robert Rubin, Bruce Wasserstein, Charles Sanford e todo o resto da gangue de Wall Street.

Claramente, a "perturbação ininterrupta de todas as condições sociais" e "a incerteza e agitação permanente", como Marx e Engels colocaram, aplicam-se tanto à composição da classe capitalista como a qualquer outra coisa. A classe capitalista passa de revolução em revolução, e nem sempre isso ocorre pacificamente. Aqueles que já detinham o poder, muitas vezes procuram minar os *"arrivistes"* e os *"nouveaux riches"* ao enredá-los em redes de exclusão e de cultura que são difíceis de quebrar, além de manipular seu declínio (como os antiquados Rothschilds fizeram com os irmãos *"arrivistes"* Péreires e suas novas instituições de crédito em 1868, em Paris). A reconstituição radical das relações de classe por meio da financeirização ainda tem de seguir seu curso.

Mas há outra dimensão para as transformações das relações sociais que decorrem das novas tecnologias e formas organizacionais. Marx julgava ser uma virtude das tecnologias desenvolvidas no âmbito da modernidade capitalista que tornassem transparentes e compreensíveis os processos industriais que tinham sido por muito tempo opacos e misteriosos. A ciência e as tecnologias de pasteurização, siderurgia, energia a vapor e materiais industriais e de construção estavam abertas a todos para que as entendessem, e não fechadas nas mentes e práticas costumeiras de artesãos. Mas agora chegamos a um círculo vicioso, ao que parece. Muitas tecnologias contemporâneas (da energia nuclear à ciência de materiais, passando pela eletrônica) são tão complicadas que estamos cada vez mais submetidos a uma "lei de peritos". Todos nós já sentamos no consultório de um médico ou dentista e vimos algumas fotos borradas chamadas raio-X habilmente interpretadas como boas ou más notícias; a maioria de nós não sabe como construir uma interpretação adequada desses exames. Diagnosticar o que há de errado com um sistema de computador não é tarefa fácil (e lidar com vírus, hackers e ladrões de identidade é ainda mais difícil). A maioria de nós conta com um sistema de fácil utilização que requer um especialista (que parece frequentemente falar em um idioma estranho, mesmo para aqueles que têm informação razoável) para consertar quando algo dá errado. Muita coisa depende da confiança no conhecimento do perito. Aqueles que têm esse conhecimento adquirem certo poder de monopólio, o que pode muito facilmente levar a abusos (o tecnofascismo, como ouvi serem chamados).

Qualquer quebra de confiança pode tornar-se catastrófica. Os recentes acontecimentos no setor dos serviços financeiros ilustram exatamente esse problema. Em meados dos anos 1980 os computadores eram raros e primitivos em Wall Street. Os mercados ainda eram relativamente simples, transparentes e bem regulados. Os especuladores baseavam suas atividades em alguns compêndios de informações (de *insiders*, se você não fosse pego e condenado, como de fato aconteceu) e intuição. Vinte anos depois, mercados de opções e derivativos totalmente novos com negociações ilegais e com frequência não regulamentadas dominavam o comércio (600 trilhões de dólares em negócios em 2008 em relação à produção total de bens e serviços na economia mundial de cerca de 55 trilhões de dólares!). Um dos propósitos dessa onda de inovação foi evitar a regulamentação e criar novas arenas em que os excedentes de capital poderiam ser rentavelmente aplicados em mercados "livres" (ou seja, não regulamentados) sem qualquer preocupação. As inovações foram pontuais e privadas, o que correspondeu mais às atividades do *"bricoleur"* do que do sistematizador. Essa foi a maneira de evitar a regulação e liberar o mercado. Os especuladores eram em meados da década de 1990 muitas vezes matemáticos e físicos altamente capacitados (muitos chegaram com doutorados nessas áreas diretamente do MIT), que se encantaram com os complexos modelos dos mercados financeiros, seguindo as linhas pioneiras de 1972, quando Fischer Black,

Myron Scholes e Robert Merton (que mais tarde se tornou famoso por seu papel no acidente do Long-Term Capital Management e no socorro financeiro de 1998) escreveram uma fórmula matemática – pela qual ganharam um Prêmio Nobel de Economia – sobre a forma de dar valor a uma opção. A negociação identificava e explorava ineficiências nos mercados e distribuía os riscos, mas, dado o seu padrão totalmente novo, permitiu manipulações a rodo que eram extremamente difíceis de controlar ou mesmo de identificar, porque estavam encobertas por uma caixa-preta de matemática intrincada dos programas informatizados dos acordos comerciais não regulados.

Acabou nisso a esperança de Marx de que as novas tecnologias e formas organizacionais tornariam as questões mais compreensíveis e transparentes! Os lucros auferidos por muitos especuladores individuais cresceram e os bônus foram estratosféricos. Mas o mesmo aconteceu com as perdas. Em 2002, essa realidade estava evidente. Um jovem especulador de Singapura, chamado Nicholas Leeson, derrubou o venerável banco Baring, e empresas como Enron, WorldCom, Global Crossing e Adelphia colapsaram, como aconteceu com a Long-Term Capital Management e o governo do Condado de Orange, na Califórnia, como resultado da negociação de novos mercados não regulamentados (derivativos e opções) e escondendo seus negócios em todo tipo de dispositivos contábeis obscuros e sistemas de avaliação matematicamente sofisticados.

As inovações tecnológicas e financeiras desse tipo têm desempenhado um papel que coloca todos nós em risco sob uma lei de especialistas que não tem nada a ver com a preservação do interesse público, mas tudo a ver com o uso do poder de monopólio dessa experiência para ganhar bônus enormes para os especuladores entusiastas, que aspiram a ser bilionários no prazo de dez anos e, assim, garantir a adesão imediata à classe dominante capitalista.

O ponto mais geral é reconhecer a inovação tecnológica e organizacional como uma espada de dois gumes. Isso desestabiliza assim como abre novos caminhos de desenvolvimento para a absorção do excedente de capital. Invariavelmente, nessa perspectiva, as ondas de inovação nas formas tecnológicas e organizacionais estão associadas a crises de "destruição criativa", nas quais um conjunto de formas dominantes é substituído por outro. Por mais que o relato de Marx de como os processos de mudança tecnológica e organizacional inevitavelmente levam a uma tendência de queda da taxa de lucro possa ser indevidamente simplista, sua visão fundamental de que tais mudanças têm um papel essencial na desestabilização de tudo e, por isso, produzem crises de um tipo ou de outro é sem dúvida correta.

———◆———

A aplicação do trabalho humano para retrabalhar as matérias-primas (dadas pela natureza ou já parcialmente alteradas pela ação humana) para fazer uma nova mercadoria nos leva ao coração do processo de trabalho, no qual, sob o controle do capitalista, o valor antigo é preservado e o novo valor (incluindo o excedente) é criado. Este é o lugar em que o lucro é produzido. O trabalho é fundamental para todas as formas de vida humana, porque os elementos da natureza têm de ser convertidos em produtos de utilidade para os seres humanos. Mas, nas relações sociais que dominam o cerne do capitalismo, o trabalho assume uma forma muito particular em que o trabalho, as tecnologias de produção e as formas de organização estão reunidos sob o controle do capitalista por um tempo predeterminado de contrato para fins de produção lucrativa de mercadorias.

As relações humanas envolvidas no processo de trabalho são sempre assuntos complexos, não importa quão rígido seja o aparelho disciplinar, quão automatizada seja a tecnologia e quão repressivas sejam as condições de trabalho. Foi uma das realizações mais importantes de Marx reconhecer que é, na verdade, o trabalhador – a pessoa que realmente faz o trabalho – que detém o poder real dentro do processo de trabalho, mesmo que pareça que o capitalista tem todos os direitos legais e detém a maioria das cartas políticas e institucionais (por meio do comando sobre o Estado em particular). No processo de trabalho, no entanto, o capitalista é basicamente dependente do trabalhador. O trabalhador produz o capital sob a forma de mercadorias e desse modo reproduz o capitalismo. Se o trabalhador se recusa a trabalhar, pousa as ferramentas, luta por seus direitos ou joga areia na máquina, o capitalista fica impotente. Por mais que os capitalistas organizem o processo de trabalho, o trabalhador é o agente criador. A recusa de cooperação, como os marxistas tal qual Mario Tronti que adotam a perspectiva chamada de "autonomista" têm enfatizado, é um ponto crucial de bloqueio potencial, em que o trabalhador tem o poder de impor limites.

Quando pensamos na luta de classes, muitas vezes nossa imaginação gravita na figura do trabalhador que luta contra a exploração do capital. Mas, no processo do trabalho (como é o caso em outros lugares), a direção da luta é de fato oposta. É o capital que tem de lutar bravamente para tornar o trabalho servil no exato momento em que o trabalho é, potencialmente, todo-poderoso. Faz isso tanto diretamente pelas táticas de organização das relações sociais no chão de fábrica, nos campos, nos escritórios e nas instituições quanto pelas redes de transporte e comunicação. Para produzir o capital, essas relações sociais devem ser moldadas de forma colaborativa e cooperativa. Isso às vezes pode ser alcançado pela força bruta, pela coação e pelos meios técnicos de regulação, mas mais frequentemente pelas formas de organização social que implicam confiança, lealdade e formas sutis de interdependência que reconhecem os poderes potenciais do trabalho, por mais que seja modelado pela finalidade do capital. É aqui que o capital com tanta frequência concede alguns poderes ao movimento do trabalho, para não falar das vantagens materiais, desde, é claro, que o capital continue a ser produzido e reproduzido.

Há, de fato, uma abundância de relatos de processos de trabalho em que os operários trabalhavam sob o chicote de capatazes violentos, sujeitos a todo tipo de abuso verbal e violência física e psicológica. Um dos tópicos mais persistentes na história da inovação tecnológica tem sido o desejo de enfraquecer o trabalhador tanto quanto possível e passar os poderes de movimento e decisão para dentro da máquina, ou pelo menos "para cima", em alguma sala com controle remoto. Mas o processo de trabalho é sempre um campo de batalha perpétua que é, ao mesmo tempo, particular do local de produção e realizado a portas fechadas sobre as quais está escrito o credo capitalista, como observou Marx: "Entrada proibida exceto para negócios!". O que acontece atrás das portas fechadas em geral não sabemos, e aqueles que trabalham dentro sabem muito bem e se engajam em formas de luta e de compromissos que têm enormes implicações em termos agregados para a dinâmica de como funciona o capitalismo (e de fato se continuarem a trabalhar e produzir com lucro).

A constitucionalidade burguesa pode ser muito eficiente nos assuntos de mercado, mas não consegue estender facilmente seu alcance na produção. No entanto, o poder do trabalho ao longo dos anos rendeu concessões sobre questões como as condições do emprego, da segurança no trabalho, da regulação das relações sociais (antiassédio e legislação da igualdade de tratamento), das definições de competências e assim por diante. As formas legalizadas de organização do trabalho podem habilitar os ativistas do chão de fábrica (no caso da Grã-Bretanha, as lideranças sindicais), que podem intervir diretamente nos processos de trabalho e regular as relações sociais no local de trabalho, além de relacionar-se com movimentos mais amplos de classe (como sindicatos nacionais e partidos políticos de esquerda). Mas a organização do local de trabalho nem sempre é fácil e, mesmo quando ela é alcançada, muitas vezes, regulamenta o processo de trabalho tanto em benefício do capital quanto em benefício do trabalho. E como tem sucessivamente sido revelado nos últimos anos por escândalos do emprego de trabalhadores sem papéis nos Estados Unidos (ironicamente impulsionados por um fervor anti-imigração), as violações das leis do trabalho são comuns em parte porque a capacidade do governo de impor-se é sistematicamente eviscerada por um Estado cada vez mais regido por interesses corporativos. O estatuto jurídico de regulação dos processos de trabalho, entretanto, varia intensamente de um lugar para outro, de tal forma que a presença geográfica desigual dos movimentos de sindicalização e regimes de regulação sobre os processos de trabalho é muito acentuada em todo o mundo capitalista.

A gama de táticas capitalistas no processo de trabalho precisa ser examinada. É aqui, em particular, que os capitalistas usam o poder das diferenças sociais em seu próprio benefício ao máximo. As questões de gênero, muitas vezes, tornam-se vitais no chão de fábrica, assim como as questões de etnia, religião, raça e preferência sexual. Nas fábricas do chamado mundo em desenvolvimento são as mulheres que carregam o peso da exploração capitalista e cujo talento e capacidades são utilizados ao extremo, em condições muitas vezes semelhantes à dominação patriarcal. Isso acontece porque, em uma tentativa desesperada de exercer e manter o controle do processo de trabalho, o capitalista tem de mobilizar qualquer relação social de diferença, qualquer distinção dentro da divisão social do trabalho, qualquer preferência ou hábito cultural especial, tanto para impedir a uniformização inevitável da localização no mercado de trabalho que pode ser consolidada em um movimento de solidariedade social quanto para sustentar uma força de trabalho fragmentada e dividida. A cultura do local de trabalho, em suma, torna-se uma característica essencial e é lá que os valores culturais mais amplos – como o patriarcado, o respeito à autoridade, as relações sociais de dominação e submissão – são importados para desempenhar seu papel nas práticas de produção. Vá a qualquer local de trabalho – como um hospital ou um restaurante – e note o gênero, raça e etnia dos que fazem as diferentes tarefas e torna-se evidente como as relações de poder dentro do processo coletivo de trabalho são distribuídas entre diferentes grupos sociais. A recalcitrância dessas relações sociais para a mudança tem tanto a ver com as táticas do capital quanto com o conservadorismo inerente às relações sociais e o desejo de preservar privilégios menores (incluindo até mesmo o acesso a empregos de baixa remuneração) por parte de diferentes grupos.

Temos agora a sorte de ter à nossa disposição inumeráveis estudos etnográficos, feitos em especial por antropólogos e sociólogos do trabalho, conduzidos em uma ampla gama de situações e contextos culturais radicalmente diferentes. Deixando de lado o interesse desses pesquisadores na elaboração de estudos sobre tais culturas em relação a diferenças e especificidades, o quadro global que emerge é de fato de variedades aparentemente infinitas de relações sociais e tradições culturais, ainda que dentro de um enquadramento global de constrangimentos.

Os constrangimentos ocorrem, no entanto, em termos simples, mesmo quando as tentativas ideológicas e práticas de obscurecer sua forma se multiplicam. Aconteça o que acontecer no processo de trabalho, a potencialidade de um bloqueio revolucionário do tipo enfatizado pelos autonomistas é sempre uma ameaça. Deve ser evitado a todo custo pelo capital, porque o capital e o capitalista têm de ser perpetuamente reproduzidos pelos trabalhadores por meio da atividade do trabalhador. Os detalhes de como isso é feito são infinitos em sua variedade e, certamente, dignos de uma investigação minuciosa. As lutas sociais no chão de fábricas e nos campos, nos escritórios, nas lojas e nos espaços de construção, bem como na produção dos espaços, nos lugares e ambientes construídos, definem um ponto de bloqueio potencial para a acumulação do capital que está perpetuamente presente e que precisa ser perpetuamente contornado para o capitalismo sobreviver.

4

O CAPITAL VAI AO MERCADO

O último obstáculo potencial para a acumulação perpétua reside no ponto em que a nova mercadoria entra no mercado tanto como uma coisa ou como algum tipo de serviço a ser trocado pelo dinheiro original acrescido de um lucro. A particularidade da mercadoria tem de ser convertida na universalidade do dinheiro, o que é muito mais problemático do que ir do dinheiro (a representação universal do valor) à mercadoria. Alguém tem de necessitar, querer ou desejar essa mercadoria particular à venda para que isso seja possível. Se ninguém a quiser, então ela é inútil e sem valor. Mas aqueles que necessitam, querem ou desejam a mercadoria também precisam ter o dinheiro para comprá-la. Sem dinheiro eles não podem fazê-lo. Se ninguém quiser ou puder se dar ao luxo de comprá-la, então não há venda, o lucro não é realizado, e o capital inicial é perdido.

Uma imensa quantidade de esforço, incluindo a formação de uma vasta indústria de publicidade, tem sido colocada para influenciar e manipular as necessidades, vontades e desejos das populações humanas para assegurar um mercado potencial. Mas algo mais do que apenas publicidade está em jogo aqui. O que é necessário é a formação de condições diárias de vida que exigem a absorção de um conjunto de certas mercadorias e serviços, a fim de se sustentar. Considere, por exemplo, o desenvolvimento das necessidades, vontades e desejos associados com a emergência do estilo de vida suburbano nos Estados Unidos após a Segunda Guerra Mundial. Não estamos apenas falando da necessidade de automóveis, gasolina, estradas, casas amplas e centros comerciais, mas também de cortadores de grama, geladeiras, ares-condicionados, cortinas, móveis (para dentro e fora da casa), equipamentos de lazer (a TV) e uma série de sistemas de manutenção para dar continuidade à vida diária. A vida diária nos subúrbios requer o consumo de pelo menos tudo isso. O desenvolvimento dos subúrbios fez com que essas mercadorias passassem de vontades e desejos a necessidades absolutas. A criação perpétua de novas necessidades é uma condição essencial para a continuidade da expansão infinita da acumulação do capital. É aqui que as tecnologias e a política de criação de novas necessidades vêm à tona como a ponta da acumulação sustentável. É agora bem entendido que "o sentimento do consumidor" e "a confiança do consumidor" nas sociedades mais afluentes não são apenas as chaves para a acumulação do capital sem fim, mas são também cada vez mais a base da qual depende a sobrevivência do capitalismo. Setenta por cento da atividade econômica dos EUA dependem do consumismo.

Mas de onde vem o poder aquisitivo para comprar todos esses produtos? Deve haver, no fim das contas, uma quantidade extra de dinheiro que alguém tem em algum lugar para permitir a compra. Senão, há uma falta de demanda efetiva, definida como necessidades, vontades e desejos, apoiados pela capacidade de pagar. O que se chama de crise de "subconsumo" ocorre quando não há suficiente demanda efetiva para absorver os produtos produzidos.

Quando trabalhadores gastam seu salário, isso se configura numa fonte de demanda efetiva. Mas a massa salarial é sempre menor do que o capital total em circulação (senão, não haveria lucro), assim a compra dos bens de sobrevivência que sustentam a vida diária (mesmo com um estilo de vida suburbano) nunca é suficiente para a venda com lucro da produção total. Uma política de repressão salarial só aumenta a possibilidade de uma crise de subconsumo. Muitos analistas chegaram a considerar a crise dos anos 1930 como uma crise essencialmente de subconsumo. Eles apoiaram, portanto, a sindicalização e outras estratégias do Estado (como a assistência social) para reforçar a demanda efetiva nas classes trabalhadoras. Em 2008, o governo federal dos EUA liberou um desconto fiscal de seiscentos dólares para a maioria dos contribuintes abaixo de um determinado nível de renda com o mesmo intuito. Teria sido muito melhor ter revertido a política de repressão salarial posta em prática a partir de meados da década de 1970 e elevado o salário real. Isso teria impulsionado permanentemente a demanda e a confiança dos consumidores. Mas muitos capitalistas, assim como os ideólogos da direita, não estavam dispostos a contemplar tal solução. Os republicanos no Congresso bloquearam o plano inicial para socorrer as montadoras de Detroit sob a justificação de que não reduzia os salários e benefícios dos trabalhadores sindicalizados ao nível daqueles encontrados nas montadoras sem sindicatos japonesas e alemãs localizadas no Sul americano. Assim, viram a crise como uma oportunidade de levar a cabo outro ataque de repressão salarial, o que era exatamente a receita errada para a doença da falta de demanda efetiva.

Mas a demanda dos trabalhadores, por mais que seja importante, obviamente não resolve o problema da realização de lucros. Rosa Luxemburgo, a famosa militante e teórica de esquerda, preocupou-se bastante com esse problema no início dos anos 1900. Primeiro, considerou a possibilidade de a demanda extra vir do aumento da oferta de ouro (ou, em nossos dias, do aumento da impressão de dinheiro pelos bancos centrais). Obviamente, isso pode ajudar no curto prazo (a injeção de liquidez suficiente no sistema, como na crise financeira de 2008, foi crucial para estabilizar a circulação contínua e a acumulação do capital). Mas o impacto é limitado e, no longo prazo, o efeito é criar ainda outro tipo de crise, de inflação. A outra solução de Luxemburgo foi pressupor a existência de alguma demanda latente e mobilizável extra fora do sistema capitalista. Isso significava a continuação da acumulação primitiva por imposições e práticas imperialistas em sociedades não capitalistas. Populações inteiras tiveram de ser mobilizadas como consumidores e não como trabalhadores. No século XIX, os britânicos usaram seu domínio imperial sobre a Índia para expandir o mercado para os produtos britânicos (e no processo destruíram formas indígenas de produção). O mercado chinês também foi violentamente aberto no século XIX (apenas para ser fechado de novo depois que os comunistas tomaram o poder em 1949).

Na transição para o capitalismo, e na fase da acumulação primitiva, os bolsões de riqueza acumulados na ordem feudal puderam desempenhar esse papel (muitas vezes em esquemas pouco claros nas atividades de agiotas e usurários), juntamente com o assalto e a pilhagem das riquezas do mundo não capitalista pelo capital mercantil. Mas o que poderia ser chamado de "reservas de ouro" do mundo não capitalista (como Índia e China) foi sistematicamente destruído ao longo do tempo e a capacidade associada dos camponeses de apoiar o consumismo da aristocracia fundiária (por meio da extração monetarizada de rendas da terra) ou do aparelho do Estado (pelos impostos) foi também pouco a pouco esgotada.

Paralelamente à consolidação do capitalismo industrial na Europa e na América do Norte, a pilhagem das riquezas da Índia, China e outras formações sociais não capitalistas já desenvolvidas tornou-se cada vez mais proeminente, em particular a partir de meados do século XIX. Essa foi a fase de uma transferência imensa de riquezas do Leste e Sul Asiático, mas também até certo ponto da América do Sul e África, para a classe capitalista industrial localizada no núcleo dos países capitalistas da Europa e América do Norte. Mas, por fim, na medida em que o capitalismo cresceu e se espalhou geograficamente, a capacidade de estabilizar o sistema por esses meios tornou-se cada vez menos plausível.

Desde mais ou menos 1950, e de forma mais acentuada desde a década de 1970, a capacidade das práticas imperialistas desse tipo de desempenhar o papel de grande estabilizador tem sido seriamente prejudicada. Com o capitalismo (de algum modo) agora implantado com firmeza em todo o Leste e Sudeste Asiático e se desenvolvendo fortemente na Índia e Indonésia, para não falar de todo o resto do mundo, o problema da demanda global e eficaz dos consumidores está colocado numa base inteiramente diferente. A demanda efetiva que estabiliza o crescimento atual da China, por exemplo, é agora em grande parte localizada nos Estados Unidos, o que explica por que a China se sente tão obrigada a cobrir os déficits dos EUA, pois o colapso do consumismo nos EUA teria (e tem) efeitos devastadores nos empregos industriais e nas taxas de lucro na China. A resposta óbvia é a China desenvolver seu próprio mercado interno, mas isso exigiria a elevação dos salários e enfraqueceria sua própria vantagem competitiva na economia global. Significaria também usar mais de seu superávit para o desenvolvimento interno, o que se traduziria em ter menos disponível para emprestar para os EUA. Isso diminuiria ainda mais a demanda efetiva de produtos chineses nos Estados Unidos. O que isso prenuncia, como vimos anteriormente, é uma inversão histórica dos 150 anos ou mais da transferência de riquezas do Leste e Sul Asiático para os Estados Unidos e a Europa e uma mudança radical na capacidade de os EUA dominarem o capitalismo global como fazem desde 1945.

A resposta mais importante para o enigma da demanda efetiva – que Luxemburgo não percebeu, mas que decorre logicamente da análise de Marx – é que a solução reside no consumo capitalista. Este se dá de duas formas: uma parte da mais-valia é consumida como gastos (por exemplo, como bens de base e bens de luxo e serviços), mas a outra parte é reinvestida ou em bens de sobrevivência para que mais trabalhadores sejam empregados ou em meios de produção novos. Tendo em conta a repressão salarial que ocorreu em todo o mundo (embora de forma desigual), a classe capitalista em geral tem tido um fluxo crescente de receitas sob seu comando e a demanda por bens de luxo tem crescido claramente a um grau correspondente (basta ir a qualquer marina na Flórida ou nos arredores do Mediterrâneo e olhar os iates e navios de cruzeiro atracados por lá, e daí comparar isso com o que se via em 1970 para entender a questão). Mas, apesar da ostentação de seus hábitos de consumo, ainda há um limite físico para o número de iates, mansões ou pares de sapatos que a classe bilionária pode consumir. O consumo pessoal capitalista, ao que parece, é uma fonte muita fraca da demanda efetiva. Quanto mais a centralização de capital concentra a riqueza nas mãos de um grupo muito pequeno da população (como as mais ou menos 300 famílias que o relatório de desenvolvimento da ONU de 1996 mostrou que controlam 40% da riqueza do mundo), menos eficaz se torna seu consumo no estímulo da demanda.

Portanto, a resposta tem de estar no reinvestimento capitalista. Suponha que os capitalistas utilizem seus excedentes somente na expansão da produção. A demanda extra para a expansão de hoje dá conta dos excedentes dos meios de produção e de bens de salário produzidos ontem. A produção excedente internaliza seu próprio aumento de demanda monetária! Em termos mais formais, a demanda efetiva do produto excedente de ontem depende do consumo dos trabalhadores, do consumo pessoal capitalista e da nova demanda gerada pela expansão da produção de amanhã. O que aparece como um problema de subconsumo se torna um problema de encontrar oportunidades de reinvestimento de uma parte do excedente produzido ontem!

Para que esse reinvestimento aconteça, três condições fundamentais devem ser realizadas. Em primeiro lugar, os capitalistas devem colocar imediatamente o dinheiro que ganharam ontem outra vez em circulação como novo capital. Mas não existe uma regra que diga que a conversão de mercadorias em dinheiro deve ser imediatamente seguida pela conversão do dinheiro em mercadorias. Os capitalistas podem preferir guardar o dinheiro em vez de reinvestir. Há circunstâncias em que isso faz todo o sentido para eles e é nesse ponto que surge uma sobreposição entre Marx e Keynes no pensamento sobre a possibilidade de crises de subconsumo. Em condições de incerteza, ficar com a forma universal da riqueza, o dinheiro, em vez de mercadorias faz sentido, a não ser em condições de inflação galopante, quando pode ser mais vantajoso guardar latas de atum e barris de óleo de cozinha em vez de dinheiro. O caso mais geral é aquele em que uma perda de fé e confiança na economia leva as pessoas a poupar dinheiro e não gastá-lo. Isso pode ocorrer quando as perspectivas de lucro são pouco atrativas. Mas isso, por sua vez, leva ao que Keynes chamou de "armadilha da liquidez" – quanto mais pessoas ou instituições (incluindo bancos e empresas) acumularem dinheiro em vez de gastá-lo, maior será a probabilidade de a demanda efetiva entrar em colapso e menor será a rentabilidade do reinvestimento na produção. O resultado é uma espiral descendente (do tipo que ocorreu nos anos 1930 e que presenciamos atualmente), que é difícil de reverter. Keynes tentou superar esse obstáculo com estratégias de gestão fiscal e monetária lideradas pelo Estado. O financiamento do déficit organizado pelo Estado (do tipo que surgiu muito visivelmente no fim do outono de 2008, nos Estados Unidos, na Grã-Bretanha e em outros lugares) é visto como a panaceia imediata.

A segunda condição é que o intervalo de tempo entre o reinvestimento de hoje e a produção de excedente de ontem possa ser superado de alguma forma. Isso requer o uso de dinheiro como meio de conta, o que pressupõe a existência de um sistema de crédito que possa entrar no processo de circulação para resolver o problema da demanda efetiva insuficiente. Na medida em que outras opções desaparecem (como invadir as reservas de ouro das ordens sociais anteriores ou roubar o valor do resto do mundo), o crédito se torna o único meio importante de cobrir o problema da demanda efetiva. A solução é, então, internalizada na dinâmica da acumulação do capital. O preço, porém, é que os banqueiros e financistas que operam o sistema de crédito, juntamente com os poupadores que fazem depósitos de dinheiro em instituições de crédito, podem voltar a reivindicar sua parte da mais--valia futura na forma de juros e taxas de serviços.

A terceira condição é que o dinheiro sob forma de crédito recebido seja gasto com a compra de bens de base e meios de produção extras que já foram produzidos. O argumento político geral para apoiar a concentração de riqueza nas classes superiores é que elas podem usar e usam sua riqueza para reinvestir e assim criam empregos, produtos novos e, portanto, uma nova riqueza que pode no fim do dia beneficiar a todos potencialmente (mediante um efeito cascata, entre outros) e assim gerar mais demanda. O que falta a esse argumento é que os capitalistas, como se viu anteriormente, têm a capacidade de escolha sobre no que vão reinvestir: podem reinvestir na expansão da produção ou podem usar sua riqueza para comprar ativos, como ações e títulos, propriedades, objetos de arte ou participação em alguma empreitada especulativa, como uma empresa de equidade privada, um fundo de cobertura ou algum outro instrumento financeiro a partir dos quais podem realizar ganhos de capital. Nesse caso, seus reinvestimentos não desempenham papel algum no fortalecimento da demanda efetiva.

Se concluímos que mais expansão da produção cria a demanda para o produto excedente de ontem e que o crédito é necessário para preencher a lacuna temporal, segue-se também que a acumulação do capital a uma taxa composta movida por crédito é também uma condição de sobrevivência do capitalismo. Só então a expansão de hoje pode dar conta do excedente de ontem. A razão pela qual 3% de crescimento requerem 3% de reinvestimento se torna evidente. O capitalismo, com efeito, deve gerar e internalizar a sua própria demanda efetiva se quiser sobreviver em condições em que as possibilidades externas estão esgotadas. Se ele falhar ao fazê-lo, como é atualmente o caso, por causa das barreiras à expansão continuada da produção, segue-se uma crise.

Há outro ponto a ser observado. Se é preciso que haja concorrência para manter a expansão permanente da produção, segue-se que a preservação da competitividade é também necessária para a sobrevivência do capitalismo. Qualquer enfraquecimento da concorrência, por meio, por exemplo, da monopolização excessiva, é capaz de produzir uma crise na reprodução capitalista. Esse foi, naturalmente, o argumento dos economistas Paul Baran e Paul Sweezy, em seu *Capitalismo monopolista* (escrito na década de 1960). A tendência de monopolização e a centralização do capital produzem necessariamente, como eles bem previram, uma crise de estagflação (aumento do desemprego junto com aceleração da inflação) do tipo que assombrou os anos 1970. A contrarrevolução neoliberal que então ocorreu não só veio para quebrar o poder do trabalho, mas também para estabelecer as leis coercivas da concorrência como "executoras" das leis da acumulação sem fim do capitalismo.

Esse processo não está isento de possíveis complicações. Para começar, o pressuposto é que todos os outros obstáculos (como a relação com a natureza) foram superados e que há uma abundância de possibilidades para mais produção. Isso implica uma mudança do imperialismo da prática de roubo de valores e devastação de ativos no resto do mundo ao uso do resto do mundo como um local para a abertura de novas formas de produção capitalista. A exportação do capital, no lugar de mercadorias, torna-se crítica. Aqui reside a grande diferença entre a Índia e a China do século XIX, cuja riqueza foi saqueada pela dominação capitalista dos seus mercados, e os Estados Unidos, onde o desenvolvimento capitalista irrestrito produziu novas riquezas de tal forma a absorver e realizar o produto excedente que estava sendo gerado nos centros mais antigos do capitalismo (por exemplo, a exportação de capital e máquinas da Grã-Bretanha para os EUA no século XIX). Nos últimos tempos, a China tem absorvido uma grande quantidade de capital estrangeiro no desenvolvimento da produção e, com isso, gerado uma enorme demanda efetiva não só de matérias-primas, mas também de máquinas e outros insumos materiais. É um mercado primário porque é um grande centro de investimento em produção.

Há, no entanto, dois problemas inerentes a essa solução para o subconsumo. O primeiro decorre do simples fato de a acumulação tornar-se duplamente especulativa: baseia-se na crença de que a expansão de amanhã não vai encontrar barreiras, de tal forma que o excedente de hoje possa ser efetivamente realizado. Isso significa que as antecipações e expectativas, como Keynes bem entendeu, são fundamentais para a continuidade da circulação do capital. Qualquer queda nas expectativas de especulação gerará uma crise. Na *Teoria geral** de Keynes, as soluções técnicas de políticas monetária e fiscal ocupam apenas uma pequena parte do argumento em comparação com a psicologia das expectativas e antecipações. A fé no sistema é fundamental e a perda de confiança, como aconteceu em 2008, pode ser fatal.

O segundo problema surge no âmbito do próprio sistema monetário e de crédito. A possibilidade de crises financeiras e monetárias "independentes" é onipresente. O problema fundamental está nas contradições da própria forma dinheiro, mais fácil de entender quando o sistema da política monetária tinha uma clara base metálica. Uma mercadoria especial, o ouro, representava o valor de todas as formas de trabalho social, o particular (concreto e tangível) representava o universal (abstrato), e pessoas físicas podiam ter controle sobre poder social ilimitado. Há uma tentação permanente das pessoas em relação a guardar seu dinheiro, precisamente porque é uma forma de poder social. Mas quanto mais as pessoas fazem isso, mais ameaçam a continuidade da circulação. Soltar o dinheiro novamente para a circulação para obter mais poder social é como um ato de fé, ou exige instituições seguras e confiáveis nas quais se possa colocar seu dinheiro pessoal à disposição de outra pessoa em busca de aventuras lucrativas (que é, claro, o que os bancos tradicionais fazem). A confiança no sistema torna-se crucial. Esquemas de Ponzi de qualquer tipo minam essa confiança.

A perda de confiança nos símbolos do dinheiro (o poder do Estado para garantir estabilidade monetária) ou na qualidade de dinheiro (inflação) leva à possibilidade de escassez monetária e ao congelamento dos meios de pagamento, do tipo que ocorreu no outono de 2008. No coração do sistema de crédito existe uma gama de aspectos técnicos e jurídicos (muitos dos quais podem falhar ou ser distorcidos, simplesmente por suas regras de funcionamento), aliada a expectativas e an-

---

* Lisboa, Relógio D'Água, 2010. (N. E.)

98 / O enigma do capital

tecipações subjetivas. Na medida em que o capitalismo continua a se expandir, o papel do sistema de crédito se torna mais proeminente, como uma espécie de sistema nervoso central para dirigir e controlar a dinâmica global da acumulação do capital. A implicação é que o controle sobre os meios de crédito torna-se crítica para o funcionamento do capitalismo – uma situação que Marx e Engels reconheceram no *Manifesto Comunista*, fazendo com que a centralização dos meios de crédito nas mãos do Estado fosse uma de suas demandas essenciais (presumindo, é claro, o controle da classe trabalhadora sobre o Estado). Quando isso é adicionado ao papel fundamental do Estado no que diz respeito à qualidade da cunhagem e, mais importante, das moedas simbólicas, então uma maior fusão dos poderes estatais e financeiros no nexo Estado-finanças parece inevitável.

Mas aqui está o principal problema. Da mesma forma que o capital pode operar em ambos os lados da oferta e demanda da força de trabalho (via desemprego tecnologicamente induzido), ele pode operar em ambos os lados da relação produção-realização, pelo sistema de crédito. Uma fonte cada vez mais liberal de crédito para futuros proprietários, acoplada a uma fonte igualmente liberal de crédito para os promotores imobiliários, leva a um crescimento maciço em habitação e desenvolvimento urbano (como aconteceu na Flórida e na Califórnia nos últimos anos). Poderia então se imaginar que o problema da produção e realização contínua dos excedentes estava resolvido. Isso concentra imenso poder social e econômico dentro do sistema de crédito. Mas, para se sustentar, também exige que o crédito se expanda a uma taxa composta, como de fato aconteceu nos últimos vinte anos. Quando a bolha do crédito estoura, o que inevitavelmente ocorre, a economia toda mergulha em uma espiral descendente do tipo da que começou em 2007. E é nesse ponto que o capitalismo tem de criar um poder externo a fim de salvar-se de suas próprias contradições internas. Precisa recriar o equivalente à reserva de ouro externa feudal ou não capitalista, da qual historicamente se alimentou. Isso é feito pela localização do poder da criação infinita de dinheiro dentro de uma instituição neofeudal como a Federal Reserve.

O problema da realização e a ameaça do subconsumo nunca vão embora. Mas o problema da queda dos lucros e as desvalorizações devido à falta de demanda efetiva podem ser mitigados por um tempo por meio de maquinações no sistema de crédito. Em curto prazo, o crédito serve para suavizar muitos pequenos problemas, mas, em longo prazo, tende a acumular as contradições e tensões. Ele espalha os riscos, ao mesmo tempo que os acumula. O verdadeiro problema não é a falta de demanda efetiva, mas a falta de oportunidades para o reinvestimento lucrativo do excedente conquistado ontem na produção. O fato de essa ser a única conclusão a tirar-se deriva, deve-se notar, da condição da circulação do capital, que é essencial para a sobrevivência do capitalismo: a continuidade do fluxo deve ser mantida em todos os momentos. E isso, como começamos discutindo, torna-se muito mais difícil de fazer quando nos movemos para o terreno de uma economia global de 55 trilhões de dólares, que deve dobrar nos próximos trinta anos.

◆

Há uma tendência dentro da história da teorização de crises de procurar uma explicação dominante para a propensão capitalista a crises. Os três grandes campos tradicionais de pensamento são o esmagamento do lucro (os lucros caem porque os salários reais aumentam), a queda da taxa de lucro (mudanças tecnológicas que poupam trabalho se voltam contra o capitalista e a concorrência "ruinosa" derruba os preços) e as tradições do subconsumo (a falta da demanda efetiva e a tendência para a estagnação associada com a monopolização excessiva). As separações entre essas escolas de pensamento tornaram-se particularmente fortes nos anos 1970. O próprio termo "subconsumo" em alguns círculos se tornou uma palavra suja (que parecia significar que você era um mero keynesiano e não um "verdadeiro" marxista), enquanto os fãs de Rosa Luxemburgo ficaram indignados com a rejeição mesquinha de suas ideias por parte de quem colocou a queda da taxa de lucro no centro de sua teorização. Recentemente, por razões óbvias, muito mais atenção tem sido dada a aspectos ambientais e financeiros da formação da crise.

Há, acredito, uma maneira muito melhor de pensar a formação de crises. A análise da circulação do capital aponta para vários limites e barreiras potenciais. A escassez de capital-dinheiro, os problemas trabalhistas, as desproporcionalidades entre os setores, os limites naturais, as mudanças tecnológicas organizacionais desequilibradas (incluindo a concorrência versus o monopólio), a indisciplina no processo de trabalho e a falta de demanda efetiva encabeçam a lista. Qualquer uma dessas condições pode retardar ou interromper a continuidade do fluxo do capital e assim produzir uma crise que resulta na desvalorização ou perda do capital. Quando um limite é superado, a acumulação muitas vezes depara-se com outro em algum lugar. Por exemplo, ações feitas para aliviar uma crise da oferta de trabalho e reduzir o poder político do movimento sindical na década de 1970 diminuíram a demanda efetiva por produtos, o que criou dificuldades para a realização do excedente no mercado durante a década de 1990. Ações para aliviar esse último problema pelas extensões do sistema de crédito para os trabalhadores levou essa classe ao sobre-endividamento em relação à renda, que, por sua vez, levou a uma crise de confiança na qualidade dos instrumentos da dívida (como começou a acontecer em 2006). As tendências de crise não são resolvidas, apenas deslocadas.

Acho que está mais de acordo com a frequente invocação de Marx sobre o caráter fluido e flexível de desenvolvimento capitalista identificar esse reposicionamento perpétuo de uma barreira à custa de outra e, assim, reconhecer as múltiplas formas em que as crises podem se formar em diferentes situações históricas e geográficas. Também é vital lembrar-se de que as crises assumem um papel fundamental na geografia histórica do capitalismo como "racionalizadores irracionais" de um sistema inerentemente contraditório. As crises são, em suma, tão necessárias para a evolução do capitalismo como o dinheiro, o poder do trabalho e o próprio capital. É preciso, no entanto, acompanhamento cuidadoso e análise materialista para localizar a fonte ou fontes exatas do bloqueio em qualquer lugar ou tempo.

A visão sinóptica da crise atual diria: embora o epicentro se encontre nas tecnologias e formas de organização do sistema de crédito e do nexo Estado-finanças, a questão subjacente é o empoderamento capitalista excessivo em relação ao trabalho e à consequente repressão salarial, levando a problemas de demanda efetiva acentuados por um consumismo alimentado pelo crédito em excesso em uma parte do mundo e por uma expansão muito rápida da produção em novas linhas de produtos na outra parte. Mas precisamos de outras ferramentas de análise para entender a geografia histórica da evolução do capitalismo em toda a sua complexidade. Temos de integrar o papel do desenvolvimento desigual, tanto setorial quanto geográfico, em nossa análise da produção de crises. É a essa tarefa que nos voltamos agora.

5
O CAPITAL EVOLUI

As forças que surgiram com o advento do capitalismo refizeram muitas vezes o mundo desde 1750. Se tivéssemos sobrevoado a região central da Inglaterra em 1820, teríamos visto algumas cidades industrializadas compactas (com pequenas chaminés expelindo fumaça nociva), separadas por grandes áreas de atividade agrícola, nas quais as formas tradicionais da vida das zonas rurais foram preservadas em aldeias e fazendas, por mais que os senhores de terra comentassem com lirismo as novas práticas agrícolas que sustentavam o aumento da produtividade da agricultura (e o dinheiro crescente das rendas). Centros industriais compactos, com nomes como Manchester e Birmingham, estavam ligados uns aos outros e às principais cidades comerciais portuárias, Liverpool e Bristol, bem como à abundante capital Londres, por estradas sujas e canais estreitos. Barcaças cheias de carvão e matérias-primas eram laboriosamente rebocadas ao longo dos canais, por cavalos suados ou, como registrou Marx em *O capital*, por mulheres à beira da fome. A locomoção era lenta.

Se tivéssemos sobrevoado o delta do rio Pérola em 1980, teríamos visto vilas e cidades minúsculas, com nomes como Shenzhen e Dongguan, aninhadas em uma paisagem agrária amplamente autossuficiente de arroz, vegetais, produção pecuária e piscicultura, e socializadas em municípios governados com mão de ferro por funcionários locais do partido, que armazenavam suprimentos numa "tigela de ferro de arroz" contra a ameaça da fome.

Se tivéssemos sobrevoado essas duas áreas em 2008, as paisagens de extensa urbanização abaixo seriam totalmente irreconhecíveis, assim como seriam as formas de produção e transporte, as relações sociais, as tecnologias, as formas da vida cotidiana e as formas de consumo. Se, como Marx certa vez afirmou, nossa tarefa não é tanto compreender o mundo como transformá-lo, então, tem de ser dito, o capitalismo tem feito um bom trabalho em seguir seu conselho. A maioria dessas mudanças dramáticas aconteceu sem que ninguém se incomodasse em descobrir, primeiro, como o mundo funcionava e, segundo, quais as consequências dessas mudanças. Repetidamente, o imprevisto e o inesperado aconteceram, deixando para trás uma vasta empreitada intelectual e prática na tentativa de limpar as consequências desordenadoras do que já estava preparado por mais que não se soubesse.

A saga do capitalismo é cheia de paradoxos, por mais que a maioria dos tipos de teoria social – a teoria econômica em particular – não os leve de modo algum em consideração. Do lado negativo, temos não só as crises econômicas periódicas e muitas vezes localizadas que têm pontuado a evolução do capitalismo, incluindo as guerras mundiais intercapitalistas e interimperialistas, os problemas da degradação ambiental, a perda de biodiversidade, a espiral da pobreza entre as populações em crescimento, o neocolonialismo, as graves crises na saúde pública, a abundância de alienações e exclusões sociais e as angústias da insegurança, violência e desejos não realizados. No lado positivo, alguns de nós vivemos em um mundo onde os padrões de vida material e o bem-estar nunca foram maiores, onde as viagens e as comunicações foram revolucionadas e as barreiras espaciais físicas (embora não sociais) das interações humanas foram reduzidas, onde os conhecimentos médicos e biomédicos oferecem para muitos uma vida mais longa, onde cidades enormes e espetaculares, que seguem se alastrando, foram construídas, onde o conhecimento prolifera, a esperança é eterna e tudo parece possível (da autoclonagem à viagem espacial).

Que esse é o mundo contraditório em que vivemos, e que continua a evoluir em um ritmo acelerado de modo imprevisível e aparentemente incontrolável, é inegável. No entanto, os princípios que sustentam essa evolução continuam obscuros, em parte porque nós, seres humanos, lidamos mais com essa história com base em caprichos de algum tipo de desejo humano coletivo e às vezes individual, em vez de buscar princípios evolutivos dominantes do tipo que Darwin descobriu no campo da evolução natural. Se quisermos mudar o mundo coletivamente em uma configuração mais racional e humana por meio de intervenções conscientes, temos primeiro de aprender a compreender muito melhor do que compreendemos agora o que estamos fazendo com o mundo e com quais consequências.

A geografia histórica do capitalismo não pode ser reduzida, evidentemente, a questões da acumulação do capital. Mas também tem de ser dito que a acumulação do capital, junto com o crescimento da população, está no cerne da dinâmica evolutiva humana desde mais ou menos 1750. Entender como exatamente isso se deu é fundamental para desvendar o enigma do capital. Existem princípios evolutivos que devemos levar em consideração aqui, nos quais podemos buscar algum tipo de clareza?

Considere, em primeiro lugar, o desenvolvimento capitalista ao longo do tempo, deixando de lado por enquanto a questão de sua organização espacial evolutiva, sua dinâmica geográfica e seus impactos e constrangimentos ambientais. Imagine, então, uma situação em que o capital se movimenta em busca de lucro por meio de diferentes "esferas de atividade" (como vou chamá-las), mas interrelacionadas. Uma "esfera da atividade" crucial diz respeito à produção de novas formas tecnológicas e organizacionais. Alterações nessa esfera têm efeitos profundos nas relações sociais, bem como na relação com a natureza. Mas também sabemos que tanto as relações sociais quanto a relação com a natureza estão mudando de maneiras que não são determinadas pelas tecnologias e formas organizacionais. Além disso, há situações em que a escassez da oferta de trabalho ou na natureza coloca pressões fortes para que sejam encontradas novas tecnologias e formas organizacionais. Em nossos dias, por exemplo, os meios de comunicação dos EUA estão cheios de comentários sobre a necessidade de novas tecnologias para libertar o país de sua dependência do petróleo estrangeiro e combater o aquecimento global. A administração de Obama promete programas para tal fim e já está empurrando a indústria automobilística para a produção de carros elétricos ou híbridos (infelizmente, os chineses e os japoneses chegaram lá primeiro).

Os sistemas de produção e processos de trabalho estão também profundamente implicados no modo como a vida diária é reproduzida pelo consumo. Nenhum deles é independente das relações sociais dominantes, da relação com a natureza e das tecnologias e formas de organização devidamente constituídas. Mas o que nós chamamos "natureza", por mais que seja de fato afetada pela acumulação do capital (a destruição de habitats e espécies, o aquecimento global, os novos compostos químicos que poluem e as estruturas do solo e das florestas cuja produtividade tem sido reforçada pela gestão sofisticada), certamente não foi determinada pela acumulação do capital. Os processos evolutivos do planeta Terra ocorrem independentemente e o tempo todo. O surgimento de um novo patógeno – como o HIV/Aids – teve, por exemplo, um imenso impacto sobre a sociedade capitalista (e suscita respostas tecnológicas, organizacionais e sociais que são incorporadas na circulação do capital). Os efeitos na reprodução da vida cotidiana, nas relações e atividades sexuais e nas práticas reprodutivas foram profundos, mas foram mediados por tecnologias médicas, respostas institucionais e sociais e crenças culturais.

Todas essas "esferas de atividade" estão incorporadas em um conjunto de arranjos institucionais (como os direitos de propriedade privada e os contratos de mercado) e estruturas administrativas (o Estado e outros arranjos locais e multinacionais). Essas instituições também evoluem por conta própria, até mesmo quando são forçadas a adaptar-se a condições de crise (como acontece agora) e a mudanças nas relações sociais. As pessoas agem, além disso, de acordo com suas expectativas, suas crenças e sua compreensão do mundo. Os sistemas sociais dependem da confiança em especialistas, do conhecimento e da informação adequados daqueles que tomam decisões e da aceitação razoável dos arranjos sociais (hierárquicos ou igualitários), bem como da construção de padrões éticos e morais (*vis-à-vis*, por exemplo, nossas relações com os animais e nossas responsabilidades para com o mundo que chamamos de natureza, e também com aqueles que não são como nós). As normas culturais e os sistemas de crenças (ou seja, ideologias religiosas e políticas) são muito presentes, mas não existem independentemente das relações sociais de produção, das possibilidades de produção e consumo e das tecnologias dominantes. As inter-relações em conflito entre as necessidades de evolução técnica e social para a acumulação do capital e as estruturas de conhecimento e normas e crenças culturais compatíveis com a acumulação infinita têm desempenhado um papel fundamental na evolução do capitalismo. Para fins de simplificação, vou agrupar todos os últimos elementos sob a rubrica de "concepções mentais do mundo".

Essa forma de pensar nos leva a sete "esferas de atividade" distintas na trajetória evolutiva do capitalismo: tecnologias e formas de organização; relações sociais; arranjos institucionais e administrativos; processos de produção e de trabalho; relações com a natureza; reprodução da vida cotidiana e da espécie; e "concepções mentais do mundo". Nenhuma das esferas é dominante, e nenhuma é independente das outras. Mas também nenhuma delas é determinada nem mesmo coletivamente pelas outras. Cada esfera evolui por conta própria, mas sempre em interação dinâmica com as outras. As mudanças tecnológicas e organizacionais surgem por qualquer motivo (por vezes, acidentais), enquanto a relação com natureza é instável e muda perpetuamente apenas em parte por causa de mudanças induzidas pelo homem. Nossas concepções mentais do mundo, para dar outro exemplo, são geralmente instáveis, conflituosas, sujeitas a descobertas científicas assim como a caprichos, modas e crenças e desejos culturais e religiosos fortemente arraigados. Mudanças nas concepções mentais têm todos os tipos de consequências, intencionais e não intencionais, para as formas tecnológicas e organizacionais, as relações sociais, os processos de trabalho, as relações com a natureza e os arranjos institucionais aceitáveis. A dinâmica demográfica que surge da esfera da reprodução e da vida cotidiana é simultaneamente autônoma e profundamente afetada por suas relações com as outras esferas.

Todos os complexos fluxos de influência que se movem entre as esferas estão em perpétua reformulação. Além disso, essas interações não são necessariamente harmoniosas. De fato, podemos reconceitualizar a formação de crises em termos de tensões e antagonismos que surgem entre as diferentes esferas de atividade, por exemplo as novas tecnologias que levam ao desejo de novas configurações nas relações sociais ou perturbam a organização dos processos de trabalho existentes. Mas, em vez de examinar essas esferas de modo sequencial, como fizemos no início da análise da circulação do capital, agora pensamos nelas como copresentes e coevoluindo, coletivamente, dentro da longa história do capitalismo.

Em uma dada sociedade em um determinado ponto no espaço e no tempo – a Grã-Bretanha, em 1850, ou o delta do Rio Pérola na China agora, por exemplo –, podemos definir seu caráter e condição gerais principalmente em termos de como as sete esferas são organizadas e se configuram umas com as outras. Algo também pode ser dito sobre a evolução provável da ordem social em tais locais, dadas as tensões e contradições entre as esferas de atividade, mesmo que se tenha de reconhecer que a provável dinâmica evolutiva não é determinante, mas contingente.

———◆———

O capital não pode circular ou acumular-se sem tocar em cada uma e em todas essas esferas de atividade de alguma forma. Quando o capital encontra barreiras ou limites dentro de uma esfera, ou entre as esferas, tem de achar meios para contornar ou superar a dificuldade. Se as dificuldades são graves, então aí está uma fonte de crises. O estudo da coevolução das esferas de atividade, portanto, proporciona um quadro para pensar a evolução global e o caráter propenso a crises da sociedade capitalista. Mas como esse quadro bastante abstrato para a análise pode nos servir na prática?

Uma anedota pode ajudar aqui. No outono de 2005, fui copresidente de um júri para selecionar ideias para a concepção de uma cidade completamente nova na Coreia do Sul. A cidade então chamada "A Cidade Administrativa Multifuncional" (agora Sejong) foi originalmente planejada para ser a nova capital, mas objeções constitucionais fizeram com que fosse reduzida a uma cidade-satélite, a meio caminho entre Seul e Busan, mas com muitas das funções administrativas do governo. A tarefa do júri era decidir sobre ideias, não selecionar qualquer projeto final. Os responsáveis pelo projeto foram incumbidos de realizar um desenho final, incorporando tudo o que nós (e eles) considerávamos útil das submissões para a competição. O júri era metade coreano e metade estrangeiro, com participação predominante de engenheiros, planejadores e alguns arquitetos de destaque. Ficou claro que o governo sul-coreano, cansado das fórmulas de urbanização que até então dominavam na Coreia do Sul e grande parte da Ásia, estava interessado em fazer algo diferente, talvez gerando um novo modelo mundial de urbanização inovadora.

Como prelúdio para nossa decisão, discutimos o tipo de critérios que seriam mais relevantes para julgar os projetos que haviam sido apresentados. A discussão inicial se centrou em torno dos diferentes pontos de vista dos arquitetos sobre a relação de forças entre círculos e cubos (representando as rotatórias e as praças) tanto como formas simbólicas quanto como formas físicas que podem acomodar diferentes tipos de estratégias de desenvolvimento. Olhando para os vários projetos em forma de mapa, era fácil ver as diferenças desse tipo claramente exibidas. Mas eu intervim para sugerir que ampliássemos a discussão e pensássemos uma série de outros critérios, como: a relação proposta com a natureza e a tecnologia variada a ser implantada na cidade; como os projetos abordavam as formas de produção e emprego a ser geradas e as relações sociais associadas (como devemos abordar o problema de a cidade ser dominada por uma elite científica, tecnológica e burocrática, por exemplo); as qualidades da vida cotidiana dos habitantes diferentemente posicionados; e as concepções mentais do mundo, incluindo as subjetividades políticas, que possam surgir a partir da experiência de viver nesse novo tipo de cidade (as pessoas se tornariam mais individualistas ou haveria uma inclinação para formas de solidariedade social?). Concluí dizendo que me parecia equivocado imaginar que projetos físicos pudessem responder a todas essas questões, mas que devíamos fazer o nosso melhor para pensar em construir a nova cidade de modo a ser sensível a esses critérios.

Houve um interesse considerável na minha maneira de pensar. Um debate sobre minhas ideias se deu por um tempo até que um dos arquitetos, evidentemente impaciente com a complexidade da discussão, interveio sugerindo que, de todas essas perspectivas, sem dúvidas válidas, havia uma que se destacava como primordial, as concepções mentais. Desse ponto de vista a questão mais importante era a dos significados simbólicos. Em pouco tempo estávamos de volta à discussão das potencialidades simbólicas, conceituais e materiais de rotatórias e praças no desenho urbano!

Pode parecer utópico, mas se eu fosse responsável pela construção de uma cidade inteiramente nova, eu gostaria de imaginar que pudesse evoluir para o futuro, e não ser uma estrutura permanente, fixa, congelada e completa. E eu gostaria de imaginar como a dinâmica das relações entre as diferentes esferas poderia não só funcionar, mas ser mobilizada conscientemente nem tanto para alcançar algum objetivo específico, mas para abrir possibilidades. Com certeza, a cidade teria de ser construída, em primeira instância, de acordo com as relações sociais, as estruturas de emprego e as formas tecnológicas e organizacionais disponíveis dominantes. Mas também poderia ser visto como um local para a exploração de novas tecnologias e formas organizacionais compatíveis com o desenvolvimento de relações sociais mais igualitárias, respeitosas em relação às questões de gênero, por exemplo, e uma relação mais sensível com a natureza do que aquela que exige a busca do graal profano da acumulação do capital sem fim a uma taxa composta de 3%.

Esse quadro de pensamento não nasce comigo, no entanto. Deriva da elaboração em uma nota de rodapé no capítulo 15 de *O capital*, volume 1, em que Marx comenta, curiosamente depois de uma breve referência à teoria da evolução de Darwin, que "a tecnologia revela a relação ativa do homem com a natureza, o processo direto da produção de sua vida e, assim, define também o processo de produção das relações sociais de sua vida e das concepções mentais que fluem dessas relações". É aí que Marx invoca cinco das diferentes esferas de atividade que eu identifiquei (ou seis, se "o processo direto da produção de sua vida" se referir tanto à produção de mercadoria quanto ao consumo na vida diária). Estão faltando somente os arranjos institucionais.

O posicionamento dessa nota de rodapé no preâmbulo de um longo exame sobre como as formas tecnológicas e organizacionais dominantes do capitalismo surgem é significativo. Marx está preocupado em entender as origens do sistema fabril e o crescimento de uma indústria de máquinas como ferramentas (máquinas de produzir produzidas por máquinas) como um negócio autônomo dedicado à produção de novas tecnologias. Essa é a indústria-chave que sustenta "a revolução constante da produção, o abalo contínuo de todas as condições sociais, a incerteza e a agitação eternas" identificadas no *Manifesto Comunista*, que atesta o que o capitalismo tem sido e ainda é.

Nesse longo capítulo sobre máquinas, as diferentes esferas coevoluem de maneiras que podem acomodar e consolidar o caráter permanentemente revolucionário do capitalismo. As concepções mentais de produção como uma arte foram deslocadas pela compreensão científica e pela criação consciente de novas tecnologias. Gênero, classe e relações familiares mudaram na medida em que os trabalhadores estavam cada vez mais reduzidos à condição de apêndices flexíveis para a máquina, e não eram mais indivíduos dotados de habilidades únicas como no caso do artesão. Ao mesmo tempo, os capitalistas mobilizaram novas tecnologias e formas organizacionais como armas na luta de classe contra o trabalho (eventualmente usando a máquina para disciplinar o corpo no trabalho). A entrada de um grande número de mulheres na força de trabalho, no passado e agora, teve todo tipo de ramificações sociais. A educação pública tornou-se necessária na medida em que a flexibilidade e a adaptabilidade do trabalho para diferentes tarefas tornaram-se requisitos essenciais. Isso levou a outras mudanças institucionais, nomeadamente as cláusulas de ensino no Factory Act de 1848 passaram por um Estado dominado por capitalistas e proprietários de terra. Os inspetores de fábricas designados pelo Estado deram a Marx munição abundante com a qual reforçar seus argumentos. Novas formas de organização (a corporação empresarial) promoveram novas tecnologias sob novos arranjos institucionais que tinham ramificações nas relações sociais e na relação com a natureza. Em nenhum momento parece que qualquer uma das esferas dominou as outras.

No entanto, existem desenvolvimentos desiguais entre as esferas que criam tensões dentro da trajetória evolutiva. Em alguns pontos cruciais essas tensões redirecionam a trajetória em um sentido em detrimento de outro. Uma forma nova e "superior" de família poderia surgir dessa dinâmica? Será que o ensino público, afinal necessário para produzir uma força de trabalho alfabetizada, flexível e bem-treinada, poderia levar ao esclarecimento popular que permitiria que movimentos da classe trabalhadora assumissem o comando? Poderiam ser concebidas tecnologias que abrandariam a carga de trabalho em vez de amarrá-la ainda mais cruelmente ao rolo compressor da acumulação do capital sem fim? As diferentes possibilidades eram inerentes à situação, mesmo que as escolhas feitas, na verdade, tenham levado o capitalismo a tomar caminhos cada vez mais repressivos. A inclinação britânica para as políticas de livre-mercado "*laissez faire*" não tinham de triunfar necessariamente no século XIX. Mas, uma vez que triunfaram, a evolução do capitalismo tomou um sentido específico e não particularmente benevolente.

Então me deixe resumir. As sete esferas de atividade coevoluem na evolução histórica do capitalismo de formas distintas. Nenhuma esfera prevalece sobre as outras, mesmo quando existe dentro de cada uma a possibilidade de desenvolvimento autônomo (a natureza se transforma e evolui independentemente, assim como as concepções mentais, as relações sociais, as formas de vida diária, os arranjos institucionais, as tecnologias etc.). Cada uma das esferas está sujeita a uma renovação e transformação permanentes, tanto na interação com as outras quanto por meio de uma dinâmica interna que cria constantemente novidades nas questões humanas. As relações entre as esferas não são causais, mas dialeticamente interligadas pela circulação e acumulação do capital. Como tal, toda a configuração constitui uma totalidade socioecológica. Isso não é, devo enfatizar, uma totalidade mecânica, um motor social em que as peças estão estritamente de acordo com os ditames do todo. É mais como um sistema ecológico feito de muitas espécies e formas de atividade diferentes — ao que o filósofo/sociólogo francês Henri Lefebvre se refere como um "*ensemble*" ou o seu compatriota, o filósofo Gilles Deleuze, chama de "*assemblagei*" de elementos em relação dinâmica uns com os outros. Nessa totalidade ecológica, as inter-relações são fluidas e abertas, mesmo quando estão inextricavelmente interligadas umas às outras.

O desenvolvimento desigual entre as esferas e no conjunto delas produz contingências, bem como tensões e contradições (de forma bastante parecida com as mutações imprevisíveis que produzem contingências na teoria darwiniana). Além disso, é totalmente possível que desenvolvimentos explosivos em uma esfera, em um determinado tempo e lugar, assumam um papel de vanguarda. O súbito desenvolvimento de novos agentes patogênicos (por exemplo, o HIV/Aids, a gripe aviária ou a SRAS), a ascensão social de algum movimento forte por direitos trabalhistas, civis ou das mulheres, uma explosão de inovação tecnológica como no recente aumento da eletrônica e das tecnologias baseadas em chips de computador ou uma explosão estonteante de política utópica têm todos em várias épocas e lugares estado à frente do processo coevolutivo, colocando imensa pressão sobre as outras esferas, seja para levá-las a um nivelamento, seja para formar centros de recalcitrância ou resistência ativa. Uma vez que a tecnologia se tornou um negócio em seu próprio direito (como ocorreu cada vez mais a partir de meados do século XIX), às vezes uma necessidade social tinha de ser criada para que a nova tecnologia fosse usada, e não o contrário. Na indústria farmacêutica vemos nos últimos tempos a criação de novos diagnósticos de todos os tipos mentais e físicos para corresponder aos novos medicamentos (o Prozac é o clássico exemplo). A existência de uma crença dominante na classe capitalista e na ordem social de modo mais geral de que há uma solução tecnológica para cada problema e um comprimido para cada doença tem todos os tipos de consequências. O "fetiche da tecnologia", portanto, tem um papel indubitavelmente importante na condução da história burguesa, definindo tanto suas realizações surpreendentes quanto suas catástrofes autoinfligidas. Os problemas na relação com a natureza têm de ser resolvidos por novas tecnologias em vez de revoluções na reprodução social e na vida cotidiana!

Historicamente, é como se houvesse períodos em que algumas das esferas se colocam radicalmente em contradição umas com as outras. Nos Estados Unidos, por exemplo, onde a busca da ciência e tecnologia parece ser suprema, parece estranho que tantas pessoas não acreditem na teoria da evolução. Por mais que a ciência da mudança climática global esteja bem estabelecida, muitos estão convencidos de que é uma farsa. Como compreender melhor a relação com a natureza em face das esmagadoras convicções religiosas ou políticas que não dão crédito à ciência? Situações desse tipo geralmente levam tanto a fases de estagnação quanto à reconstrução radical. As crises geralmente acentuam a ocorrência dessas fases. Aqui, também, as tendências de crise do capitalismo não são resolvidas, mas apenas contornadas.

Mas há uma linha de fundo em tudo isso. Não importa que tipo de inovação ou mudança ocorra, a sobrevivência do capitalismo a longo prazo depende da capacidade de atingir 3% de crescimento composto. A história do capitalismo está repleta de tecnologias que foram experimentadas e não funcionaram, esquemas utópicos para a promoção de novas relações sociais (como as comunas icarianas nos EUA no século XIX, o kibutz israelense na década de 1950 ou as "comunas verde" de hoje) que acabaram cooptados ou abandonados em face de uma lógica capitalista dominante. Mas não importa o que aconteça, para o bem ou para o mal, o capital deve de alguma forma organizar as sete esferas em conformidade com a regra dos 3%.

———◆———

Na prática, o capitalismo parece ter evoluído de maneira um tanto semelhante à teoria do "equilíbrio pontuado" da evolução natural de Stephen Jay Gould: períodos de coevolução entre as esferas relativamente lentos, mas razoavelmente harmônicos, são pontuados por fases de ruptura e reforma radicais. Estamos, possivelmente, no meio de tal fase de ruptura. Mas há também sinais de uma tentativa desesperada de restaurar a ordem pré-existente e proceder como se nada contundente realmente tivesse mudado, nem devesse mudar.

Considere ao que essa ideia de equilíbrio pontuado se parece quando olhamos para trás, para a última fase principal da reconstrução capitalista, que ocorreu durante a crise de 1973 a 1982. Em meu livro de 2005, *A Brief History of Neoliberalism* [Breve história do neoliberalismo]*, tentei fazer um relato da reestruturação capitalista, que começou nesses anos. Por todo o mundo capitalista, mas particularmente nos Estados Unidos (o poder dominante indiscutível da época), o poder da classe capitalista se enfraqueceu em relação aos movimentos de trabalhadores e outros movimentos sociais, e a acumulação do capital perdeu velocidade. Os chefes das principais corporações, juntamente com os barões da mídia e as pessoas mais ricas, muitos dos quais, como os irmãos Rockefellers, eram descendentes da classe capitalista, foram para o contra-ataque. Iniciaram um movimento de reconstrução radical do nexo Estado-finanças (a desregulamentação nacional e internacional das operações financeiras, a liberação do financiamento da dívida, a abertura do mundo para a competição internacional intensificada e o reposicionamento do aparelho do Estado em relação à previdência social). O capital foi reempoderado em relação ao trabalho pela produção de desemprego e desindustrialização, imigração, deslocalização e toda sorte de mudanças tecnológicas e organizacionais (a subcontratação, por exemplo). Mais tarde foi ligado a um ataque ideológico e político sobre todas as formas de organização do trabalho nos anos de Reagan/Thatcher, e o efeito foi resolver a crise do declínio de rentabilidade e riqueza por meio da repressão salarial e da redução de prestações sociais pelo Estado. As concepções mentais do mundo foram reformuladas, na medida do possível, com o recurso aos princípios neoliberais da liberdade individual, necessariamente incorporados no livre-mercado e no livre-comércio. Isso exigiu a regressão do Estado de bem-estar social e o sucateamento progressivo do quadro regulatório que tinha sido construído no início dos anos 1970 (como a proteção ambiental). Novas formas de nicho de consumo e estilos de vida individualizados também apareceram de repente, construídos em torno de um estilo pós-moderno de urbanização (a Disneyficação dos centros das cidades e a gentrificação), além do surgimento de movimentos sociais em torno de uma mistura de individualismo egocêntrico, política de identidade, multiculturalismo e preferência sexual.

O capital não criou esses movimentos, mas descobriu formas de explorá-los e manipulá-los, tanto para fraturar as até então importantes solidariedades de classe quanto para mercantilizar e canalizar as demandas afetivas e efetivas associadas a esses movimentos em nichos de mercado. As novas tecnologias eletrônicas com amplas aplicações na produção e no consumo tiveram um enorme impacto nos processos de trabalho e na condução da vida diária para a massa da população (laptops, celulares e iPods estão por toda parte). A ideia de que as novas tecnologias eletrônicas eram a resposta aos problemas do mundo se tornou o mantra fetichista da década de 1990. E tudo isso pressagiou uma mudança tão grande nas concepções mentais do mundo com o advento de um individualismo possessivo ainda

---

* Ed. esp.: *Breve historia del neoliberalismo* (Madri, Akal Ediciones, 2007). (N. E.)

mais intenso, juntamente com a lógica do fazer dinheiro, o endividamento, a especulação financeira, a privatização de ativos do governo e a ampla aceitação da responsabilidade pessoal como norma cultural em todas as classes sociais. Estudos preliminares das pessoas apanhadas na onda de execuções hipotecárias indicam, por exemplo, que muitas delas culpam a si mesmas em vez de às condições sistêmicas por não serem capazes, por qualquer motivo, de viver de acordo com a responsabilidade pessoal implicada na casa própria. A visão do papel apropriado do Estado e do poder estatal se deslocou dramaticamente durante os anos neoliberais, e só agora está sendo desafiada na medida em que o Estado foi obrigado a intervir, após a falência do Lehman Brothers em setembro de 2008, com um apoio financeiro maciço para resgatar um sistema bancário à beira do fracasso.

Naturalmente, os detalhes foram muito mais complicados do que isso, e as inúmeras forças em jogo fluíram em todas as direções. No cenário mundial, os desenvolvimentos geográficos desiguais do neoliberalismo se colocaram em evidência, juntamente com os diferenciais de resistência. Tudo o que eu desejo ilustrar aqui é o quanto o mundo se alterou, dependendo de onde se estava, em todas as esferas entre 1980 e 2010. O movimento coevolutivo foi palpável para qualquer um que tenha passado por isso.

O perigo para a teoria social, bem como para o entendimento popular, é ver uma das esferas como determinante. Quando o arquiteto no júri urbano sul-coreano disse que apenas as concepções mentais importavam, ele estava fazendo um movimento muito comum, sem dúvida, impelido por um compreensível desejo de simplificação. Mas tais simplificações são injustificadas e perigosamente enganosas. Estamos, de fato, cercados por explicações monocausais perigosamente simplistas. No *best-seller* de 2005 *O mundo é plano**, o jornalista Thomas L. Friedman defende descaradamente uma versão do determinismo tecnológico (que erroneamente atribui a Marx). *Armas, germes e aço*** (1997), de Jared Diamond, argumenta que a relação com a natureza é o que conta, transformando assim a evolução humana em um conto de determinismo ambiental. A África é pobre por razões ambientais, não, diz ele, por causa de inferioridades raciais ou (o que ele não diz) por causa de séculos de pilhagem imperialista, a começar com o comércio de escravos. Nas tradições marxista e anarquista há uma boa dose de determinismo de luta de classes. Outras pessoas colocam as relações sociais de gênero, sexualidade ou etnia na vanguarda da evolução social. Outras ainda pregam que nossos problemas atuais decorrem do individualismo desenfreado e da ganância humana universal. O idealismo, em que as concepções mentais são colocadas na vanguarda da mudança social, tem uma tradição imensamente longa (mais espetacularmente representada

---

*   Rio de Janeiro, Objetiva, 2009. (N. E.)
** Rio de Janeiro, Record, 2001. (N. E.)

pela teoria da história de Hegel). Há, no entanto, muitas outras versões em que as visões e ideias de inovadores e empreendedores poderosos ou de líderes religiosos ou pensadores políticos utópicos (como algumas versões do maoismo) são colocadas no centro de tudo. Mudar as crenças e os valores é, diz-se, o que realmente importa. Alterem-se os discursos, às vezes é dito, e o mundo também se altera.

A ala obreirista da tradição marxista, de modo distinto, trata o processo de trabalho como a única posição a partir da qual a mudança verdadeiramente revolucionária pode vir, pois o poder real do trabalho de mudar o mundo está exclusivamente no ato do labor. Desse ponto inicial, e apenas desse ponto, é possível, argumentou John Holloway em 2002, *Mudar o mundo sem tomar o poder**. Em outro texto conhecido, *Blessed Unrest* [Agitação abençoada]** (2007), Paul Hawken faz parecer que a mudança social em nossos tempos pode apenas emanar, e já está emanando, do engajamento prático de milhões de pessoas que buscam transformar sua vida diária, deixando de lado todas aquelas ideologias políticas e concepções mentais utópicas (do comunismo ao neoliberalismo) que no passado provaram ser desastrosas. A versão de esquerda disso percebe a política do dia a dia em locais particulares como um solo fértil fundamental para a ação política e a mudança radical. A criação de "economias solidárias" locais é a resposta exclusiva. De outro lado, há toda uma escola de historiadores e filósofos políticos, que, ao escolher o título de "institucionalistas", assinalam sua adesão a uma teoria da mudança social que privilegia o comando e a reforma de arranjos institucionais e administrativos como fundamentais. Capturar e esmagar o poder do Estado são a versão revolucionária leninista disso. Outra versão radical deriva do foco de Michel Foucault sobre as questões de "governabilidade", que analisa as interessantes interseções entre duas esferas – os sistemas institucionais e administrativos e a vida diária (entendida como política do corpo).

Cada posição nesse panteão de possibilidades tem algo de importante, embora unidimensional, a dizer sobre o dinamismo socioecológico do capitalismo e da potencialidade para construir alternativas. Os problemas surgem, entretanto, quando uma ou outra dessas perspectivas é vista exclusiva e dogmaticamente como a única fonte e, portanto, o principal ponto de pressão política para a mudança. Tem sido uma história infeliz dentro da teoria social o favorecimento de algumas esferas de atividade em relação às outras. Às vezes, isso reflete uma situação em que um ou outro dos domínios – como a luta de classes ou o dinamismo tecnológico – parece estar na vanguarda das transformações que ocorrem em dado momento. Em tal situação seria grosseiro não reconhecer as forças que estão na vanguarda do desenvolvimento da mudança socioecológica nesse tempo e lugar. O argumento não é,

---

* São Paulo, Boitempo, 2003. (N. E.)
** Nova York, Penguin, 2007. (N. E.)

portanto, que se deve sempre atribuir o mesmo peso às sete esferas, mas que a tensão dialética no seu desenvolvimento desigual deve sempre ser levada em conta.

O que parece menor em uma época ou em um lugar pode se tornar importante na próxima. As lutas do trabalho não estão agora na vanguarda da dinâmica política, como foram nos anos 1960 e início dos anos 1970. Muito mais atenção está focada agora na relação com a natureza do que anteriormente. O interesse contemporâneo em saber como a política do cotidiano se desenrola tem de ser bem recebido simplesmente porque não teve a atenção que deveria no passado. Agora é provável que precisemos de outra exposição sobre os impactos sociais das novas tecnologias e formas organizacionais, que no passado foram muitas vezes impensadamente priorizadas.

Todo o relato de Marx sobre o surgimento do capitalismo a partir do feudalismo pode na verdade ser reconstruído e lido em termos de um movimento coevolucionário, através e entre as sete diferentes esferas de atividade aqui identificadas. O capitalismo não suplantou o feudalismo por algum tipo de transformação revolucionária pura, repousando sobre as forças mobilizadas em apenas uma dessas esferas. Teve de crescer nos interstícios da velha sociedade e suplantá-la pouco a pouco, às vezes com força, violência, depredação e apreensão de bens, mas em outros momentos com malícia e astúcia. E, muitas vezes, perdeu batalhas contra a velha ordem, ao mesmo tempo que ganhou a guerra. Na medida em que conquistou um pouco de poder, no entanto, uma classe capitalista emergente teve de construir sua forma social alternativa inicialmente com base em tecnologias, relações sociais, sistemas administrativos, concepções mentais, sistemas de produção, relações com a natureza e padrões de vida diária como estes tinham sido constituídos na ordem feudal anterior. Foram precisos uma coevolução e um desenvolvimento desigual nas diferentes esferas para o capitalismo encontrar não apenas sua base tecnológica própria e única, mas também seus sistemas de crença e concepções mentais, suas configurações das relações sociais instáveis, mas claramente de classe, seus ritmos espaço-temporais curiosos e sua forma de vida cotidiana igualmente especial, para não falar de seus processos de produção e sua estrutura institucional e administrativa, sem os quais não era possível dizer que se tratava realmente de capitalismo.

Mesmo ao fazê-lo, carregou dentro de si várias marcas das condições diferenciais nas quais a transformação do capitalismo foi forjada. Embora muito provavelmente tenha se feito caso demais dos diferenciais entre as tradições protestantes, católicas e confucionistas em demarcar diferenças significativas na forma como o capitalismo funciona em diferentes partes do mundo, seria temerário sugerir que essas influências são irrelevantes ou mesmo insignificantes. Além disso, a partir do momento em que o capitalismo se manteve firme, envolveu-se em um movimento revolucionário perpétuo em todas as esferas para acomodar as inevitáveis tensões da acumulação do capital sem fim a uma taxa composta de crescimento. Os hábitos diários e concepções mentais das classes trabalhadoras que surgiram na década de 1990 (juntamente com uma redefinição do que constitui a relação social "classe trabalhadora", em primeiro lugar) tiveram pouco a ver com os hábitos e gostos da classe trabalhadora da Grã-Bretanha da década de 1950 e 1960. O processo de coevolução que o capitalismo põe em movimento tem sido permanente.

Talvez um dos maiores fracassos das tentativas anteriores de construir o socialismo tem sido a relutância em se envolver politicamente em todas essas esferas e deixar a dialética entre elas abrir possibilidades, em vez de fechá-las. O comunismo revolucionário, particularmente o tipo soviético – em especial após o período de experimentação revolucionária da década de 1920 ser encerrado por Stalin – muitas vezes reduziu a dialética das relações entre as esferas a um programa de via única em que as forças produtivas (tecnologias) foram colocadas na vanguarda da mudança. Essa abordagem inevitavelmente falhou. Isso levou à paralisia, a arranjos administrativos e institucionais estagnados, transformou a vida diária em monotonia e congelou a possibilidade de explorar novas relações sociais ou concepções mentais. Não prestou atenção à relação com a natureza, com consequências desastrosas. Lenin, claro, não tinha opção, a não ser se esforçar para criar o comunismo com base na configuração dada pela ordem anterior (parte feudal e parte capitalista), e desse ponto de vista sua aceitação da fábrica, tecnologias e formas de organização fordista como um passo necessário na transição para o comunismo é compreensível. Ele argumentou de modo plausível que, se a transição para o socialismo e em seguida para o comunismo tinha de dar certo, tinha de ser, inicialmente, com base nas tecnologias e formas de organização mais avançadas que o capitalismo tinha produzido. Mas não houve nenhuma tentativa consciente, em particular após Stalin assumir, de avançar para a construção de tecnologias e formas de organização verdadeiramente socialistas, muito menos comunistas (embora tenha feito grandes avanços na robotização e no planejamento matemático da produção otimizada e dos sistemas de agendamento, que poderiam ter aliviado a carga de trabalho e aumentado a eficiência se tivessem sido aplicados corretamente).

O imenso sentido dialético de Mao de como as contradições funcionam, bem como seu reconhecimento, em princípio pelo menos, de que uma revolução tem de ser permanente ou nada, levou-o conscientemente a priorizar a transformação revolucionária em esferas de atividade diferentes em variadas fases históricas. O "Grande Salto Adiante" enfatizou a produção e a mudança tecnológica e organizacional. Ele falhou em seus objetivos imediatos e produziu uma fome descomunal, mas certamente teve um impacto enorme nas concepções mentais. A Revolução Cultural procurou reconfigurar de forma radical e direta as relações sociais e as concepções mentais do mundo. Embora seja hoje sabido que Mao falhou miseravelmente nos dois empreendimentos, há em muitos aspectos a suspeita de que o surpreendente desempenho econômico e a transformação revolucionária que têm caracterizado a China desde as reformas institucionais e administrativas iniciadas no fim dos anos 1970 repousam solidamente sobre os resultados reais do período maoista (em particular a ruptura com muitas concepções mentais e relações sociais "tradicionais" nas massas na medida em que o Partido aprofundou seu controle sobre a vida diária). Mao reorganizou completamente a saúde na década de 1960, por exemplo, com o envio de um exército de "médicos descalços" a regiões rurais até então negligenciadas e empobrecidas para ensinar a base da medicina preventiva, medidas de saúde pública e cuidados pré-natais. A redução dramática da mortalidade infantil e o aumento da expectativa de vida que resultaram disso permitiram produzir mão de obra excedente que alimentou o surto de crescimento da China depois de 1980. Também levou às limitações draconianas sobre a atividade reprodutiva, com a aplicação da política de uma criança por família. O fato de tudo isso abrir o caminho para certo tipo de desenvolvimento capitalista é uma consequência inesperada de enorme importância.

Como então interpretar as estratégias revolucionárias à luz da teoria coevolucionária de mudança social? Esta fornece um quadro para a investigação, que pode ter implicações práticas para pensar em tudo desde as grandiosas estratégias revolucionárias ao redesenho da urbanização e da vida na cidade. Ao mesmo tempo, sinaliza que sempre enfrentamos contingências, contradições e possibilidades autônomas, além de uma série de consequências inesperadas. Como na transição do feudalismo para o capitalismo, há uma abundância de espaços intersticiais para começar movimentos sociais alternativos anticapitalistas. Mas existem também inúmeras possibilidades de movimentos bem-intencionados serem cooptados ou falharem catastroficamente. Em contraste, desenvolvimentos aparentemente negativos (como o Grande Salto Adiante de Mao ou a Segunda Guerra Mundial, que prepararam o espaço para um rápido crescimento econômico após 1945) podem ter consequências surpreendentemente boas. Isso deve deter-nos? Na medida em que a evolução em geral e nas sociedades humanas, em particular (com ou sem o imperativo capitalista), não pode ser interrompida, então não temos outra opção a não ser participar da peça. Nossa única escolha é ser ou não consciente de como nossas intervenções atuam e estar pronto a mudar de rumo rapidamente quando as condições se colocarem ou quando as consequências não intencionais se tornarem mais aparentes. A adaptabilidade e a flexibilidade evidentes do capitalismo servem aqui de modelo.

Então, onde devemos começar nosso movimento revolucionário anticapitalista? Nas concepções mentais? Na relação com a natureza? No cotidiano e nas práticas reprodutivas? Nas relações sociais? Nas tecnologias e formas organizacionais? Nos processos de trabalho? Na tomada e transformação revolucionária das instituições?

Uma sondagem do pensamento alternativo e dos movimentos sociais oposicionistas mostraria diferentes correntes de pensamento (com frequência defendidas

116 / O enigma do capital

como mutuamente exclusivas, infelizmente) sobre onde começar. Mas as implicações da teoria coevolucionária aqui é que podemos começar ali ou acolá contanto que não fiquemos no lugar de onde partimos! A revolução tem de ser um *movimento*, em todos os sentidos da palavra. Se não puder se mover dentro, além e através das diferentes esferas, acabará não indo a lugar algum. Reconhecendo isso, torna-se imperativo vislumbrar alianças entre um conjunto de forças sociais organizadas em torno das diferentes esferas. Aquelas com um conhecimento profundo de como a relação com a natureza funciona precisam se aliar àquelas profundamente familiarizadas com como os arranjos institucionais e administrativos funcionam, como a ciência e a tecnologia podem ser mobilizadas, como a vida diária e as relações sociais podem ser mais facilmente reorganizadas, como as concepções mentais podem ser mudadas e como a produção e o processo de trabalho podem ser reconfigurados.

Mas em que espaço surge um movimento revolucionário e como se alastra? Essa é a questão geográfica que agora temos de considerar.

6

A GEOGRAFIA DISSO TUDO

A crise, que começou localizada em particular no mercado imobiliário nos Estados Unidos em 2007, rapidamente se espalhou ao redor do mundo por uma rede financeira e comercial coesa que supostamente dividiria o risco, em vez de estimular o caos financeiro. Na medida em que os efeitos da crise de crédito se difundiram, houve impactos diferenciados de um lugar para outro. Tudo dependeu do grau com que os bancos locais e outras instituições como fundos de pensão investiram em ativos tóxicos distribuídos pelos Estados Unidos; do grau com que os bancos em outros lugares copiaram as práticas dos EUA e foram atrás de investimentos de alto risco; da sujeição das empresas locais e instituições estatais (como os governos municipais) à abertura de linhas de crédito para rolar suas dívidas; do impacto da rápida queda do consumo nos EUA e em outros lugares com economias baseadas em exportações; dos altos e baixos da demanda e preços das matérias-primas (o petróleo, em particular); e das diferentes estruturas de emprego e de apoio social (incluindo os fluxos de remessas) e a provisão social prevalecente em um lugar e não em outro. Quando, como e por que essa crise atingiu um determinado país, região ou bairro? Por que o desemprego na União Europeia (numa média de 8,9% em abril de 2009) varia de 2% nos Países Baixos para 17,5% na Espanha? Por que importa as famílias dos EUA não terem poupado quase nada nos últimos anos, os britânicos, em torno de 2% e os alemães, 11% de seu rendimento? Por que o Líbano, com toda a sua tumultuosa história recente, quase não sentiu os efeitos da crise, até pelo menos o verão de 2009? (Resposta parcial: por causa do enorme estímulo econômico já em andamento na reconstrução do país a partir das ruínas do bombardeio israelense de 2006.)

Na China e na maior parte do resto da Ásia, o problema foi quase totalmente expresso pelo colapso dos mercados de exportação, enquanto na Islândia foi quase inteiramente devido à exposição dos bancos nacionais a ativos tóxicos. Os bancos canadenses fortemente regulados, não relataram dificuldades até agora, mas as indústrias dependentes do comércio com os EUA foram seriamente atingidas. A Grã-Bretanha foi atingida de forma grave porque seguiu o modelo dos EUA em quase todos os aspectos, e a Alemanha teve de enfrentar principalmente a queda das exportações, mesmo com rumores de que havia muitos ativos tóxicos escondidos dentro de seu sistema bancário. A China, com enormes reservas de divisas estrangeiras, teve abundantes recursos financeiros para enfrentar as dificuldades, enquanto a Islândia não tinha nenhum.

As respostas das populações e das autoridades do Estado variaram bastante de um país para outro de acordo com a profundidade e a natureza do problema local, as predileções ideológicas, as interpretações dominantes sobre as causas primárias, os arranjos institucionais (o sistema de previdência social é muito mais forte nos países europeus, por exemplo, em comparação com os Estados Unidos, onde as políticas de bem-estar são parcimoniosas ao extremo), os costumes (com relação à poupança pessoal, por exemplo) e a disponibilidade de recursos locais (excedentes orçamentais, em particular) para lidar com os impactos locais. A Alemanha, com as lembranças terríveis do impacto da inflação de Weimar que levou Hitler ao poder, temeu que o financiamento excessivo da dívida pudesse provocar uma inflação e se manteve rigidamente presa à ortodoxia neoliberal, enquanto os EUA subscreveram com satisfação (para o embaraço dos conservadores fiscais no Partido Republicano) à doutrina Reagan segundo a qual "os déficits não importam". Se as respostas e os impactos são tão diversos, então se questiona se podem vir a ocorrer a recuperação ou alguma reviravolta inovadora para uma política econômica alternativa. Sabemos a resposta para a crise do Leste e Sudeste Asiático de 1997 e 1998: mercados consumidores nos EUA em crescimento, mas alimentados por dívidas, permitiram que as economias da região pudessem exportar de tal modo a alcançar um caminho de volta à saúde econômica. Então, como será dessa vez? Os mercados emergentes no Brasil, Índia e China, que ainda estão mostrando sinais de crescimento? Nós simplesmente não podemos dizer desta vez, embora haja muitos sinais que apontem para a Ásia oriental como o epicentro da recuperação. Ambos os efeitos da crise e, temos de antecipar, os caminhos geográficos pelos quais os chamados "brotos verdes" da recuperação econômica podem se espalhar são quase impossíveis de prever.

Para ilustrar os caminhos estranhos pelos quais o contágio financeiro pode se espalhar, considere o seguinte exemplo.

Como muitos outros municípios em todo o mundo, Berlim teve problemas de financiamento do sistema de transporte público durante a década de 1990. O governo central cada vez mais neoliberal estava relutante em ajudar. Consultores financeiros chegaram a uma maneira esperta de ajudar: alugar os equipamentos de transporte a longo prazo para investidores nos Estados Unidos e, em seguida, alugá-los de volta. Os investidores nos Estados Unidos, que receberam créditos de imposto sobre a depreciação do investimento estrangeiro, compartilharam sua redução de impostos com a autoridade de trânsito de Berlim (que recebeu cerca de 90 milhões de dólares no fim dos anos 1990). De fato, os contribuintes dos EUA subsidiaram os governos municipais alemães, muitos dos quais fecharam acordos semelhantes em todas as áreas, desde o abastecimento de água e esgoto a centros de convenções. Quando as autoridades fiscais dos EUA se deram conta do embuste, moveram-se para fechar a brecha depois de 2004. Mas os contratos, complicados e escritos em inglês, permaneceram em vigor. O contrato especificava que o valor dos bens arrendados tinha de ser reconhecido por uma seguradora altamente cotada. Berlim acabou sendo convencida pelo banco de investimentos nos EUA JP Morgan a colocar como garantia uma obrigação de dívida colateralizada (ODC), apoiada por muitas instituições financeiras de crédito consideradas altamente dignas, incluindo Lehman Brothers, AIG e bancos islandeses. Quando todas essas instituições colapsaram em setembro 2008 e a ODC se tornou tóxica, Berlim teve de ou encontrar outra seguradora altamente cotada (então impossível) ou depositar seu próprio dinheiro como garantia. Era responsável por 200 milhões de dólares ou mais. Muitos outros municípios alemães se encontraram na mesma situação (Leipzig estava particularmente em crise porque tinha alugado quase tudo o que tinha). Mas foi muito difícil, como um funcionário municipal alemão constatou, não ser atraído por esse tipo de esquema, na medida em que tantos outros municípios se regozijavam de sua sorte na década de 1990.

O fiasco dos empréstimos financeiros transfronteiriços na Alemanha estimulou uma interpretação europeia plausível, mas errada, articulada tanto pelos líderes alemães quanto franceses, de que a crise era uma produção marcadamente anglo-estadunidense, e não um fracasso sistêmico do capitalismo. As respostas à crise, nacionalistas em geral (e, em alguns casos, perigosamente de direita) – como evidenciado nas eleições europeias de junho de 2009, quando os partidos de direita aumentaram substancialmente sua votação –, são fáceis de entender. Mas a ideia de que as indústrias de exportação da Alemanha prosperaram por conta própria, como se o *boom* de consumo endividado do outro lado do Atlântico não tivesse nada a ver com isso, é um grande exemplo de como as percepções nacionais limitadas distorcem as realidades sobre o que é o capitalismo globalizado.

———◆———

Então, o que orienta a trajetória geográfica dos desdobramentos das crises e como os impactos locais e as respostas políticas locais se relacionam com as dinâmicas globais? Existe, em suma, uma teoria do desenvolvimento geográfico desigual do capitalismo para a qual podemos apelar para nos ajudar a compreender

120 / O enigma do capital

a complexa dinâmica geográfica da acumulação do capital e assim contextualizar como essa crise se desenrolou em particular?

Os processos de acumulação do capital não existem, obviamente, fora dos respectivos contextos geográficos e essas configurações são por natureza bastante diversificadas. Mas os capitalistas e seus agentes também têm um papel ativo e fundamental na alteração dessas configurações. Novos espaços e relações espaciais estão sendo produzidos constantemente. Fazem-se redes de transporte e comunicação totalmente novas, cidades que se esparramam e uma paisagem agrária muito produtiva. Grande parte das terras foi desmatada, os recursos foram extraídos das entranhas da terra; habitats e condições atmosféricas (tanto local como globalmente) foram modificados. Os oceanos têm sido vasculhados em busca de alimentos, e todos os tipos de resíduos (alguns tóxicos para todas as formas de vida) foram espalhados pela terra. As mudanças ambientais de longo prazo, provocadas pela ação humana ao longo de toda a nossa história, têm sido enormes. As transformações provocadas pelo capitalismo têm sido ainda maiores. O que nos foi dado pela natureza há muito tempo foi substituído pelo que foi construído pelo homem. A geografia do capitalismo é cada vez mais autoproduzida.

Os capitalistas não são, contudo, os únicos envolvidos na sua produção. Desde 1700, a população mundial tem crescido a um índice composto que, curiosamente, segue em paralelo com a taxa da acumulação composta do capital. A população mundial superou 1 bilhão de pessoas em torno de 1810. Subiu para 1,6 bilhão em 1900, para 2,4 bilhões em 1950 e para mais de 6 bilhões em 2000. As estimativas agora colocam-na em 6,8 bilhões. Projeções a colocam em 9 bilhões ou mais em 2050.

A natureza exata da relação entre a acumulação do capital e o crescimento da população é uma questão em aberto. Mas o que é quase certo é que o capitalismo não poderia ter sobrevivido e florescido na forma que tem hoje, se não fosse pela expansão perpétua das populações disponíveis tanto como produtores quanto como consumidores. Isso tem ocorrido mesmo quando as populações não são organizadas de acordo com as relações sociais, as tecnologias, as formas de produção e os arranjos institucionais capitalistas. As contribuições da escravidão, do ouro incaico, do fornecimento de matérias-primas extraídas das populações indígenas e dos mercados não capitalistas de produção e absorção de capital excedente foram fundamentais para sustentar o crescimento capitalista através dos séculos. A florescente indústria do algodão de Manchester em 1860 dependia do algodão cru produzido nas fazendas dos Estados Unidos, a partir da mão de obra escrava transportada da África, enquanto os produtos acabados eram vendidos nomeadamente para as vastas e crescentes populações não capitalistas, mas sob domínio imperialista britânico, da Índia. Mas a proposição inversa também se aplica: sem o crescimento levado pela acumulação do capital, as populações poderiam ter morrido de fome, a menos que alguma outra forma de aprovisionamento fosse planejada.

Atualmente, populações recém-proletarizadas e, em muitos casos, apenas de modo parcial, da China rural foram o fundamento para uma fase fenomenal de crescimento capitalista. Esse crescimento tem ajudado a manter um capitalismo cada vez mais volátil em uma trajetória composta de crescimento, mesmo que a ênfase tenha estado nas regiões que não poderiam competir com a indústria da China com baixos salários. Para dar outro exemplo, o movimento de massa da expansão das populações nas áreas urbanas colocou grande pressão sobre os usos da terra e desempenhou, portanto, um papel fundamental no aumento do valor da terra e das rendas da terra que foram capturados por capitalistas fundiários e urbanistas.

A acomodação de mais e mais pessoas no planeta Terra implicou por si só grandes mudanças geográficas. Movimentos migratórios e pioneiros tomaram continentes pouco povoados, como a América do Norte em 1700, e transformaram-nos em centros dinâmicos de crescimento para a acumulação de pessoas e, eventualmente, também de capital. Logo no início da história do capitalismo, colônias de povoamento e atividades pioneiras nas fronteiras desempenharam um papel fundamental na abertura de novos territórios para o desenvolvimento capitalista. Ainda hoje, existem milhões de camponeses, pequenos agricultores e produtores, artesãos e pequenos mestres de ofício, além das pessoas com estilos de vida alternativos ou mais simplesmente que se deparam com a falta de oportunidades para a incorporação dentro do sistema capitalista, cujo vínculo com a acumulação do capital é frouxo ou tangencial. Seus envolvimentos são largamente orquestrados por seus contatos com o sistema de mercado e pela participação limitada na troca de mercadorias. A tributação pelo Estado, no entanto, serve como o meio duradouro pelo qual as populações desse tipo são trazidas para a órbita geral da acumulação do capital pela necessidade de vender algo para pagar o imposto de renda.

Esse imenso exército de pessoas proporciona uma reserva de mão de obra e um mercado potenciais. Nos últimos anos, por exemplo, o que antes era chamado de "setor informal" no idioma oficial das instituições internacionais (e, portanto, de alguma forma fora da lógica da acumulação do capital) foi redefinido como um mundo de "microempresas". O destino dessas empresas é então ligado ao do capital pela ampliação do microcrédito e das microfinanças. Esses esquemas estendem pequenas quantidades de crédito (com taxas muito altas de juros) a coletivos (geralmente um pequeno grupo de mulheres) dentre os 2 bilhões de pessoas que vivem com menos de 2 dólares por dia. O objetivo alegado é permitir à população sair da pobreza e participar do alegre, negócio da acumulação do capital. Alguns conseguem, mas para o resto isso significa os grilhões da dívida.

Essas populações fazem sua própria geografia de inúmeras maneiras. Suas situações demográficas e econômicas variam muito, no entanto. No Leste e Sul Asiático, as populações continuam a aparecer até mesmo com a ampla drenagem de riqueza às quais foram submetidas – pelo menos até recentemente – a partir do século XVII, por força da expansão colonial e das práticas imperialistas. Os mais avançados centros de acumulação do capital, como parte da Europa ocidental e o Japão, entraram numa linha de crescimento populacional negativo (com problemas decorrentes do envelhecimento das populações, que levam a todo tipo de problemas para a acumulação do capital sustentada), enquanto o resto da Ásia, a América Latina e a África continuam a ter aumentos. A China, com restrições draconianas sobre o tamanho da família, visa conter o crescimento de sua já enorme população de 1,2 bilhão de pessoas, enquanto os Estados Unidos têm sustentado seu crescimento demográfico por meio de uma maior abertura, porém cada vez mais desafiadora, à imigração (complementada por um grande afluxo de imigrantes ilegais que fornecem grande parte da mão de obra mal remunerada necessária para a construção, o agronegócio e os serviços domésticos, em particular).

As pessoas ocupam espaços e têm de viver na terra em algum lugar e de alguma forma. Como elas moram, sustentam-se e reproduzem a espécie varia muito de lugar para lugar, mas no processo criam lugares em que habitam, desde a cabana dos camponeses, a pequena vila, a favela e o cortiço urbano ao subúrbio, às casas de milhões de dólares nos Hamptons de Long Island, aos condomínios fechados na China ou em São Paulo, às coberturas de luxo da Cidade do México. A construção de espaços, bem como a criação de uma morada segura chamada casa e lar, tem um impacto tanto na terra quanto na acumulação do capital, e a produção de tais lugares se torna um grande veículo para a produção e absorção do excedente. A produção do "urbano", onde a maioria da população mundial em crescimento agora vive, tornou-se ao longo do tempo mais estreitamente ligada à acumulação do capital, até o ponto em que é difícil distinguir uma da outra. Mesmo nas favelas da autoconstrução de moradias, o ferro ondulado, as caixas de embalagem e as lonas foram primeiro produzidos como mercadorias.

As populações excedentes não estão mais ancoradas em um lugar, assim como não está o capital. Elas fluem para todos os lugares em busca de oportunidades ou emprego, apesar das barreiras à migração por vezes colocadas pelos Estados-nação. A força de trabalho cativa dos trabalhadores domésticos, grupos de trabalhadores migrantes na construção e trabalhadores rurais disputam com as populações e os indivíduos locais, que se deslocam em busca de melhores chances na vida. Mulheres polonesas limpam os hotéis ao redor do aeroporto de Heathrow, em Londres, letões servem em *pubs* irlandeses, trabalhadores itinerantes do México e da Guatemala constroem as torres dos condomínios em Nova York ou colhem morangos nos campos da Califórnia, os palestinos, indianos e sudaneses trabalham nos Estados do Golfo e assim por diante. Remessas dos Estados do Golfo para a Índia, para o Sudeste Asiático ou para os campos de refugiados palestinos se dão em paralelo com os fluxos de remessas dos Estados Unidos para o México, Haiti, Filipinas, Equador e muitos outros países menos desenvolvidos. As diásporas de todos os tipos (de empresários e trabalhadores) formam redes que criam tramas intrincadas na dinâmica espacial da acumulação do capital. E é exatamente por meio dessas redes que agora assistimos aos efeitos do *crash* financeiro se espalhando em quase cada canto e recanto da África rural ou da Índia camponesa. A desnutrição e a fome devastam o Haiti na medida em que as remessas dos EUA secam porque as trabalhadoras domésticas em Nova York e na Flórida estão perdendo o emprego.

Paisagens humanas com diferenças geográficas são assim criadas nas quais as relações sociais e os sistemas de produção, os estilos de vida diária, as tecnologias e as formas organizacionais, as distintas relações com a natureza se reúnem com arranjos institucionais para a produção de locais com diferentes qualidades. Tais lugares são, por sua vez, marcados por distintas políticas e maneiras de viver. Considere, por um momento, as várias maneiras em que todos esses elementos se articulam no lugar onde você mora. Essa intrincada geografia física e social tem a marca dos processos sociais e políticos, bem como das lutas ativas que a produziram.

O desenvolvimento geográfico desigual que resulta é tão infinitamente variado quanto volátil: uma cidade desindustrializada no Norte da China; uma cidade encolhendo no que um dia foi a Alemanha Oriental; a expansão industrial das cidades do delta do Rio das Pérolas; uma concentração de tecnologias da informação em Bangalore; uma zona econômica especial na Índia, onde camponeses despossuídos se revoltam; populações indígenas em conflitos na Amazônia ou na Nova Guiné; os bairros ricos, em Greenwich, Connecticut (até recentemente, pelo menos, a capital dos fundos de cobertura do mundo); os campos de petróleo na região de Ogoni, na Nigéria, onde há conflitos constantes; as zonas autônomas mantidas por um movimento militante, como os zapatistas em Chiapas, no México; a ampla produção de soja no Brasil, Paraguai e Argentina; as regiões rurais de Darfur ou do Congo, onde as guerras civis são implacáveis; os subúrbios da classe média de Londres, Los Angeles e Munique; as favelas da África do Sul; as fábricas de vestuário do Sri Lanka ou os centros de atendimento de Barbados e Bangalore "habitados" inteiramente por mulheres; as novas megacidades nos Estados do Golfo, com seus edifícios projetados por arquitetos-estrela – tudo isso (e, claro, muito mais), quando tomado em conjunto, constitui um mundo de diferença geográfica feito pela ação humana.

À primeira vista, esse mundo parece ser tão geograficamente diverso que escapa à compreensão, o que dizer então de controlá-lo. Como é possível que todos se relacionem? Que há interconexões e inter-relações é óbvio. As guerras civis na África, o triste legado das práticas coloniais europeias, refletem a longa história de conflitos entre corporações e Estados que se esforçam em controlar os preciosos recursos da África, e a China tem um papel cada vez mais importante nos dias de hoje. A fábrica no Norte da China ou em Ohio fecha em parte porque se abrem as fábricas localizadas no delta do Rio das Pérolas. O teleatendimento em Barbados ou o atendimento ao consumidor de Bangalore, em Ohio e em Londres e as camisas ou saias usadas em Paris têm etiquetas de Sri Lanka ou Bangladesh, assim como os sapatos que antes eram feitos na Itália agora são do Vietnã. Os Estados do Golfo constroem edifícios espetaculares sobre um comércio de petróleo que depende, em parte, do uso excessivo de energia a serviço de um estilo de vida predominantemente suburbano nos Estados Unidos.

Como é produzida toda essa diferença geográfica? Como sua variedade aparentemente infinita e incontrolável se costura e tece internamente para formar a geografia dinâmica na qual estamos?

———◆———

Em que espaço o processo coevolutivo descrito anteriormente ocorre? Considere-se, em primeiro lugar, um subúrbio típico dos EUA numa grande área metropolitana, como Washington, em 2005, antes de a crise financeira começar. A população é relativamente homogênea (em sua maioria branca, mas com alguns afro-americanos educados e imigrantes recentes, igualmente educados, de países tão diversos como Índia, Taiwan, Coreia do Sul e Rússia) e razoavelmente rica. A habitação suburbana é ordenada, e as escolas, supermercados, centros comerciais (com funções de entretenimento), instalações médicas, instituições financeiras, postos de gasolina, concessionárias, instalações esportivas e espaços abertos são de fácil acesso de carro. O trabalho local está fortemente envolvido nos serviços (em particular, finanças, produção de software, seguros e imóveis, além de pesquisa médica) e toda produção que há é ou orientada para apoiar o estilo de vida da classe média suburbana (conserto de automóveis, jardinagem, cerâmica, carpintaria, equipamento médico) ou está envolvida na reprodução ou produção adicional do ambiente construído (todas as facetas da indústria da construção e seus fornecedores, como encanadores, carpinteiros e pedreiros). A apropriação de impostos é estável e adequada, e a administração local, além de participar das práticas usuais suburbanas de bajular os interesses da construção e os desenvolvedores, é razoavelmente eficiente. O tempo de deslocamento é comprido, mas suportável, principalmente com a ajuda de todos os equipamentos eletrônicos que transformam o interior de um carro em um centro de entretenimento. A vida cotidiana é razoavelmente bem ordenada, apesar de algumas rupturas familiares escandalosas e crimes hediondos; as relações sociais são individualistas, mas frouxamente integradas por formas sociais, em particular igrejas, escolas e clubes de golfe locais. A propriedade da casa (baseada em hipotecas e subsídios fiscais) é generalizada, o que garante a defesa do valor das habitações individuais como uma norma coletiva, estimulada pelas associações de proprietários de imóveis, apesar da abundância do individualismo isolado. As casas são todas cheias de diferentes tipos de produtos eletrônicos e, é claro, todos têm iPods e celulares, que estão em uso contínuo.

Nesse mundo, as relações entre as sete esferas de atividade estão aproximadamente harmonizadas e a maioria das pessoas as aceita como seguras e tranquilizadoras, embora um pouco tediosas. Os conflitos são menores (na maior parte apenas do estilo "não mexe comigo") e até mesmo os dois partidos políticos disputam cargos com candidatos moderados. Os fluxos de capital para dentro, através e para fora desse lugar são constantes, e a configuração particular das relações entre as diferentes esferas de atividade facilita o sucesso da continuação rentável dos fluxos.

Compare isso com uma segunda área não muito longe (na Pensilvânia, digamos) que no passado foi uma cidade metalúrgica, que sofreu recentemente com o fechamento de fábricas e a desindustrialização. A população já foi bastante homogênea, construída em torno de empregos aparentemente seguros e com o perfil sindicalista de operário homem, com estruturas familiares baseadas nessa fonte de renda e emprego feminino casual, de meio período e com salário baixo. Mas tudo isso desapareceu. Muitos dos homens estão desempregados e recebem auxílio social, a habitação da classe trabalhadora se deteriorou (algumas casas estão vazias e vandalizadas), muitas lojas locais foram fechadas, a base tributável é fraca e as escolas e outros serviços estão degradados, além de as pensões, a assistência social e a saúde serem frágeis. As salas dos sindicatos que costumavam ser os centros de socialização foram abandonadas ou estão quase vazias, e apenas as igrejas ainda oferecem santuário para socialização e consolo. Os pequenos delitos crescem desenfreadamente. Há cada vez mais problemas de alcoolismo e abuso de drogas. As relações de gênero foram radicalmente transformadas e as rupturas familiares aumentaram na medida em que as mulheres se tornaram chefes de família e a tradicional classe trabalhadora masculina encontra-se reduzida ao status de uma subclasse descartável. Várias tentativas de reanimar a área estão em andamento, mas nada parece funcionar. Algumas mulheres armadas com conhecimentos rudimentares de informática criam um modo de troca informal e redes coletivas de apoio (um exemplo do que hoje é chamado de "economia solidária"). Um empresário local tenta reunir os comerciantes locais, para apoiar um evento de arte que pode atrair visitantes, e os preços de imóveis mais baratos encontram um mercado com as populações decepcionadas de uma metrópole vizinha onde a vida se tornou cara demais, como Nova York. Mas essas populações são imigrantes, gays e boêmios, cujos valores são radicalmente diferentes da classe trabalhadora predominante branca que já morou aqui de forma segura. As tensões étnicas e sexuais se agravam. Trabalhadores imigrantes itinerantes ocupam algumas casas vazias e são recebidos com hostilidade pelos moradores locais. A violência anti-imigrante se intensifica. O colapso da base de produção pôs em marcha uma reação em cadeia através de todas as outras esferas, forçando adaptações coevolutivas estressantes, duras e conflituosas nas concepções mentais, relações sociais, padrões de vida diária e reprodução social, bem como nas tecnologias e sistemas de governança. A desarmonia entre as esferas é palpável, e como eles poderiam voltar a um equilíbrio é incerto.

Agora considere o que na Índia é legalmente definido como uma "favela". Milhares de pessoas estão amontoadas em um assentamento, onde não existem títulos formais da terra ou casa. A governança é amplamente exercida por meio de estruturas de poder informal que derivam tanto da riqueza econômica, acumulada legal ou ilegalmente, quanto do status. Figuras carismáticas religiosas ou políticas surgem como chefes locais. O poder do Estado formal é raramente exercido de forma direta e, quando isso acontece, é por meio de policiais violentos e intervenções militares, imposições burocráticas e legalistas ou pela corrupção desenfreada em nome da proteção. Algumas atividades econômicas podem ser encontradas – pneus de borracha transformados em sandálias são comercializados nas ruas, e algumas redes de subcontratação para produtos de couro ou objetos artesanais que acabam em lojas de Manhattan podem ser encontrados no meio de estruturas densas e caóticas. Geralmente não há água corrente e esgoto, e odores fétidos estão por toda parte. A eletricidade é ocasionalmente pirateada. A expectativa de vida é baixa, e a mortalidade infantil, surpreendentemente alta.

As relações sociais são tão predatórias como solidárias, e a violência é utilizada com frequência como uma maneira para preservar o poder social, se não a própria vida. Novos migrantes do campo são tratados como inferiores dos inferiores, e as relações de gênero e as estruturas familiares são tão instáveis como efêmeras, mesmo que alguns grupos formem fortes laços de apoio mútuo. Tentativas rudimentares de ONGs para melhorar as condições existentes e um projeto piloto para levar projetos de microfinanças à favela como uma solução para a pobreza têm dificuldades de deslanchar.

Existe algum projeto num escritório de planejamento distante para a modernização do ambiente físico, mas a maioria dos locais vê tal projeto como um meio para expulsá-los de suas terras, que potencialmente têm um alto valor. Não há cuidados de saúde (com exceção de medicamentos folclóricos locais e curas indígenas) e a educação ou é inexistente ou é casual. Há alguns fluxos de mão de obra para o resto da cidade (homens na construção ou jardinagem, e mulheres varrendo o chão para as famílias da classe média por quase nenhuma remuneração, mas pelo menos comem bem dos restos da mesa dos ricos). Os rádios estão em toda parte e, na ausência de telefones fixos, telefones celulares (muitas vezes roubados) são onipresentes. Na verdade, a principal atividade de mercado se dá em bens roubados ou na troca dos produtos mais baratos. Nesse espaço, fortemente segregado por uma estrada e um rio, as sete esferas de atividade coexistem em uma única configuração. Por mais que seja radicalmente diferente do subúrbio dos EUA, ainda podemos descrever as relações internas dentro da totalidade do espaço e dissecar os processos muitas vezes tensos e contraditórios de coevolução que fazem dessa favela um espaço ecológico dinâmico.

Nesses três locais, as trajetórias coevolucionárias apontam aparentemente para direções diferentes. Aqui, os ventos econômicos, sociais e políticos sopram de um jeito, lá estão estagnados e acolá vão em uma direção completamente diferente. Mas em cada caso, somos capazes de compreender como as vidas são vividas e como as circunstâncias estão mudando. Temos à nossa disposição, de fato, inúmeros estudos histórico-geográficos, sociológicos e antropológicos que descrevem detalhadamente as interações e as mudanças que ocorrem nesse ou naquele lugar (muitas vezes invocando as relações entre diferentes esferas de atividade). A mídia fornece descrições de como as coisas estão indo – bem ou mal, dependendo do caso – nos "bairros mais antigos dos EUA", no Casaquistão, no Cairo, em Wuppertal, em Mombassa, em Chenai ou em Canton, Ohio. O grande problema surge quando tentamos colocar todos esses relatos do mundo juntos de modo a destacar tanto a sua interdependência quanto sua inquestionável particularidade.

Se pudéssemos de alguma forma mapear a circulação do capital que ocorre em diferentes lugares ao redor do mundo, então o quadro seria algo parecido com as imagens de satélite tiradas do espaço que dão conta dos sistemas meteorológicos que rodam por cima dos oceanos, montanhas e planícies do planeta. Veríamos a ressurgência da atividade aqui, zonas de calmaria por lá, redemoinhos anticiclônicos em outro lugar e depressões ciclônicas de várias profundidades e tamanhos em outros lugares. Aqui e ali, tornados rasgariam a terra e em certos momentos tufões e furacões correriam pelos oceanos, representando perigos iminentes para os que estiverem em seu caminho. Chuvas refrescantes esverdeariam as pastagens, enquanto as secas em outros lugares deixariam uma terra marrom arrasada.

À primeira vista, todo esse movimento dentro dos sistemas de clima parece caótico e imprevisível. Mas a observação e análise cuidadosa revelam padrões no caos. Mudanças de longo prazo são detectáveis em sinais climáticos. Os climatologistas e meteorologistas podem compreender as forças dinâmicas fluidas, as bolsas de calor e outros fenômenos similares que impulsionam a maior parte do movimento, mesmo quando se voltam para a teoria do caos para enquadrar seu pensamento sobre os detalhes. Eles podem até ganhar algum poder, mas nunca completo, sobre a previsão de curto prazo dos padrões climáticos e a previsão de mudanças de mais longo prazo, como o aquecimento global. Certamente chegaram a um ponto em que o entendimento retrospectivo do que aconteceu é muito convincente.

O geógrafo econômico se depara com problemas análogos de encontrar alguns padrões distintivos e sinais de longo prazo da mudança dentro do caos aparente da atividade social, econômica e política observável. Um mapa sinóptico da atividade econômica da década de 1980, por exemplo, representaria uma série de elevações de construção e agitação em torno da borda do Pacífico de grande parte do Leste e

128 / O enigma do capital

Sudeste Asiático (entre Japão e Hong Kong), bem como ao longo da costa Oeste dos EUA e em toda a Baviera e Toscana. Teria representado a maior parte da América Latina como estagnada, mas propensa a levantes políticos violentos e crises econômicas, além de uma série de profundas depressões atravessando o vale de Ohio e a Pensilvânia, o coração industrial britânico e todo o vale do Ruhr, na Alemanha. A grande diferença com o estudo do tempo e clima, no entanto, é que, enquanto se pode presumir que as leis da dinâmica dos fluidos permanecem constantes ao longo do tempo, as leis da acumulação do capital estão em constante evolução na medida em que o ser humano adapta seus comportamentos às novas circunstâncias.

A arte e a ciência da análise e previsão geográfica continuam lamentavelmente subdesenvolvidas em relação ao, digamos, esforço de compreender o tempo e o clima. As ciências sociais, também, dão muitas vezes as costas coletivamente para o problema da geografia. De modo geral (e há sempre, claro, exceções maravilhosas), os antropólogos preferem ver a confusão do global como algo intratável para justificar um foco exclusivo nas etnografias locais; os sociólogos se concentram em algo chamado comunidade ou, até recentemente, limitavam seus estudos às fronteiras do Estado; e os economistas colocam toda a atividade econômica na cabeça de um alfinete. A complexa geografia do todo, do local ao global, é ignorada ou reduzida a uma versão banal do determinismo geográfico físico do tipo recentemente proposto por Jared Diamond em *Armas, germes e aço*, ou pelo economista Jeffrey Sachs, em *O fim da pobreza**, ou, ainda pior, revive em perigosas (porque às vezes se autossatisfazem) teorias darwinianas de luta entre os estados por dominação geopolítica.

O resultado é uma lacuna duplamente grave. Não entendemos muito bem em que medida, quando, por que e como eventos em determinado lugar afetam as condições em outros lugares. Também não podemos avaliar quão dependente é a reprodução do capitalismo sobre as formas aparentemente caóticas do desenvolvimento geográfico desigual. Como resultado, temos uma ideia ainda menor do que fazer em relação a tudo isso numa crise, apesar de estarmos coletivamente em uma posição que nos permite mudar as leis da reprodução social e da acumulação do capital (esperemos que para melhor) por meio da ação consciente.

Há, então, princípios geográficos aos quais talvez possamos recorrer para entender todo esse caos aparente e seu impacto na reprodução do capitalismo? No que segue exponho algumas ideias de maneira geral.

———————◆———————

O princípio número um é que todos os limites geográficos da acumulação do capital têm de ser ultrapassados. O capital, Marx escreveu nos *Grundrisse*, "tem de se empenhar para derrubar toda barreira local do intercâmbio, *i.e.*, da troca, para con-

---

* São Paulo, Companhia das Letras, 2005. (N. T.)

quistar toda a Terra como seu mercado". Deve também se esforçar perpetuamente para "destruir o espaço por meio do tempo"*. O que isso significa e por que é assim?

Nos primórdios, os comerciantes e vendedores urbanos aprenderam que sua capacidade de sobreviver dentro do poder feudal ou imperial baseado na terra dependia do cultivo de uma forma superior de agir no espaço. O capital mercantil e comercial (junto com o capital bancário nascente) contornou e, finalmente, subverteu a ordem feudal, em grande parte por estratégias espaciais, protegendo certos lugares – as primeiras cidades de negócios – como ilhas de liberdade em rede em um mundo de restrições feudais. Até hoje, a classe capitalista e seus agentes (incluindo uma variedade de diásporas mercantis étnicas) mantêm grande parte de seu poder de dominação por força do comando superior sobre a mobilidade no espaço. Esses mesmos poderes são também fundamentais, como todo general sabe, para a manutenção da superioridade militar. A chamada "corrida do espaço" dos anos 1960 e 1970 entre os EUA e a União Soviética foi talvez a versão mais dramática dessa ambição onipresente nos últimos tempos. Surge assim um imperativo comum no nexo Estado-corporações constituído dentro do capitalismo para financiar as tecnologias e as formas de organização que garantam a contínua predominância no espaço e no movimento espacial para o Estado e o capital. Isso explica, no século XVIII, a competição promovida pela British Royal Society para a construção de um cronômetro que pudesse trabalhar em alto mar e assim identificar locais com precisão. Nos primeiros anos, os mapas eram guardados como segredos de Estado e mantidos sob sete chaves. Agora, é claro, temos satélites, sistemas de GPS e o Google Earth para nos guiar, embora isso não impeça os EUA de comprar todas as imagens de satélite do Afeganistão para proteger seus interesses militares. Naves que sobrevoam o Afeganistão disparam mísseis de uma base no Colorado. As ordens informatizadas de Wall Street são executadas em Londres e recebidas instantaneamente em Zurique e Singapura.

A propensão para a dominação do espaço é muito mais profunda do que a mera racionalidade econômica. A psicologia disso tudo claramente importa. A crença-fetiche na capacidade humana de transcender as correntes que nos mantêm amarrados ao planeta Terra há muito tempo surgiu como uma linha central do desejo utópico burguês. "Ó deuses! Aniquilem o espaço e o tempo / E façam dois amantes felizes", dizia o dístico do século XVIII, do poeta Alexander Pope. O grande filósofo racionalista René Descartes fundamentou sua pesquisa do mundo na crença de que a natureza poderia ser dominada pelo homem. O *Fausto***, de Johann Goethe, fez um pacto com o diabo para ganhar onipotência sobre o planeta Terra. O romancista Honoré de Balzac – sempre uma fonte reveladora no que se refere aos

---

* Karl Marx, *Grundrisse*, cit., p. 445. (N. E.)
** São Paulo, Editora 34, 2004. (N. E.)

desejos-fetiche das classes altas – imaginava-se "andando por todo o mundo, tomando dele tudo o que quisesse [...]. Possuo o mundo sem esforço, e o mundo não tem a mínima influência sobre mim. [...] Estou aqui e tenho o poder de estar em outro lugar! Não sou dependente nem do tempo nem do espaço nem da distância. O mundo é meu servo".

A conquista do espaço e do tempo e o domínio do mundo (tanto da "mãe terra" quanto do mercado mundial) aparecem em muitas fantasias capitalistas como exageradas, mas sublimes expressões masculinas do desejo sexual e da crença carismática milenar. É essa convicção-fetiche que impele os sempre crescentes "espíritos animais" dos financistas? É por isso que muitos financistas e magos dos fundos de cobertura são homens? É assim que as pessoas sentem quando detonam toda a moeda da Nova Zelândia de uma só vez? Que incrível o poder de andar sobre o mundo e fazê-lo curvar-se à sua vontade!

Marx e Engels definiram as consequências seculares disso em seu *Manifesto Comunista* de 1848, de modo a ser prontamente entendido por cada trabalhador que tenha experimentado a desindustrialização ao longo dos últimos quarenta anos:

> As velhas indústrias nacionais foram destruídas ou continuam a ser destruídas diariamente. São suplantadas por novas indústrias, cuja introdução se torna uma questão vital para todas as nações civilizadas – indústrias que já não empregam matérias-primas nacionais, mas sim matérias-primas vindas das regiões mais distantes, e cujos produtos se consomem não somente o próprio país mas em todas as partes do mundo. Ao invés das antigas necessidades, satisfeitas pelos produtos nacionais, surgem novas demandas, que reclamam para sua satisfação os produtos das regiões mais longínquas e de climas os mais diversos. No lugar do antigo isolamento de regiões e nações autossuficientes, desenvolvem-se um intercâmbio universal e uma universal interdependência das nações.*

Aquilo que hoje chamamos "globalização" esteve na mira da classe capitalista o tempo todo.

Se o desejo de conquistar o espaço e a natureza é uma manifestação de algum anseio humano universal ou um produto específico das paixões da classe capitalista jamais saberemos. O que pode ser dito com certeza é que a conquista do espaço e do tempo, assim como a busca incessante para dominar a natureza, há muito tempo tem um papel central na psique coletiva das sociedades capitalistas. Apesar de todos os tipos de críticas, acusações, repulsas e movimentos políticos de oposição, e apesar das consequências involuntárias maciças na relação com a natureza que são cada vez mais perceptíveis, ainda prevalece a crença de que a conquista do espaço e do tempo, bem como da natureza (incluindo até mesmo a natureza humana), está de algum modo a nosso alcance. O resultado tem sido uma tendência ine-

---

* Karl Marx e Friedrich Engels, *Manifesto Comunista*, cit., p. 43. (N. T.)

xorável do mundo do capital de produzir o que chamo de "compressão do tempo--espaço" – um mundo no qual o capital se move cada vez mais rápido e onde as distâncias de interação são compactadas.

Existe uma forma mais prosaica de olhar para isso. As leis coercitivas da concorrência (muitas vezes rebatidas) impelem as empresas e os Estados a buscar vantagens conferidas pelo comando superior do espaço e do tempo, bem como os avanços tecnológicos. A superioridade em qualquer um desses aspectos traz benefícios econômicos, políticos e militares claros. A crença-fetiche, em seguida, assume que existe uma correção tecnológica ou espaço-temporal para todos os problemas com os quais o capital se depara. Dificuldades na absorção do excedente de capital? Ou: invente uma nova tecnologia e linha de produtos. Ou: expanda geograficamente e encontre um mercado em outro lugar, por dominação colonial ou neocolonial, se necessário (é o que o capital britânico fez com a Índia depois de mais ou menos 1850). E se não houver mercados externos acessíveis? Então, exporte capital para criar um novo centro de produção no exterior, onde a aceleração da produção (como na China contemporânea) em vez da do "consumo individual" (como nos Estados Unidos tomados por dívida) crie a demanda para enxugar o excedente de capital.

Quando essas duas crenças-fetiche nas soluções tecnológicas e espaço-temporais colidem, alimentam-se em frenesis de inovação tecnológica concebidos para contornar todos os limites temporais e espaciais da circulação de capital. Quantas das muitas inovações tecnológicas ao longo da história do capitalismo foram para reduzir as fricções da distância ou acelerar a circulação de capital? A lista é interminável. Onde estaríamos sem os canais, ferrovias, navios a vapor, automóveis, estradas, transportes aéreos, telégrafos, rádios, telefones, comunicações eletrônicas, e assim por diante? A negociação informatizada em centros financeiros ligados por fluxos de informação quase instantâneos agora gira 600 trilhões de dólares em derivativos no mundo em milissegundos. Até os porcos têm duas vezes mais ninhadas do que estavam acostumados em um ano (não admira que contraiam a gripe).

O segundo conjunto de princípios emerge do simples fato de a circulação do capital não ocorrer na cabeça de um alfinete. A produção implica uma concentração geográfica de dinheiro, meios de produção e força de trabalho (em grande parte contida em mercados de trabalho localizados). Esses elementos são reunidos em um lugar específico, onde uma nova mercadoria é produzida. São então enviados para fora, para mercados nos quais serão vendidos e consumidos. A proximidade dos meios de produção (incluindo os recursos naturais), da força de trabalho e dos mercados de consumo reduz custos e aumenta o lucro em locais privilegiados.

Mas onde a acumulação de capital poderia começar? A resposta: onde e quando alguém tiver algum dinheiro e decidir usá-lo para ganhar mais dinheiro, exploran-

132 / O enigma do capital

do o trabalho assalariado. Mas em que condições os indivíduos podem começar e, mais importante ainda, manter o ganho de dinheiro ao longo do tempo? Obviamente, uma economia monetária já tem de existir (junto com um mercado de troca), e o dinheiro já tem de ser uma forma importante de poder social. Além disso, o trabalho assalariado já deve estar em vigor ou pelo menos acessível pela expulsão de pessoas de suas terras ou pela atração delas para o mercado de trabalho por algum outro meio. Para que isso aconteça, barreiras sociais e políticas para a acumulação de capital individual devem ser superadas. Quando o líder chinês Deng Xiaoping disse que ganhar dinheiro e ficar rico era bom, deixou o gênio capitalista sair da garrafa em todos os graus na China – com resultados surpreendentes. Mas um mero pronunciamento e o afrouxamento das limitações administrativas não garantem o sucesso. O sucesso pode ser avaliado somente após as leis coercitivas da competição terem determinado que tal iniciativa foi bem-sucedida em algum lugar.

Esse ponto é crucial. As leis de acumulação do capital operam após o fato e não antes. Costuma-se dizer que Marx considerou que tudo é economicamente determinado e economicamente racionalizado em antecipação. Não há, diz-se que ele afirmou, espaço para a iniciativa e agência do indivíduo. Nada poderia estar mais longe da verdade. É precisamente o gênio do capitalismo que se baseia nos instintos, empreendedorismo e, por vezes, ideias malucas (os "espíritos animais" invocados tanto por Marx quanto por Keynes) dos empresários individuais que operam em lugares e momentos específicos. É só quando há um pouco de liberdade, tolerada ou estimulada, que o capitalismo inerentemente especulativo pode se desenvolver e ir para a frente. O capitalismo está fundado, tanto em termos de ideologias dominantes quanto nas práticas necessárias, sobre as liberdades individuais e as liberdades de participar de atividades especulativas para fazer dinheiro. Marx compreendeu e deu conta disso muito bem.

O aparente caos da diferenciação geográfica, podemos concluir, é uma condição necessária para a acumulação do capital começar. Foi, afinal, em pequenas aldeias e vilas, com nomes como Manchester e Birmingham, onde os controles sociais e políticos eram falhos, e não nos grandes centros urbanos, como Norwich e Bristol, onde os controles políticos corporativistas prevaleceram, que a revolução industrial começou na Inglaterra. E foi em pequenas feitorias, com nomes como Chicago, nos Estados Unidos, onde continuou.

As chamadas leis da acumulação do capital operam após o fato e não antes. Foi, por exemplo, um determinado conjunto de circunstâncias que levou um homem chamado William Morris a começar a construir carros (em vez de consertar bicicletas) no improvável Leste de Oxford, na Inglaterra. O mesmo ocorreu com Henry Ford em Detroit. Mas em ambos os casos as circunstâncias iniciais – o acesso a matérias-primas, os salários para os trabalhadores, os mercados – foram bons o suficiente para terem sucesso. O sucesso inicial levou à construção de mais infraestruturas locais de apoio (sociais e físicas) que fizeram os locais escolhidos ainda mais adequados para a produção de automóveis. As empresas bem-sucedidas muitas vezes desenvolvem um cinturão de infraestrutura ao seu redor (incluindo outras empresas) que as torna ainda mais rentáveis. Somente agora, após quase um século, vemos a racionalização da concorrência e das crises empurrar a produção de carros nesses locais, até agora bem-sucedida, quer para a beira de eliminação, quer para uma fase de reestruturação radical.

É pelas leis coercitivas da competição e pelas crises que a racionalização "depois do fato" e a reestruturação geográfica da acumulação de capital ocorrem. É por isso que a concorrência e as crises são tão fundamentais para a trajetória evolutiva do capitalismo. Mas isso também explica porque o capitalismo floresce melhor em um mundo geográfico de imensa diversidade de atributos físicos e condições sociais e culturais. Uma vez que não se pode nunca saber antecipadamente se uma empresa com fins lucrativos pode ter sucesso aqui e não lá, então sondar as possibilidades em todos os lugares e descobrir o que funciona se torna fundamental para a reprodução do capitalismo. Os fracassos, dos quais raramente ouvimos falar na linha triunfalista da geografia econômica histórica à qual temos acesso, são muito mais numerosos do que as histórias de sucesso. Quem teria sabido que as atividades de tecnologia da informação se tornariam um sucesso em Bangalore, na Índia? Por que a tentativa de Henry Ford de construir uma nova comunidade de plantação de borracha na Amazônia nos anos entre-guerras fracassou tão miseravelmente? A diversidade geográfica é uma condição necessária, e não uma barreira, para a reprodução do capital. Se a diversidade geográfica não existe, então tem de ser criada.

A necessidade de assegurar a continuidade dos fluxos geográficos do dinheiro, bens e pessoas exige que toda essa diversidade esteja entrelaçada por meio de transportes eficientes e sistemas de comunicação. A geografia resultante da produção e do consumo é profundamente sensível ao tempo e custo de atravessar o espaço. Esses tempos e custos foram muito reduzidos pelas inovações tecnológicas e organizacionais, além da queda nos custos de energia. Os problemas de distância têm um papel cada vez menor na limitação da mobilidade geográfica do capitalismo. Isso não significa, porém, que as diferenças geográficas não importam mais. Precisamente o contrário: o capital altamente móvel presta muita atenção até mesmo nas pequenas diferenças nos custos locais porque geram lucros mais elevados.

--- ◆ ---

O fato de os capitalistas serem atraídos e sobreviverem melhor em locais de lucro máximo muitas vezes leva à concentração de muitas atividades em lugares particulares. A fábrica de algodão de fiação se beneficia em ter a oficina de máquinas e ferramentas, o produtor da tintura química e o fabricante de camisas nas proximidades. "Economias externas" (benefícios econômicos que um capitalista recebe ao estar perto de outro) produzem aglomerações geográficas das atividades capitalistas. O notável economista do século XIX Alfred Marshall chamou o conglomerado de muitas empresas de "distritos de produção industrial". Trata-se de uma característica familiar no mundo geográfico que o capitalismo constrói. Serviços legais, financeiros, de transporte, de infraestruturas e de comunicações coletivos, juntamente com o acesso a um conjunto de trabalhadores comum e o apoio da administração civil, podem também fornecer custos mais baixos para todos os capitalistas em uma dada localidade, até o ponto em que os custos de congestionamento se elevam e superam os benefícios. Nos estágios iniciais do capitalismo, a ascensão da cidade industrial simbolizou tais economias de aglomeração em ação. Recentemente muito tem sido feito da ascensão dos distritos industriais de produção "marshallianos", como o Vale do Silício ou a "Terceira Itália", centrada em torno de Bolonha, onde muitas pequenas empresas se juntaram para partilhar economias de produção e comercialização. No mundo financeiro de hoje, o perfil típico dos grandes centros como a City de Londres e a Wall Street reúne serviços de direito, contabilidade, consultoria fiscal, informações, mídia e outras atividades ao lado das principais funções financeiras.

Muito cedo, as empresas capitalistas também se fundamentaram em uma vasta rede de ligações de mercado espacialmente distintas. Mercadorias como a lã, o algodão, as especiarias exóticas, a madeira e o couro, muitas vezes vinham de longe e, enquanto a maioria dos bens de sobrevivência que sustentava a vida cotidiana dos trabalhadores veio de perto no passado, o sal, os temperos, o açúcar, o chá, o café, o cacau, o vinho, as resinas, o bacalhau seco, bem como o trigo, o arroz, o centeio e a cevada eram frequentemente negociados por longas distâncias graças às atividades dos comerciantes. Em alguns casos, as redes comerciais foram formalizadas, como aconteceu cedo, com a Liga Hanseática. Casas de negócios e comerciantes de várias cidades formaram uma rede solidária que ia do Báltico à Península Ibérica a partir do século XIII. Paralelamente, cresceram redes internacionais de casas de financiamento, os banqueiros de Augsburg e Nuremberg no século XVI ou, mais tarde, no século XIX, as grandes casas, como os Rothschilds, com seus diferentes ramos familiares, em Viena, Paris, Madri, Londres e Berlim. Hoje, a Goldman Sachs e o HSBC ("o banco local do mundo") têm escritórios em todo o globo. Em outros casos, as redes comerciais foram desenvolvidas, como nos primórdios da China, a partir de uma estrutura de mercados periódicos cuidadosamente monitorada por fiscais e outros agentes do poder imperial. As mercadorias sempre viajaram imensas distâncias (embora lentamente), por exemplo ao longo da lendária "estrada da seda" da China para o Ocidente. As diásporas étnicas de empresas continuam a fazer o mesmo. (Basta ir a uma Chinatown em qualquer cidade do mundo para entender esse fenômeno.)

Os tentáculos das redes comerciais se interligaram e esticaram para dentro e para fora, e se infiltraram em todos os lugares. A lã de regiões remotas do Tibete encontra seu caminho no mercado indiano do mesmo modo que as ervas medicinais e as partes de animais que vêm da Mongólia e da China ocidental são reunidas em Hong Kong antes de serem distribuídas por todo o mercado do Sudeste da Ásia. Comerciantes de rua no Norte da África ou em Kerala tornam-se canais para os fluxos de remessas que provêm dos Estados do Golfo. A criação dessas redes, o conhecimento das rotas, passagens e caminhos, seu mapeamento compulsivo e o conhecimento dos tipos de mercadorias que poderiam ser negociados se tornaram uma das principais contribuições do capital mercantil e comercial. Sem isso, o capitalismo tal qual o conhecemos hoje não poderia ter surgido. E até hoje isso é o que os mercadores e comerciantes fazem com cada vez mais sofisticação. Eles se esforçam e descobrem os caminhos para os mercados nos quais se dá a absorção do excedente de capital que, sem eles, poderiam permanecer ocultos.

A competição força os capitalistas individuais e as corporações a buscarem lugares melhores para produzir, assim como os força a buscar tecnologias superiores. Na medida em que novos locais com menores custos tornam-se disponíveis, os capitalistas sob a mira da concorrência têm de responder mudando-se, se puderem. Os produtores de Ohio se movem para o delta do Rio das Pérolas, os da Califórnia, para as fábricas maquiladoras de Tijuana, os de Lancashire, para a Turquia, por exemplo.

Mas a concorrência por lugares superiores é um tipo peculiar de competição. As empresas podem adotar tecnologias idênticas, mas não podem ocupar lugares idênticos. A competição espacial entre as empresas, como Adam Smith observou há muito tempo, é uma forma de concorrência monopolística. Seria ridículo se houvesse doze ferrovias concorrentes de Londres para Glasgow. Pelo mesmo raciocínio, a presença de doze supermercados na mesma rua não faz sentido economicamente. Uma linha de trem de Londres para Glasgow e supermercados espalhados ao longo de uma metrópole fazem sentido. Por outro lado, colocar todos os comerciantes de diamantes ou antiquários juntos no mesmo quarteirão (ou na mesma rua, como em Nova York) faz sentido por causa das economias mútuas de aglomeração: em busca de um velho relógio de ouro, é bom ter várias lojas próximas para poder vasculhar bem.

O elemento de monopólio na competição espacial tem consequências de grande alcance numa economia baseada no mercado. Quando os custos de transporte são altos, por exemplo, muitos produtores nos mercados locais são protegidos da concorrência externa. Eles se tornam, na verdade, monopólios locais. Quando os custos de transporte caem, esse monopólio localizado pode se enfraquecer. A cerveja que costumava ser fabricada e vendida apenas em mercados locais tornou-se um item importante no comércio internacional após os custos de transporte caírem drasticamente a partir de meados dos anos 1960. Mesmo a água engarrafada agora viaja de Fiji e Evian, França, a Nova York! Isso teria parecido uma ideia ridícula há cinquenta anos (e em muitos aspectos ainda é ridícula, quando você pensa nisso. Em Nova York a água da torneira é tão boa quanto a de fora).

Mas há outras maneiras de proteger o poder de monopólio espacial, alegando que não há lugar mais apropriado para a produção de determinado produto. O vinho dessa região, ou desse pedaço de terra – "*terroir*", como dizem os franceses –, é supostamente especial em virtude das circunstâncias únicas em que as uvas são cultivadas. Há alegações das vantagens da água de Evian ou de Fiji, por mais que nenhuma análise química ou teste de sabor possa realmente identificar algo de especial. O monopólio dado pela singularidade da localização é tão poderoso como qualquer outro tipo de marca no mercado, e os produtores vão se mobilizar para protegê-lo. (Tente produzir queijo Roquefort em Wisconsin e veja o que acontece; a União Europeia diz que não se pode usar a palavra champagne para outra coisa a não ser o vinho espumante produzido em uma região particular da França.) O comércio de cerveja pode ser internacional, mas cervejas locais são especiais em todos os lugares. A concorrência pelo poder de monopólio dado pela localização privilegiada sempre foi e continua a ser um aspecto importante da dinâmica do capitalismo.

A paisagem geográfica é igualmente moldada por uma perpétua tensão entre as economias de centralização, de um lado, e os lucros potencialmente maiores que vêm da descentralização e da dispersão, por outro lado. O modo de funcionamento dessa tensão depende das barreiras impostas à circulação espacial, à intensidade das economias de aglomeração e das divisões do trabalho. As instituições financeiras podem ter sua sede em Wall Street, seus escritórios de segundo nível em Nova Jersey ou Connecticut e algumas funções de rotina em Bangalore. Com a diminuição dos custos dos transportes e das comunicações, locais anteriormente ideais se tornam inferiores. Fábricas outrora vibrantes e lucrativas, as siderúrgicas, as padarias e as cervejarias fecham as portas. O capital fixo embutido nelas se desvaloriza, e crises localizadas turvam a vida de todos que habitam tais locais, agora órfãos. Sheffield perdeu cerca de 60 mil postos de trabalho na siderurgia em cerca de quatro anos na década de 1980. A enorme siderúrgica Bethlehem, na Pensilvânia, é agora uma concha vazia e silenciosa na cidade que antes dominava, e pouco a pouco está sendo convertida em um cassino estridente. Enquanto isso, fábricas, moinhos, padarias e cervejarias abrem as portas em outro lugar. Todo o padrão geográfico de produção, emprego e consumo está em movimento perpétuo.

Crises geograficamente localizadas têm sido endêmicas na história do capitalismo. Esgota-se o minério, a mina fecha e uma cidade fantasma é deixada para trás. A fábrica local vai à falência por alguma razão e quase todos ficam desempregados. Tais crises localizadas podem desencadear uma espiral fora de controle e criar crises globais da ordem geográfica e econômica? Sim, podem. É exatamente o que aconteceu quando uma série de crises imobiliárias altamente localizadas em 2006, especialmente na Flórida e no Sudoeste dos EUA, tornou-se global de 2007 a 2009. Para aqueles que continuam a viver em locais desvalorizados, os custos sociais são muitas vezes incalculáveis e a miséria é extrema.

Considere-se, então, um exemplo mais amplo de como tudo isso funciona. A produção do espaço em geral e da urbanização em particular tornou-se um grande negócio no capitalismo. É um dos principais meios de absorver o excesso de capital. Uma proporção significativa da força de trabalho total global é empregada na construção e manutenção do ambiente edificado. Grandes quantidades de capitais associados, geralmente mobilizados sob a forma de empréstimos a longo prazo, são postos em movimento no processo de desenvolvimento urbano. Esses investimentos, muitas vezes alimentados pelo endividamento, tornaram-se o epicentro de formação de crises. As conexões entre a urbanização, a acumulação do capital e a formação de crises merecem análise cuidadosa.

Desde seus primórdios as cidades dependeram da disponibilidade de alimentos e trabalho excedentes. Tais excedentes foram mobilizados e extraídos de algum lugar e de alguém (geralmente de uma população rural explorada ou de servos e escravos). O controle sobre o uso e a distribuição do excedente normalmente era mantido em poucas mãos (uma oligarquia religiosa ou um líder militar carismático). Urbanização e formação de classe, portanto, sempre andaram juntas. A relação geral persiste no capitalismo, mas há uma dinâmica diferente. O capitalismo é uma sociedade de classe que se destina à produção perpétua de excedentes. Isso significa que está sempre produzindo as condições necessárias para a urbanização ocorrer. Na medida em que a absorção dos excedentes de capital e o crescimento das populações são um problema, a urbanização oferece uma maneira crucial para absorver as duas coisas. Daí surge uma conexão interna entre a produção de excedente, o crescimento populacional e a urbanização.

A história específica disso, no capitalismo, é interessante. Considere-se, em primeiro lugar, o que aconteceu em Paris, durante o chamado Segundo Império, que durou de 1852 a 1870. A ampla crise econômica europeia de 1848 foi uma das primeiras crises claras da existência lado a lado de excedente de capital inutilizado e mão de obra excedente, sem aparentemente nenhuma maneira de colocá-los juntos novamente. Atingiu principalmente Paris e o resultado foi uma revolução abortada por parte dos trabalhadores desempregados e dos burgueses utópicos que viam numa república social o antídoto para a ganância capitalista e a desigualdade que prevaleceram nos anos 1830 e 1840. A burguesia republicana esmagou violentamente a revolução, mas não conseguiu resolver a crise. O resultado foi a subida ao poder de Luís Napoleão Bonaparte, que organizou um golpe em 1851 e proclamou-se imperador Napoleão III, em 1852. Para sobreviver politicamente, o imperador autoritário recorreu à repressão política generalizada de movimentos políticos alternativos, mas também sabia que tinha de encontrar meios para absorver o excedente de capital rentável. Anunciou um vasto programa de investimento em infraestrutura tanto na França quanto no estrangeiro. No exterior, isso significou a construção de estradas de ferro em toda a Europa e no Oriente, bem como o apoio a obras grandiosas, como o Canal de Suez. Em casa, isso significou a consolidação da rede ferroviária, a construção de portos, o desenvolvimento do saneamento e assim por diante. Mas, acima de tudo, isso implicou a reconfiguração da infraestrutura urbana de Paris. Bonaparte trouxe o Barão Haussmann para Paris, para assumir o controle das obras públicas em 1853.

Haussmann entendeu claramente que sua missão era ajudar a resolver o problema do capital e mão de obra excedentes por meio de urbanização. A reconstrução de Paris absorveu enormes quantidades de trabalho e de capital para os padrões da época e, juntamente com o autoritarismo, acabou com as aspirações dos trabalhadores de Paris e foi um importante veículo de estabilização social. Haussmann se baseou nos planos utópicos desenvolvidos pelos fourieristas e saint-simonianos para a remodelação de Paris, que havia sido debatida na década de 1840, mas com uma grande diferença. Ele transformou a escala com a qual o processo urbano fora imaginado. Pensou na cidade em uma escala maior, anexou os subúrbios, redesenhou bairros inteiros (como a produção do mercado de Les Halles tão brilhantemente descrita por Zola no livro *O ventre de Paris**, de 1873) em vez de mudar apenas trechos do tecido urbano. Ele mudou a cidade em atacado, e não, no varejo. Ele pôde fazê-lo em parte por causa das novas tecnologias (construção de ferro e vidro, iluminação a gás e outros) e novas formas de organização (empresas de ônibus e lojas de departamento). Mas também necessitou de novas instituições financeiras e instrumentos de dívida (o Crédit Mobilier e Immobilier). Ele ajudou a resolver o problema do excesso de capital pondo em vigor um sistema de estilo keynesiano de financiar a dívida com melhorias de infraestrutura urbana.

Tudo isso implicou a coevolução de um novo modo de vida urbana e um novo tipo de personagem urbano. Paris se tornou "a cidade da luz", o grande centro de turismo, consumo e prazer. Os cafés, as lojas de departamento (também brilhantemente descritas em outro romance de Zola, *O paraíso das damas*** de 1883), a indústria da moda, as grandes exposições, a ópera e os espetáculos da vida na corte tiveram seu papel na criação de novas oportunidades de lucro pelo consumismo. Mas o sistema de crédito sobrecarregado e cada vez mais especulativo e financeiro culminou na crise financeira de 1868. Haussmann foi expulso do poder, em desespero Napoleão III foi para a guerra contra a Alemanha de Bismarck e perdeu, e no vácuo que se seguiu surgiu a Comuna de Paris, um dos maiores episódios revolucionários da história urbana capitalista.

---

* Porto, Civilização, 1980. (N. E.)
** São Paulo, Estação Liberdade, 2008. (N. E.)

Pulemos agora até 1942, nos Estados Unidos. Aqui o problema do excedente de capital que parecia sem solução nos anos 1930 (e do consequente desemprego) foi resolvido temporariamente pela grande mobilização para o esforço de guerra. Mas o que ia acontecer depois da guerra? Politicamente, a situação era perigosa. O governo federal estava administrando de fato uma economia nacionalizada (e fazendo-o de forma muito eficiente). Os EUA estavam numa aliança com os comunistas da União Soviética na guerra contra o fascismo. Movimentos sociais fortes com inclinações socialistas surgiram durante os anos 1930 e simpatizantes da esquerda foram integrados no esforço de guerra (o filósofo marxista Herbert Marcuse trabalhou na organização do que mais tarde se tornou a CIA). O questionamento popular da legitimidade e da eficácia do capitalismo corporativo era corrente. Uma boa dose de repressão política da esquerda foi, portanto, iniciada pelas classes dominantes da época para manter seu poder. O macarthismo, a caça às bruxas contra os "vermelhos debaixo da cama", sinais do que já estava em evidência em 1942 nas audiências do Comitê de Atividades Não Estadunidenses, no Congresso dos EUA, forneceu os meios para lidar com todas as formas de oposição anticapitalista depois de mais ou menos 1950. Mas o que se fez do problema do excedente de capital?

A resposta foi simbolizada por Robert Moses, que, após a Segunda Guerra Mundial, fez na região metropolitana de Nova York o que Haussmann fez em Paris. Moses mudou a escala do pensamento sobre a urbanização, pensando a região metropolitana e não só a própria cidade. Por meio de um sistema de rodovias financiado pelo endividamento e por transformações de infraestrutura, com a suburbanização e uma total reengenharia (utilizando novas tecnologias de construção surgidas durante a guerra) não só da cidade, mas de toda a região metropolitana, ele definiu uma forma de absorver os excedentes de capital e mão de obra rentáveis. Esse processo de suburbanização, que se expandiu geograficamente por todo o país com o desenvolvimento capitalista no Sul e Oeste, desempenhou um papel crucial na estabilização não só da economia dos EUA, mas também do capitalismo global centrado nos EUA depois da guerra. Para onde teria ido o excesso de capital se não fosse para a confecção da região metropolitana de Nova York, Chicago, Los Angeles e outros locais da mesma importância depois de 1945?

Para que tudo isso acontecesse foram necessárias uma revolução em termos financeiros e administrativos e uma volta ao financiamento da dívida apoiado por um aumento da capacidade dos trabalhadores de pagar pelo modo de vida suburbano. O pacto entre o capital e a mão de obra, após a Segunda Guerra Mundial, em que um segmento privilegiado do trabalhado compartilhou dos benefícios dos ganhos de produtividade, ajudou a lidar com o problema da demanda efetiva. As revoluções nas instituições financeiras, que começaram nos anos 1930 (em especial as destinadas a facilitar o financiamento de hipotecas para a habitação), quando acompanhadas de subsídios fiscais para a casa própria, uma generosa lei, a GI Bill, que apoiou a casa própria e a educação universitária para os regressos do exército, foram as bases da suburbanização dos EUA.

A suburbanização dos Estados Unidos não foi apenas uma questão de novas infraestruturas. Tal como aconteceu na Paris do Segundo Império, que implicou uma transformação radical no estilo de vida, surgiu aí também um novo modo de vida baseado na rodovia e no automóvel. Fundamentou-se na produção e comercialização de novos produtos, de casas suburbanas e centros comerciais a geladeiras, ares-condicionados, televisores e telefones. Isso significou dois carros na garagem e um *boom* das indústrias de borracha, petróleo e aço. Até mesmo a demanda por cortadores de grama cresceu! Afinal, aqueles gramados tinham de ser mantidos limpos. A suburbanização (ao lado da militarização), portanto, desempenhou um papel crítico na ajuda para absorver os excedentes de capital e mão de obra no pós-guerra nos Estados Unidos. A propagação de gostos semelhantes e tecnologias – a cultura do automóvel, em particular – ajudou a espalhar esses processos para o mundo todo.

Mas isso se fez com um custo. Foi-se perdulário no uso da terra e energia. Baseou-se em uma grande mudança na relação com a natureza. Nos Estados Unidos, levou a uma dependência total das fontes de petróleo estrangeiras e ao envolvimento perpétuo na política do petróleo do Oriente Médio. A rápida suburbanização também levou ao esvaziamento dos centros das cidades, deixando-os desprovidos de uma base econômica sustentável. A solução suburbana para a Grande Depressão produziu a chamada "crise urbana" dos anos 1960, marcada por revoltas das minorias afetadas nas cidades do interior (principalmente afro-americanos), às quais fora negado o acesso aos subúrbios e à prosperidade.

Mas nem tudo era bom nos subúrbios. O novo estilo de vida teve todos os tipos de consequências sociais e políticas. O individualismo, a defesa dos valores de propriedade, a vida cotidiana sem alma tornaram-se alvo de crítica. Tradicionalistas cada vez mais se reuniram em torno da urbanista Jane Jacobs, que tinha uma ideia muito distinta sobre o que constituía uma forma gratificante de vida cotidiana na cidade. Eles buscaram combater a crescente suburbanização e o modernismo brutal dos projetos de grande escala de Moses com um tipo de estética urbana diferente, com ênfase no desenvolvimento da vizinhança local, da preservação histórica e, finalmente, da recuperação e gentrificação de áreas mais antigas. As feministas proclamaram o subúrbio e seu estilo de vida como o *locus* de todas as suas insatisfações primárias. Tal como aconteceu com Haussmann, uma crise começou a se alastrar e a urbanização no estilo de Moses (assim como o próprio Moses) caiu em desgraça no fim da década de 1960. E da mesma forma que a Haussmanização de Paris teve um papel na dinâmica da Comuna de Paris, a vida suburbana sem alma desempenhou um papel importante nos movimentos de 1968, nos EUA.

Estudantes brancos da classe média suburbana ficaram descontentes e entraram em uma fase de revolta. Em Santa Barbara, na Califórnia, enterraram um Chevy na areia e incendiaram um edifício do Bank of America para simbolizar seu repúdio. Buscaram aliar-se com outros grupos marginalizados, mobilizaram-se contra o imperialismo dos EUA (a Guerra do Vietnã) e o consumismo suburbano, ambientalmente não sustentável (o primeiro Dia da Terra foi em 1970). Eles iniciaram um poderoso, embora incipiente, movimento para construir outro tipo de mundo, incluindo um tipo diferente de experiência urbana e uma relação diferente com a natureza.

Para acentuar mais tudo isso, uma crise financeira centrada nos EUA, mas global em seu alcance, começou a se desenrolar no nexo Estado-finanças, que tinha alimentado a suburbanização e apoiado o desenvolvimento internacional durante todo o período pós-guerra. A crise ganhou força no fim da década de 1960. A solução se tornara o problema. O acordo de Bretton Woods de 1944 começou a colidir. O dólar dos EUA estava sob crescente pressão internacional por causa do endividamento excessivo. Então, todo o sistema capitalista caiu em uma profunda recessão, liderada pelo estouro da bolha do mercado imobiliário global em 1973. Os dias tenebrosos da década de 1970 pairavam sobre nós, com todas as consequências descritas anteriormente.

A peculiaridade, no entanto, foi o fato de a crise fiscal da cidade de Nova York, em 1975, ser o centro da tormenta. Com um dos maiores orçamentos públicos naquele momento no mundo capitalista, Nova York, cercada por subúrbios ricos em expansão, quebrou. A solução local, orquestrada por uma aliança entre os poderes do Estado e as instituições financeiras, foi pioneira na virada ideológica e política neoliberal, que veio a ser implementada em todo o mundo na luta para perpetuar e consolidar o poder da classe capitalista. A receita era simples: esmagar o poder da classe trabalhadora, dar início ao arrocho salarial, deixando o mercado fazer seu trabalho e, ao mesmo tempo, colocando o poder do Estado a serviço do capital, em geral, e do investimento financeiro, em particular. Esta foi a solução da década de 1970 que está na raiz da crise de 2008 a 2009.

Após a década de 1970, a urbanização sofreu mais uma transformação de escala. Tornou-se global. A urbanização da China nos últimos vinte anos tem sido extremamente importante. Acelerou depois de uma breve recessão em 1997, de tal forma que desde 2000 a China absorveu quase metade da oferta mundial de cimento. Mais de cem cidades passaram a marca de 1 milhão de habitantes nos últimos vinte anos e pequenas aldeias, como Shenzhen, tornaram-se grandes metrópoles com 6 a 10 milhões de pessoas. A industrialização, a princípio concentrada nas zonas econômicas especiais, rapidamente se difundiu para qualquer município disposto a absorver o excedente de capital do exterior e reinvestir os lucros numa rápida expansão. Vastos projetos de infraestrutura, como barragens e estradas – mais uma vez, tudo financiado pela dívida –, transformaram a paisagem. Vastos centros comerciais, parques científicos, aeroportos, portos de contêineres, casas de entretenimento de todos os tipos e toda a gama de recém-cunhadas instituições culturais, juntamente com os condomínios fechados e campos de golfe, espalharam-se pela paisagem chinesa em meio a bairros dormitórios superlotados destinados à reserva de mão de obra maciça que era mobilizada nas regiões rurais pobres.

As consequências desse processo de urbanização para a economia global a absorção do excedente de capital foram enormes: o Chile cresceu devido à demanda por cobre, a Austrália prosperou e até mesmo o Brasil e a Argentina se recuperaram em parte por causa da força da demanda da China por matérias-primas. O comércio bilateral entre a China e a América Latina aumentou dez vezes entre 2000 e 2009. A urbanização da China é a fonte primária da estabilização do capitalismo mundial? A resposta tem de ser um sim parcial. Mas é também o caso que o desenvolvimento imobiliário tem sido crucial para a formação de classes na China. Por lá, imensas fortunas pessoais foram feitas num curto espaço de tempo. Uma empresa fundada em meados da década de 1990 para produzir unidades de habitação popular em áreas verdes na região do delta do Rio das Pérolas se capitalizou (com a ajuda do JP Morgan) na Bolsa de Hong Kong em 2007 e chegou a um patrimônio líquido de 27 bilhões de dólares. A filha da pessoa que lançou a empresa detém 60% das ações e, portanto, controla cerca de 16 bilhões de dólares, o que a coloca lá em cima com Warren Buffett e Bill Gates na lista das pessoas mais ricas do mundo.

Mas a China é apenas o epicentro de um processo de urbanização que agora se tornou global, ajudado pela integração mundial dos mercados financeiros. Projetos de urbanização, financiados por dívidas, existem por toda parte, de Dubai a São Paulo, passando por Mumbai, Madri, Hong Kong e Londres. O banco central chinês atua no mercado secundário de hipotecas nos EUA (com grandes investimentos de Fannie Mae e Freddie Mac, o que explica porque, quando os EUA tiveram de nacionalizar essas instituições, protegeram os detentores de títulos, por conta da forte presença chinesa nesse mercado). O Goldman Sachs tem estado fortemente envolvido na afluência do mercado imobiliário em Mumbai, e o capital de Hong Kong tem investido em Baltimore. Cada área urbana do mundo teve seu *boom* na construção em meio a uma enxurrada de imigrantes pobres que, simultaneamente, criaram um planeta favela.

Booms na construção têm sido evidentes na Cidade do México, Santiago do Chile, Mumbai, Joanesburgo, Seul, Taipei, Moscou e em toda Europa (Espanha e Irlanda são os casos mais dramáticos), bem como nas cidades dos países capitalistas centrais, como Londres, Los Angeles, San Diego e Nova York (onde nunca houve tantos grandes projetos urbanos quanto sob a administração do bilionário Michael Bloomberg). Projetos de urbanização surpreendentes, espetaculares e, em alguns

A geografia disso tudo / 143

aspectos, absurdos surgiram no Oriente Médio em lugares como Dubai e Abu Dhabi, como uma maneira de limpá-las dos excedentes de capital decorrentes da riqueza do petróleo das formas mais conspícuas possíveis (como uma pista de esqui interna em pleno deserto). Muitas dessas expansões estão, agora, em apuros, incluindo aquelas nos Estados do Golfo. A Dubai World, a corporação de desenvolvimento apoiada pelo governo, que tinha tomado empréstimos de excedente de capital de bancos britânicos e de outros países europeus para projetos espetacular de construção, de repente declarou que não poderia cumprir com suas obrigações no fim de 2009, criando todo tipo de agitação nos mercados globais.

Essa transformação de escala fez com que fosse difícil entender o que estava acontecendo no mundo e é, em princípio, semelhante aos processos que Haussmann tão habilmente levou a cabo por um tempo na Paris do Segundo Império. A nova onda de urbanização dependia, como aconteceu antes, da inovação financeira para organizar o crédito necessário para sustentá-la. A securitização e ajuntamento das hipotecas locais para vendê-las a investidores do mundo todo e a criação de novas instituições financeiras para facilitar um mercado secundário de hipotecas desempenharam um papel crucial. Vários foram os benefícios: difundiu-se o risco e permitiu-se a carteiras de poupança excedentes um acesso mais fácil à demanda de habitação em excesso. Isso abaixou as taxas de juro agregadas, gerando fortunas imensas para os intermediários financeiros que trabalharam nessas maravilhas. Mas difundir o risco não o elimina. Além disso, o fato de o risco poder se espalhar tão amplamente incentiva comportamentos locais ainda mais arriscados, porque o risco pode ser transferido para outro local. O que aconteceu com os irmãos Péreires de 1867 a 1868, em Paris, e o que aconteceu em Nova York, em meados dos anos 1970 (para não falar de vários outros casos em toda geografia histórica do capitalismo) aconteceu agora na crise das hipotecas *subprime* e dos valores de ativos de habitação.

Como em todas as fases anteriores, a reconstrução da geografia urbana levou a transformações no estilo de vida. Nos Estados Unidos, essas transformações foram, em grande parte, ditadas pela necessidade de atenuar os descontentes suburbanos dos anos 1960. A qualidade de vida urbana tornou-se uma mercadoria para aqueles com dinheiro, assim como a própria cidade, num mundo onde o turismo, o consumismo, o marketing de nicho, as indústrias culturais e de conhecimento, e também a perpétua dependência em relação à economia do espetáculo, tornaram-se os principais aspectos da economia política do desenvolvimento urbano. Com uma economia que agora depende mais e mais do consumismo e do sentimento do consumidor como força motriz (é responsável por 70% da economia dos EUA contemporâneos, em comparação com 20% no século XIX), a organização do consumo pela urbanização tornou-se absolutamente central à dinâmica do capitalismo.

A tendência pós-moderna para a formação de nichos de mercado – nas escolhas de estilo de vida urbana, hábitos de consumo e normas culturais – permeia a experiência urbana contemporânea, com uma aura de liberdade de escolha, desde que se tenha dinheiro. Centros comerciais, cinemas multiplex e megastores proliferam (a produção de cada um deles tornou-se um grande negócio), assim como as áreas de fast food e lojas de artesanato, a cultura das butiques, os cafés e outros. E isso não acontece só nos países capitalistas avançados – esse estilo de urbanização encontra-se em Buenos Aires, São Paulo e Mumbai, bem como em quase todas as cidades da Ásia nas quais se possa pensar. Mesmo o desenvolvimento suburbano incoerente, sem alma e monótono que continua a preponderar em muitas partes do mundo começa agora a ser revisto como um movimento de "novo urbanismo", que apregoa a venda da comunidade (supostamente íntima e segura, assim como muitas vezes fechada) e um suposto estilo de vida butique "sustentável" como um meio de cumprir os sonhos urbanos.

Os impactos sobre a subjetividade política têm sido enormes. Trata-se de um mundo em que a ética neoliberal do individualismo possessivo intenso e do oportunismo financeiro se tornou o modelo para a socialização da personalidade humana. É um mundo que se tornou cada vez mais caracterizado por uma cultura hedonista do excesso consumista. Destruiu o mito (embora não a ideologia) de que a família nuclear é a base sociológica sólida para o capitalismo e abraçou, mesmo que tardiamente e de forma incompleta, os direitos do multiculturalismo, da mulher e da igualdade da preferência sexual. O impacto é maior isolamento individualista, ansiedade, visão de curto prazo e neurose no meio de uma das maiores realizações materiais urbanas já construídas na história humana.

O lado sombrio da absorção do excedente por meio da transformação urbana implica, entretanto, episódios repetidos de reestruturação urbana com "destruição criadora". Isso destaca a importância das crises como momentos de reestruturação urbana. Tem uma dimensão de classe, pois são geralmente os pobres, os desfavorecidos e os marginalizados do poder político que sofrem especialmente com esse processo.

A violência é muitas vezes necessária para a nova geografia urbana surgir dos destroços da antiga. Haussmann dilacerou velhas favelas parisienses, usando os poderes de expropriação em benefício supostamente público, em nome da melhoria cívica, recuperação ambiental e renovação urbana. Ele projetou deliberadamente a remoção de grande parte da classe operária e outros elementos contestadores, junto com indústrias insalubres, do centro de Paris, onde constituíam uma ameaça à ordem e saúde pública e, claro, ao poder político. Ele criou uma forma urbana, em que se acreditava (incorretamente, como se viu, na revolucionária Comuna de Paris de 1871) que níveis suficientes de vigilância e controle militar eram possíveis, de modo a garantir que as classes rebeldes fossem facilmente controladas pelo poderio militar.

A geografia disso tudo / 145

Na realidade, como Friedrich Engels percebeu em 1872, no panfleto *Para a questão da habitação*:

a burguesia tem apenas um método para resolver à sua maneira a questão da habitação – isto é, resolvê-la de tal forma que a solução produza a questão sempre de novo. Este método chama-se "Haussmann", [pelo que] entendo a prática generalizada de abrir brechas nos bairros operários, especialmente nos de localização central nas nossas grandes cidades, quer essa prática seja seguida por considerações de saúde pública e de embelezamento ou devido à procura de grandes áreas comerciais centralmente localizadas ou por necessidades do trânsito, tais como vias-férreas, ruas etc. [o que às vezes dá a impressão de querer dificultar as barricadas]. O resultado é em toda a parte o mesmo, por mais diverso que seja o pretexto: as vielas e becos mais escandalosos desaparecem ante a grande autoglorificação da burguesia por esse êxito imediato mas... ressuscitam logo de novo em qualquer lugar e frequentemente na vizinhança imediata. [...] Os focos de epidemias, as mais infames cavernas e buracos em que o modo de produção capitalista encerra noite após noite os nossos operários não são eliminados mas apenas... mudados de lugar! A mesma necessidade econômica que os tinha provocado no primeiro sítio os produz também no segundo. E, enquanto o modo de produção capitalista existir, será disparate pretender resolver isoladamente a questão da habitação ou qualquer outra questão social que diga respeito à sorte dos operários. A solução reside, sim, na abolição do modo de produção capitalista, na apropriação pela classe operária de todos os meios de vida e de trabalho.*

Os processos descritos por Engels se repetem várias vezes na história urbana capitalista. Robert Moses "deflagrou um golpe de açougueiro no Bronx" (em suas próprias palavras infames) e foram longas e altas as lamentações dos grupos e movimentos de bairro que eventualmente se formaram em torno da retórica da reformadora urbana inveterada Jane Jacobs, sobre a destruição inimaginável do apreciado tecido urbano, mas também sobre a perda de comunidades inteiras de moradores e de antigas redes de integração social. Uma vez que a agitação política e de rua de 1968 resistiu e conteve com sucesso o poder brutal das desapropriações do Estado e a destruição de bairros mais antigos para a construção de estradas e a renovação urbana (com Paris, mais uma vez, sendo o epicentro, mas com os confrontos violentos em todos os lugares, de Chicago à Cidade do México e Bangcoc), um processo mais insidioso e canceroso de transformação começou com a disciplina fiscal dos governos democráticos urbanos, a libertação dos mercados de terras de controles, a especulação imobiliária e a classificação de terra de acordo com suas taxas de retorno financeiro.

Engels compreendeu muito bem esse processo.

A expansão das grandes cidades modernas dá um valor artificial, colossalmente aumentado, ao solo em certas áreas, particularmente nas de localização central; os edifícios

---

* Lisboa, Avante!, 1982. (N. T.)

146 / O enigma do capital

nelas construídos, em vez de aumentarem esse valor, fazem-no antes descer, pois já não correspondem às condições alteradas; são demolidos e substituídos por outros. Isto acontece antes de tudo com habitações operárias localizadas no centro, cujos aluguéis nunca ou então só com extrema lentidão ultrapassam um certo máximo, mesmo que as casas estejam superpovoadas em extremo. Elas são demolidas e em seu lugar constroem-se lojas, armazéns, edifícios públicos.*

É deprimente pensar que tudo isso foi escrito em 1872. A descrição de Engels aplica-se diretamente ao processo de urbanização contemporâneo em grande parte da Ásia (Deli, Seul, Mumbai), bem como à gentrificação atual do Harlem e Brooklyn, em Nova York. A realização de novas geografias urbanas implica inevitavelmente o deslocamento e a despossessão. É o reflexo feio da absorção de capital por meio da reabilitação urbana.

Considere o caso de Mumbai, onde 6 milhões de pessoas são consideradas oficialmente faveladas, instaladas em terras das quais a maior parte não tem um título legal (os lugares onde vivem são deixados em branco em todos os mapas da cidade). Com o intuito de transformar Mumbai em um centro financeiro mundial para disputar com Xangai, o *boom* do desenvolvimento de propriedades acelera e a terra onde os moradores das favelas estão se torna cada vez mais valiosa. O valor da terra em Dharavi, uma das principais favelas de Mumbai, é estimado em 2 bilhões de dólares, e a pressão para limpá-la – por razões ambientais e sociais – se intensifica dia a dia. Os poderes financeiros apoiados pelo Estado pressionam para a remoção forçada das favelas, em alguns casos tomando posse violentamente de um terreno ocupado durante toda uma geração pelos moradores das favelas. A acumulação do capital sobre a terra por meio da atividade imobiliária aumenta à medida que a terra é adquirida com quase nenhum custo. Será que as pessoas que foram forçadas a sair de suas casas recebem uma indenização? Os sortudos recebem alguma coisa. Mas por mais que a Constituição indiana especifique a obrigação do Estado de proteger a vida e o bem-estar de toda a população sem distinção de casta e de classe e de garantir o direito à moradia, a Suprema Corte indiana reescreveu essa exigência constitucional. Os ocupantes ilegais que não podem provar claramente sua permanência prolongada nas terras que ocupam não têm direito a qualquer indenização. Conceder esse direito, diz a Suprema Corte, seria o equivalente a premiar batedores de carteira por suas ações. Daí, os moradores das favelas são forçados a resistir e lutar ou levar seus poucos pertences e acampar às margens de rodovias ou em qualquer lugar onde possam encontrar algum espaço mínimo.

Exemplos semelhantes de despossessão (embora menos brutais e mais legalistas) podem ser encontrados nos Estados Unidos nos abusos relacionados com direitos de posse na desapropriação de residentes de longa data de habitações em

---

*   Idem. (N. T.)

condições razoáveis para aumentar a exploração do uso da terra (com condomínios e megastores). Desafiados na Suprema Corte dos EUA, os juízes liberais levaram a melhor contra os conservadores e declararam que era perfeitamente constitucional que se adotassem tais medidas nas jurisdições locais, a fim de aumentar a base de imposto sobre a propriedade. O progresso é o progresso, afinal!

Em Seul, nos anos 1990, as empresas e os desenvolvedores na área da construção contrataram esquadrões de pessoas com biótipo de lutador de sumô para invadir bairros inteiros e derrubar com marretas não só as habitações, mas também todos os bens daqueles que tinham construído sua própria casa nos anos 1950 nas encostas da cidade, que então se tornaram uma área valorizada nos anos 1990. A maioria desses morros está agora coberta de edifícios de luxo que não mostram nenhum vestígio dos processos brutais de limpeza urbana que foram necessários para que fossem construídos. Na China, milhões de pessoas estão atualmente sendo despossuídas dos espaços que ocupavam havia muito tempo. Uma vez que não têm direitos de propriedade privada, o Estado pode simplesmente removê-los da terra por decreto oferecendo uma pequena quantia em dinheiro para ajudá-los (antes de dar a terra a desenvolvedores com uma taxa de lucro alta). Em alguns casos as pessoas se mudam por vontade própria, mas também há relatos de resistência generalizada – a resposta habitual é a repressão brutal por parte do Partido Comunista. Populações nas fronteiras rurais também são deslocadas sem cerimônia à medida que as cidades se expandem para o interior. Este é o caso da Índia, também. As zonas especiais de desenvolvimento econômico são agora favorecidas pelos governos central e estadual, o que leva à violência contra os produtores agrícolas, dos quais o caso mais chocante foi o massacre de Nandigram, em Bengala Ocidental, orquestrado pelo partido político marxista dominante para abrir caminho para o grande capital da Indonésia, que está tão interessado no desenvolvimento de imóveis urbanos quanto no desenvolvimento industrial.

Mas esses processos não passam sem resistência. Movimentos sociais urbanos estão por toda parte. Às vezes, esses movimentos têm uma base estreita – um movimento contra a gentrificação por aqui e um movimento em defesa da moradia popular por lá. Mas em outros casos tais movimentos podem começar a unir-se em torno de reivindicações mais amplas, em torno, por exemplo, do que os brasileiros chamam de "o direito à moradia" ou o que outras pessoas chamam de "o direito à cidade" – o direito de fazer uma nova geografia urbana mais de acordo com princípios da justiça social e o respeito ao meio ambiente.

O direito a participar na construção da geografia do capitalismo é, portanto, um direito em disputa. Embora as relações de poder na atual conjuntura favoreçam, sem dúvida, a combinação de capital e Estado sobre todo o resto, há importantes forças de oposição. E tanto o capital quanto o Estado hoje estão na defensiva, suas alegações de que agem para o benefício de todos estão criticamente desacre-

148 / O enigma do capital

ditadas, assim como suas alegações de que são os benfeitores da humanidade como agentes da acumulação do capital baseada no mercado.

———◆———

Mas por trás de todas as contingências e incertezas envolvidas no fazer e refazer permanente da geografia do capitalismo esconde-se um poder fundamental singular que ainda tem de receber a atenção adequada em nosso entendimento, não só da geografia histórica do capitalismo, mas também da evolução geral do poder de classe capitalista. A realização de novas geografias implica mudanças na terra e sobre ela. Os proprietários de terra têm tudo a ganhar com essas mudanças. Eles podem se beneficiar enormemente com o aumento dos valores dos terrenos, as rendas das terras crescentes e os recursos "naturais" que possuem. As rendas e os valores das propriedades crescentes dependem tanto de investimentos no lugar quanto de investimentos que mudam as relações de espaço de tal forma a agregar valor à terra, melhorando a acessibilidade. Longe de ser uma "classe residual" de aristocratas fundiários e senhores feudais, o interesse desse desenvolvedor da terra assume um papel ativo no fazer e refazer da geografia do capitalismo como um meio para aumentar sua renda e seu poder.

O investimento em rendas sobre terras, minas e matérias-primas se torna, desse modo, atrativo para todos os capitalistas. A especulação sobre esses valores predomina. A produção da geografia do capitalismo é propelida para a frente com a necessidade de realizar ganhos especulativos com esses ativos. A partir do momento em que o processo de suburbanização se iniciou nos Estados Unidos, por exemplo, a renda da terra na periferia começou a aumentar e os especuladores logo caíram sobre ela como gafanhotos. Para realizar ganhos especulativos eles tinham de garantir investimentos públicos em estradas, esgotos, abastecimento de água e outras provisões em infraestruturas materiais para tornar a terra ainda mais valiosa. Os desenvolvedores e proprietários subornaram ou financiaram legalmente as campanhas políticas dos eleitos para garantir tais investimentos. As engrenagens da suburbanização rápida foram untadas espetacularmente por tais atividades e, claro, o processo de suburbanização se tornou autopropulsor, ancorado por esse esforço conjunto para valorizar a terra. Valorização excessiva, é claro, sempre ocorre. Basta olhar o curso dos preços da terra no Japão desde que alcançaram seu pico em torno de 1990. Chega-se a uma queda com a mesma facilidade com que se chega ao topo, bastando deslizar sobre o óleo que se usou para subir.

O dinheiro que pode ser feito (e às vezes perdido) na criação de novas geografias e relações de espaço é muitas vezes ignorado como um aspecto fundamental na reprodução do capitalismo. O crítico social Thorstein Veblen, escrevendo nos primórdios do século XX, sugeriu que a riqueza da "classe do lazer" (como ele a chamava) nos Estados Unidos, derivava tanto das especulações associadas com o desenvolvimento rural e urbano quanto da mais frequentemente lembrada esfera da produção industrial. O mesmo é verdade na Grã-Bretanha, onde a valorização das terras e as rendas crescentes nos arredores de Londres a partir do século XVII parecem ter contribuído muito mais para aumentar a riqueza das classes superiores do que para a ascensão do sistema fabril. E, como vimos anteriormente, na China grande parte da riqueza que alimentou a formação de classes surgiu dos ganhos especulativos relacionados aos projetos de desenvolvimento urbano (basta olhar para o novo horizonte de Xangai).

O poder dos proprietários de terras e recursos tem sido muito subestimado, assim como o papel dos valores dos ativos e rendas das terras e recursos na circulação global e na acumulação do capital. Essa arena de atividade movimenta algo como 40% da atividade econômica em muitos dos países capitalistas avançados. Não surpreende então que as infraestruturas urbanas sejam um componente fundamental nos pacotes de estímulo dos governos para levantar suas economias em ruínas. Além disso, é vital vê-lo como um poder ativo e não passivo, pois é justamente por meio da realização de novas geografias que os proprietários (em aliança com desenvolvedores, interesses da construção e, claro, financiadores onipresentes) avançam a sua posição de classe, além de trazer soluções-chave para o problema da absorção do excedente de capital.

Mas essa solução é uma faca de dois gumes. À medida que os capitalistas investem em rendas de terras e comercializam propriedades capitalizadas (mesmo imóveis antigos, amortizados décadas atrás), eles impõem o equivalente a um imposto sobre todas as outras formas de atividade capitalista, bem como sobre todos aqueles que residem na terra. O que deveria ser um "presente gratuito da natureza" (incluindo presentes gratuitos da "segunda natureza", criada por milênios de atividade humana no refazer da terra) agora assume um caráter de obstáculo custoso para as formas produtivas da atividade capitalista. Alguns produtores são forçados a sair de locais com alta renda porque não podem se dar ao luxo de produzir por lá. A pressão sobre os salários locais para manter o ritmo em relação aos preços da terra e propriedades em alta em certos lugares torna-se insuportável. Os funcionários públicos em Londres recebem um subsídio extra para cobrir os custos crescentes da vida urbana. Os rentistas e empreendedores, apoiados pelos financistas, desempenham um papel não só de reformulação da geografia do capitalismo, mas também de produção de crises, e contribuem para a estagnação a longo prazo. Lord Keynes imaginou, com otimismo, o que ele chamou de "eutanásia do rentista". Infelizmente o rentista se mantém muito vivo esses dias, embora não particularmente em boa condição, dados os condomínios vazios que tomam as paisagens de Nova York, Miami, Las Vegas e Dubai.

Se o aluguel e o valor da terra são as categorias teóricas pelas quais a economia política integra a geografia, o espaço e a relação com a natureza para a compreensão do capitalismo, então não são categorias residuais ou secundárias dentro da teoria de como o capitalismo opera. Como se viu anteriormente, no caso dos juros e créditos, a renda tem de ser trazida para a linha de frente da análise, e não ser tratada como uma categoria derivada da distribuição, como acontece nas teorias econômicas marxistas e convencionais. Só assim podemos juntar o entendimento da produção do espaço e da geografia em curso com a circulação e a acumulação do capital, e colocá-las em relação com os processos de formação de crises, aos quais tão claramente pertencem.

7

A DESTRUIÇÃO CRIATIVA DA TERRA

O chamado "ambiente natural" é objeto de transformação pela atividade humana. Os campos são preparados para a agricultura; os pântanos, drenados; as cidades, estradas e pontes, construídas; as plantas e os animais são domesticados e criados; os habitats, transformados; as florestas, cortadas; as terras, irrigadas; os rios, represados; as paisagens, devastadas (servindo de alimento para ovinos e caprinos); os climas, alterados. Montanhas inteiras são cortadas ao meio à medida que minerais são extraídos, criando cicatrizes de pedreiras nas paisagens, com fluxos de resíduos em córregos, rios e oceanos; a agricultura devasta o solo e, por centenas de quilômetros quadrados, florestas e matos são erradicados acidentalmente como resultado da ação humana, enquanto a queima das florestas na Amazônia, consequência da ação voraz e ilegal de pecuaristas e produtores de soja, leva à erosão da terra, ao mesmo tempo que o governo chinês anuncia um vasto programa de reflorestamento. Mas os britânicos amam caminhar em sua paisagem enevoada e admirar a herança das casas de campo, os galeses amam seus vales, os escoceses, seus campos, os irlandeses, seus pântanos verde-esmeralda, os alemães, suas florestas, o francês, seus distintos *pays* com vinhos e queijos locais. Os apaches acreditam que a sabedoria repousa no lugar, e grupos indígenas em toda a parte, da Amazônia à Colúmbia Britânica e montanhas de Taiwan, celebram sua união de longa data e inquebrável com a terra em que habitam.

A longa história de destruição criativa sobre a terra produziu o que é às vezes chamado de "segunda natureza" – a natureza remodelada pela ação humana. Há muito pouco, ou nada, da "primeira natureza", que existia antes de os seres humanos povoarem a terra. Mesmo nas regiões mais remotas da terra e nos ambientes mais inóspitos, os traços da influência humana (a partir de mudanças nos regimes climáticos, vestígios de pesticidas e transformações nas qualidades da atmosfera e da água) estão presentes. Nos últimos três séculos, marcados pela ascensão do capitalismo, a taxa de propagação e destruição criativa sobre a terra tem aumentado enormemente.

152 / O enigma do capital

No início, essa atividade era em geral conceitualizada em termos de uma dominação humana triunfalista sobre a natureza (parcialmente compensada por sentimentos estéticos que romantizavam a relação com a natureza). Somos mais cautelosos agora em nossa retórica, embora não necessariamente em nossas práticas. A história do capitalismo está repleta de consequências ambientais não intencionais (às vezes de longa duração) e algumas delas (como a extinção de espécies e habitats) são irreversíveis. É melhor pensar não em dominação, portanto, mas no desenvolvimento de práticas humanas em relação ao mundo físico e à teia da vida ecológica, que mudam a face da terra de maneira muitas vezes dramática e irreversível.

Por mais que muitos agentes atuem na produção e reprodução da geografia da segunda natureza que nos cerca, os dois principais agentes sistêmicos no nosso tempo são o Estado e o capital. A paisagem geográfica da acumulação do capital está em perpétua evolução, em grande parte sob o impulso das necessidades especulativas de acumulação adicional (incluindo a especulação sobre terra) e, só secundariamente, tomando em conta as necessidades das pessoas. Embora não haja nada puramente natural na segunda natureza pela qual estamos cercados, os processos coevolutivos que transformam a geografia não estão totalmente sob o controle do capital e do Estado, sem falar das pessoas, incluindo os ativistas. A expressão coloquial "a vingança da natureza" sinaliza a existência de um mundo teimoso, recalcitrante e imprevisível física e ecologicamente que, como o tempo, constitui o ambiente no qual estamos.

Como entender o desdobramento dialético da relação social com uma natureza que está ela mesma em evolução perpétua é a questão. A assim chamada "revolução verde" na agricultura é um fabuloso exemplo de como as mudanças em todas as sete esferas de atividade podem coevoluir. Começando no México, em 1940, novas variedades de trigo foram produzidas em um novo instituto de pesquisa agrícola sob a direção de um jovem cientista, Norman Borlaug (que morreu em 2009). Essas novas variedades geneticamente modificadas levaram à quadruplicação da produtividade do trigo até o fim do século e transformaram o México de importador a exportador de trigo após 1945. Levadas ao Sul da Ásia na década de 1960 (por fundações dos EUA, como Ford e Rockefeller, em aliança com os governos indiano e paquistanês), novas variedades de trigo e de arroz duplicaram a produtividade entre 1965 e 1970, com impactos enormes sobre a segurança alimentar e os custos globais dos grãos, cortados pela metade. Embora a revolução verde tenha aumentado a produtividade e seja creditada com a prevenção da fome em massa, só o fez com todo o tipo de consequências negativas em nível ambiental e social. As vulnerabilidades da monocultura significaram investimentos pesados em fertilizantes e pesticidas à base de petróleo (lucrativamente produzidos por empresas estadunidenses, como a Monsanto), e o tipo de capital envolvido (em geral relacionado à gestão de recursos hídricos e à irrigação) implicou a consolidação de uma classe de produtores ricos (com frequência com a ajuda de instituições de crédito duvidosas) e a redução de todos os outros ao status de camponês sem terra. Os organismos geneticamente modificados (OGMs) têm sido ao longo do tempo questionados quanto à ética e sujeitos a objeções morais por parte de ambientalistas (são chamados de "alimentos Frankenstein" na Europa). Conflitos geopolíticos sobre o comércio de OGMs começaram desde então.

A geografia da acumulação do capital e da destruição criativa da terra não pode ser introduzida com qualquer tipo de olhar, nem é possível sem uma análise cuidadosa da dinâmica do aperfeiçoamento do controle sobre a coevolução em diferentes lugares. E sem isso não podemos avaliar o grau em que a relação com a natureza constitui um limite para a acumulação do capital, que não pode ser superado ou contornado, independentemente das soluções tecnológicas, sociais e culturais que se possam apresentar.

Graças às ciências ambientais, temos consciência, é claro, de toda uma série de consequências não intencionais das ações humanas. Depósitos ácidos de chaminés de fábricas e usinas de energia destroem os ecossistemas locais, como as indústrias Pennine nos arredores de Manchester fizeram por anos após 1780, e com o advento das tecnologias da chaminé em altura passou-se a enviar depósitos do nível local ao regional, à medida que os materiais sulfurosos foram projetados para o alto, na atmosfera. No fim dos anos 1960, os poluentes da Grã-Bretanha estavam destruindo lagos e florestas na Escandinávia e os resíduos do vale de Ohio também estavam afetando a Nova Inglaterra. Algumas consequências políticas e negociações difíceis se seguiram. Clorofluorcarbonos (CFCs) são uma ajuda maravilhosa na refrigeração, que se tornou crucial no abastecimento de alimentos para as crescentes populações urbanas a partir da década de 1920, mas quando soltos na atmosfera empobrecem a camada de ozônio da estratosfera superior e aumentam a penetração da radiação ultravioleta, representando assim uma ameaça para todas as formas de vida, particularmente nas regiões circumpolares. Isso também levou a difíceis negociações internacionais, que resultaram no Protocolo de Montreal de 1987, para limitar e depois banir o uso dos CFCs. A ciência sugere que a ação humana está contribuindo para o aquecimento global (apesar de não haver consenso sobre o ritmo), mas alguns adversários (normalmente financiados pelo *lobby* da energia) propagam a surpreendente afirmação de que o aquecimento global é uma farsa perpetrada pelos cientistas para iludir a população do mundo. Os maravilhosos pesticidas DDT, que pareciam uma solução para o flagelo das infecções transmitidas por mosquitos, quando foram introduzidos em 1939, acabaram tendo impactos desastrosos em todo o mundo nas capacidades de reprodução de muitas espécies e, portanto, tiveram de ser banidos na década de 1960 (particularmente após a publicação do livro de Rachel Carson, *Primavera silenciosa**, em 1962).

---

* São Paulo, Gaia, 2010. (N. E.)

154 / O enigma do capital

Os capitalistas e seus agentes se envolveram na produção de uma segunda natureza, a produção ativa de sua geografia, da mesma maneira como produzem todo o resto: como um empreendimento especulativo, muitas vezes com a conivência e a cumplicidade, se não ativa colaboração, do aparelho do Estado. Quando o Congresso dos EUA entregou às empresas ferroviárias do século XIX concessões de terra, ajudou a lançar um esquema gigante de especulação da terra, que provocou, como seria de esperar, ciclos de alta e baixa, gerando inúmeras crises locais.

A ideia da natureza como um produto social tem de ser acompanhada pelo reconhecimento de que os recursos naturais são apreciações culturais, econômicas e tecnológicas. Esse fato tem duas implicações. Por um lado, permite que um recurso seja substituído por outro, com a invenção de novas tecnologias que utilizam materiais diferentes. Se o carvão é escasso ou muito poluente, passa-se para o gás natural ou a energia nuclear. Por outro lado, novas tecnologias e estilos de vida podem ditar a mudança para fontes de insumos materiais muito raras e altamente restritas. Esse é o caso de muitos dos novos eletrônicos chamados tecnologias "verdes", como turbinas de vento, que dependem da disponibilidade das chamadas "terras raras", com nomes como índio, háfnio térbio e neodímio. A demanda por esses metais de terras raras com poderosas qualidades magnéticas aumentou rapidamente, e o fato de a China atualmente controlar quase 95% da oferta global é um motivo de consternação. Há sinais de que a China, produzindo esses metais de terras raras sem levar em conta os impactos ambientais devastadores, pode restringir as exportações, obrigando os produtores dessas novas tecnologias verdes a se mudar para lá. Situações desse tipo não são incomuns. Quase monopólios sobre a oferta devidos a condicionalismos geográficos tiveram um grande impacto na dinâmica da acumulação do capital ao longo da história, levando as grandes potências a tentar garantir o abastecimento estratégico de matérias-primas por meios militares, se necessário.

Podemos monitorar as mudanças imensas na terra e na paisagem. Também podemos acompanhar alguns dos episódios mais chocantes e arrogantes de projetos fracassados de transformação ambiental. Um dos meus contos favoritos, exposto de forma brilhante em 2009, por Greg Grandin, em *Fordlândia**, é a tentativa especulativa de Henry Ford na década de 1920 de domar a Amazônia para a produção de borracha. Ele comprou uma grande extensão de terra na Amazônia, chamou sua nova cidade de Fordlândia e procurou impor à floresta tropical o estilo de vida do Meio-Oeste estadunidense para a plantação de borracha e os operários. A ideia era garantir o fluxo de borracha para os pneus de seus carros (ele tinha estabelecido o controle sobre quase todo o resto). "Fordlândia tinha uma praça central, calçadas, água encanada, gramados bem cuidados, uma sala de cinema, lojas de calçados, uma sorveteria e loja de perfume, piscinas, quadras de tênis, um campo de golfe e, claro,

---

* Rio de Janeiro, Rocco, 2010. (N. E.)

carros Modelo T por suas ruas pavimentadas", escreve Grandin. Nada veio de tudo isso, mesmo após vinte anos de tentativas e o gasto de quantias astronômicas de dinheiro. A floresta tropical ganhou. Abandonado em 1945, o lugar é agora uma ruína na selva. Nem uma gota de látex de borracha nunca se materializou.

Para que Ford participasse de tal especulação bizarra na Amazônia pressupunha, é claro, que o mundo estava aberto para o comércio e o investimento e que não havia barreiras espaciais (como as fronteiras do Estado) para inibir a busca de sua ambição arrogante. Foi sem dúvida muito reconfortante para ele saber que todo o peso militar de uma potência imperial emergente, com pretensões globalizadoras, os EUA, estava preparado para resgatá-lo se alguma coisa desse errado. Afinal, os fuzileiros navais estavam na América Central durante a década de 1920, praticando novas técnicas de bombardeio aéreo, a fim de reprimir uma revolta de camponeses indígenas, liderada pelo carismático Augusto Sandino, na Nicarágua, que ameaçou os interesses da toda poderosa United Fruit Company, cuja ambição era claramente materializar por lá a apelação "república das bananas".

———◆———

A criação e recriação de relações de espaço cada vez mais novas para as interações humanas é uma das conquistas mais marcantes do capitalismo. A reorganização drástica da paisagem geográfica da produção, da distribuição e do consumo com as mudanças nas relações de espaço não é apenas uma ilustração dramática da tendência do capitalismo para a aniquilação do espaço no decorrer do tempo, mas também implica ataques ferozes de destruição criativa – por exemplo, o reator a jato complementa e até substitui o motor de combustão interna como principal meio para definir acessibilidades espaciais. A internet e a construção do ciberespaço são o mais próximo ao que o capitalismo chegou a realizar sua ambição para o movimento sem atrito. Infelizmente, os bens materiais e as pessoas não podem se mover pelo ciberespaço, apesar de todos os tipos de informações poderem. Você pode comprar instantaneamente no eBay, mas ainda levará alguns dias para a UPS entregar o produto à sua porta.

Esse último exemplo demarca um campo de contradições dentro da tendência de criar um mundo sem barreiras espaciais. A crise atual pode ser parcialmente entendida como uma manifestação de uma disjunção radical nas configurações de tempo-espaço. Os chefes dos bancos de investimento não puderam acompanhar o que seus investidores, como Nicholas Leeson do Barings Bank, estavam fazendo. Os comerciantes, armados com sofisticados modelos matemáticos computacionais, trabalharam em um quadro tempo-espaço recém-construído e bem diferente. O resultado foi a perda de supervisão e controle, que levou a todos os resultados que depois se viram.

A ordem social está repleta de problemas desse tipo. Educar uma criança em um bairro da cidade ocorre em um tempo-espaço radicalmente diferente daquele que foi definido pelas operações financeiras contemporâneas. As pessoas procuram com razão um espaço pessoal seguro – uma casa – na qual vivem sua vida diária e exercem sua atividade reprodutiva, digamos, num horizonte temporal de vinte anos. Mas para isso elas têm de se tornar proprietárias, adquirindo uma hipoteca em um mercado de dívida organizado segundo uma lógica espaço-temporal diferente. Algumas pessoas vivem hoje em cidades de tendas, pois a lógica se descontrolou.

Isso põe em destaque uma contradição antiga e profunda entre as diferentes configurações de tempo-espaço que são construídas dentro e ao redor da acumulação do capital. É somente, por exemplo, por meio da produção ativa de lugares fixos que o capital, sob qualquer forma – dos fluxos imateriais de dinheiro aos fluxos materiais concretos de pessoas, bens, serviços etc. –, pode se mover livremente pelo espaço. Mas o capital investido na terra não pode ser movido sem ser destruído. A tensão entre a estase e o movimento tem um quê de especial, pois induz um movimento duplo. Por um lado, se a paisagem geográfica já não atende às necessidades do capital móvel, então deve ser destruída e reconstruída com uma configuração completamente diferente. Ou isso ou os fluxos de capitais devem estar em conformidade com os requisitos da remuneração do capital investido na terra. Um aeroporto para o qual não vêm voos não é nem rentável nem viável.

O capital fixo incorporado na terra pode facilitar a circulação de capital móvel, mas perde seu valor quando este não segue os caminhos geográficos traçados pelos investimentos em capital fixo. O capital incorporado na terra geralmente tem, além disso, uma longa vida (demora muitos anos para construir e amortizar a dívida contraída para um aeroporto ou um complexo de escritórios). Da mesma forma que o capitalismo persegue persistentemente a velocidade e a redução das barreiras espaciais, também deve moderar seus fluxos para o capital fixo no espaço e lento na circulação. Crises podem facilmente surgir dessa tensão.

As espetaculares crises financeiras do século XIX, relacionadas ao excesso de investimento em estradas de ferro, foram arautos das coisas que viriam. As ferrovias foram construídas a um custo imenso, mas nem sempre tinham muito tráfego. O valor incorporado nas ferrovias foi perdido e os investidores, como diz o ditado, "ficaram a ver navios". Os condomínios vazios na Flórida e em Nova York, os shoppings que fecharam na Califórnia e os hotéis de luxo vazios no Caribe são resultados da mesma história. O capital, como Marx astutamente certa vez disse, encontra barreiras em sua própria natureza. A disjunção entre a busca da hipermobilidade e um ambiente construído cada vez mais esclerosado (pense na enorme quantidade de capital fixo incorporado em Tóquio ou Nova York) torna-se cada vez mais dramática.

A criação de formas territoriais de organização social, de lugares, tem sido fundamental para a atividade humana ao longo da história. Como, então, a circulação e acumulação do capital se adaptaram às formas territoriais que herdaram de eras anteriores e transformaram-nas, fizeram lugares distintos e modificaram o mapa do poder político global de modo a poder acomodar a busca de crescimento composto infinito? O surgimento do Estado moderno, por exemplo, corresponde ao surgimento do capitalismo, e foram as principais potências capitalistas que dividiram grande parte da superfície da Terra em áreas coloniais e imperiais, especialmente no período de 1870 a 1925. Estas continuam formando a base territorial do poder político organizado no mundo. A acumulação do capital também tem desempenhado um papel crucial, como vimos, não só na reformulação de lugares com nomes antigos, como Londres, Roma, e Edo (Tóquio), mas também na construção de novas cidades com nomes como Chicago, Los Angeles, Buenos Aires e Shenzhen, enquanto as práticas coloniais moldaram Joanesburgo, Kinshasa, Mumbai, Jacarta, Singapura e Hong Kong de modo a alimentar a demanda sempre crescente localizada nos principais centros da acumulação do capital por meios de produção, mercados, por novas atividades produtivas e pela cruel acumulação por despossessão.

Mas mesmo hoje não é apenas o capital que está envolvido na construção de lugares como Detroit, Chenai ou Fordlândia. O papel do indivíduo soberano é tão extenso quanto impactante. Vá a qualquer loja faça-você-mesmo no subúrbio de Nova Jersey ou em Oxfordshire e você verá milhares de pessoas adquirindo mercadorias que serão utilizadas para moldar o espaço que chamam de lar e jardim em algo que é distintamente seu. Os moradores da favela fazem o mesmo, embora no seu caso muitas vezes sejam produtos descartados que formem suas matérias-primas e o espaço que ocupam não tenha valor jurídico nem infraestruturas (a menos que o Estado local ou um programa do Banco Mundial façam alguma tentativa rudimentar de fornecer serviços). Fazer o lugar, em particular o que chamamos de "casa", é uma arte que pertence principalmente ao povo e não ao capital, assim como certos aspectos dos lugares que chamamos de cidades são ferozmente disputados por desenvolvedores capitalistas para fornecer as infraestruturas físicas tão necessárias para ocorrer a acumulação. O significado mais profundo que as pessoas atribuem a sua relação com a terra, lugar, casa e práticas da habitação está perpetuamente em desacordo com os comercialismos crassos dos mercados de terras e propriedades.

Então, nossas cidades são projetadas para as pessoas ou para os lucros? O fato de tal questão ser colocada com tanta frequência nos leva imediatamente para o terreno da grande variedade de lutas sociais e de classe na formação do lugar. Estas são as paisagens em que a vida diária tem de ser vivida, as relações afetivas e solidariedades sociais são estabelecidas e as subjetividades políticas e os significados simbólicos são construídos. Os interesses da classe capitalista e dos desenvolvedores são conscientes dessa dimensão e procuram mobilizá-la por meio do apoio à comunidade ou à cidade e da promoção deliberada de um sentido de identidade local ou regional, fundamentando-se às vezes com sucesso sobre as sensibilidades populares derivadas das fortes relações com a terra e o lugar. Os clamores do publicitário são usados para convencer a população de que o novo desenvolvimento suburbano promete uma relação mais saudável com a natureza, uma forma mais satisfatória de sociabilidade e de vida diária, novas tecnologias de vida e uma localização brilhante para o desenvolvimento futuro. Na falta de persuasão, é claro, os desenvolvedores do capitalismo são notórios por recorrer a todo tipo de esquema, da subversão política e das manobras legais à força bruta, para limpar a terra para seus projetos.

Em contraposição, as solidariedades sociais são construídas no seio das populações em torno de valores completamente diferentes – aqueles da história, cultura, memória, religião e língua –, e estes são muitas vezes recalcitrantes e resistentes à mecânica pura das avaliações da acumulação do capital e do mercado, apesar de todos os esforços dos desenvolvedores e publicitários. É interessante notar que todo um novo campo de consultoria, chamado "imagem urbana", foi inventado para tentar diminuir o abismo.

Para fins de ação coletiva, as pessoas e organizações se unem para formar associações territoriais que visam gerir os espaços e lugares sob sua égide e, assim, dar a seu lugar no mundo um caráter distintivo. Fazem-no de acordo com as suas próprias histórias culturais distintas e crenças, bem como de acordo com suas próprias necessidades materiais, vontades e desejos. Os arranjos institucionais são concebidos e declaram uma autonomia (relativa) das associações humanas e seu controle exclusivo sobre, pelo menos, algumas atividades no território sob seu comando. Formam Estados ou entidades paraestatais. Essas entidades podem ser bairros, cidades ou regiões da cidade, chamadas "Estados-nação" (como a França e a Polônia), Estados federados (como os Estados Unidos e o Reino Unido) e uniões de Estados definidas vagamente (como o Nafta) ou mais concretamente (como a União Europeia). O mapa administrativo do mundo representa uma hierarquia de unidades territoriais que existem em uma variedade de escalas geográficas (do bairro urbano ao bloco do poder global) e essas unidades, construídas socialmente, fornecem um contexto para ação e conflitos geopolíticos e geoeconômicos. As fronteiras que então são construídas muitas vezes formam barreiras ao movimento. Os Estados tanto atrapalham quanto facilitam o movimento geográfico dos fluxos de capital.

O grau de coesão social e relações sociais entre indivíduos e grupos dentro dessas associações territoriais varia muito. Vínculos afetivos – lealdades local, regional ou nacional – podem ser fortes (como no caso do nacionalismo intenso) ou fracos.

A intensidade dessas relações pode refletir uma comunhão na religião, etnia, língua ou apenas história e tradição, dando ao governo estadual ou regional um caráter distintivo bem definido em relação aos interesses comuns. O caráter de entidade dessas associações territoriais frequentemente leva-as a competir umas com as outras. Essa concorrência muitas vezes fortalece a lealdade afetiva e as semelhanças de propósitos entre os que vivem no território, mas também acentua as exclusões e diferenças.

O que tudo isso tem a ver com a reprodução do capital? As formas de associação humana com base no território, como foi descrito aqui, precederam a ascensão do capitalismo. Caracterizam as sociedades humanas, como comentei no início, desde os primórdios. Território e lugar sempre foram utilizados pelas instituições para organizar as populações e as relações de poder. A Igreja Católica, para dar um exemplo, logo no início organizou o espaço por meio das paróquias, dioceses e bispados dentro de uma forma hierárquica de poder com seu ápice no Vaticano. O Império Romano tentou por um tempo o mesmo tipo de coisa, como fez a dinastia Q'ing na China e o Império Otomano. Organizações territoriais desse tipo definiram as condições iniciais a que o capitalismo teve de se conformar ou por causa das quais teve de se transformar, a fim de sobreviver e florescer. Existe, então, uma forma distinta de territorialidade associada à história distinta das estruturas institucionais e administrativas que surgiram com o capitalismo?

———◆———

Capitalistas, quando está ausente qualquer forma de organização territorial, muitas vezes produzem, como vimos, aglomerações de atividades em locais particulares. Esses aspectos da atividade capitalista que são complementares mais do que competitivos se organizam de forma colaborativa. O efeito é criar uma tendência a uma "coerência estruturada" informal dentro das regiões geográficas. Os capitalistas envolvidos em diversas atividades em uma determinada região se reúnem para expressar e perseguir coletivamente interesses comuns. As associações empresariais e as câmaras de comércio surgem, mas em outras instâncias poderosas corporações (como acontece com a indústria automobilística de Detroit) ou mesmo um chefe local único e poderoso (incluindo o cartel de drogas e os líderes da máfia) desempenham papéis-chave na organização, reunindo os interesses locais em torno de um propósito comum. As especializações regionais e as divisões territoriais do trabalho são ativamente produzidas. Detroit significa (ou significou) carros; Vale do Silício, computadores; Seattle e Bangalore, desenvolvimento de software; a Baviera, engenharia automotiva; a "Terceira Itália", microengenharia e roupas de marca; Taipei significa chips de computador e eletrodomésticos; e assim por diante.

Dentro de cada uma dessas regiões, a dinâmica coevolutiva funciona de maneiras distintas. De modo amplo, interesses comuns surgem com relação à qualidade da oferta de trabalho, ao acesso aos meios de produção, à pesquisa e às atividades

160 / O enigma do capital

de apoio ao desenvolvimento, muitas vezes baseadas em universidades locais, como a Carnegie Mellon, que é especializada em metalurgia e tecnologia, no que já
foi o principal centro siderúrgico de Pittsburgh, bem como nas exigências habituais de transporte e comunicação adequados, de arranjos infraestruturais eficientes e de baixo custo (água e esgoto, por exemplo) e de uma administração civil que
atenda às necessidades sociais (como a educação da força de trabalho, a saúde e a
qualidade ambiental). Todos esses elementos tendem a ficar juntos em uma mesma
região geográfica, de forma solidária. Se eles não combinam, então, o desenvolvimento econômico na região tende a definhar. As regiões que desenvolvem qualidades superiores tornam-se grandes atrativos para mais atividade capitalista. Dessa
forma, opera o que o economista sueco Gunnar Myrdal apelidou de "causação
circular e cumulativa", tornando cada vez mais prósperas as regiões ricas e bem-
-sucedidas, enquanto as regiões mais pobres estagnam ou declinam.

As configurações regionais na divisão do trabalho e dos sistemas de produção
são, em resumo, feitas pela conjunção de forças econômicas e políticas, e não ditadas pelas chamadas vantagens naturais. Suas criações, inevitavelmente, envolvem
uma coevolução regional de formas tecnológicas e organizacionais, relações sociais,
relações com a natureza, sistemas de produção, modos de vida e concepções mentais do mundo (atitudes culturais locais são frequentemente fundamentais). Os padrões específicos das relações entre as esferas de atividade podem ser criados e levar
ao surgimento de arranjos institucionais e territoriais distintos. O Estado surge
como o recipiente geográfico e, até certo ponto, como o guardião desses arranjos.
Mas o Estado que emerge opera como uma rede fixa de administração, colocado
sobre o fermento da atividade capitalista em constante evolução, em distintas configurações regionais. A evolução da economia da região metropolitana de Nova
York se espalha para além das fronteiras de muitos estados, suscitando uma série de
problemas administrativos e técnicos para as autoridades. A organização territorial
de Londres passou por todo tipo de mudanças, inspiradas em parte politicamente
e em parte economicamente, ao longo dos últimos cinquenta anos, em uma história complexa que nunca foi bem resolvida.

———◆———

A formação do Estado tem sido parte integrante do desenvolvimento capitalista. Mas os detalhes desse processo não são fáceis de analisar. Para começar, o projeto de territorializar arranjos institucionais e administrativos não é determinado por
suas relações com todas as outras esferas de atividade. Ele exibe uma relativa autonomia, tanto no que diz respeito às esferas quanto à circulação e acumulação do
capital. Mas os Estados são produzidos fora das relações sociais e por meio de tecnologias de governança. Uma vez que, por exemplo, os Estados são reificações das
concepções mentais, as teorias sobre a formação do Estado devem prestar muita

atenção ao que as pessoas estavam e estão pensando sobre como deve ser a relação com o Estado. Com mudanças nas concepções mentais, o Estado está sujeito a toda sorte de pressões para transformar seu funcionamento. O movimento neoliberal, que começou na década de 1970, por exemplo, constituiu uma agressão ideológica radical sobre o que o Estado deve ser. Na medida em que teve êxito (e muitas vezes não teve), levou a amplas mudanças patrocinadas pelo Estado na vida diária (a promoção do individualismo e de uma ética da responsabilidade pessoal contra um contexto de diminuição das assistências sociais estatais), bem como na dinâmica da acumulação do capital. Margaret Thatcher dissolveu o Conselho Geral de Londres em 1986, por ter resistido a seu projeto neoliberal, deixando a região de Londres desprovida de uma autoridade de coordenação adequada para controlar o *boom* dos serviços financeiros e valores de propriedade no Sudeste da Inglaterra. O governo Blair finalmente teve de restaurar alguma aparência de governo metropolitano para corrigir essa situação.

O "sucesso" de um determinado Estado (nacional ou local) frequentemente é medido pelo grau em que capta os fluxos de capital, cria as condições favoráveis à acumulação do capital dentro de suas fronteiras e garante uma elevada qualidade de vida diária a seus habitantes. Os Estados estão inevitavelmente envolvidos em uma concorrência uns com os outros sobre como todas as outras esferas no âmbito do processo coevolutivo se reúnem em algum tipo de trabalho conjunto. Quanto mais acumulação do capital é capturada dentro de suas fronteiras, mais rico o Estado se torna. A gestão estatal do processo coevolutivo surge como uma meta de governo.

As concepções mentais que norteiam essas práticas gerenciais muitas vezes dependem de apego a certos princípios normativos. Por exemplo, o sistema internacional que surgiu depois de 1945 se fundamentou em taxas de câmbio fixas em relação ao dólar e no direito dos Estados de manter um controle rígido sobre o capital transfronteiriço e os fluxos de dinheiro. Meus alunos se surpreendem quando lhes digo que, quando viajei pela primeira vez para fora da Grã-Bretanha, no fim dos anos 1950, não podia levar mais de 40 libras comigo e que tudo o que eu levei foi gravado em meu passaporte para ter certeza de que eu não fugiria à regra. Barreiras reguladoras desse tipo fizeram com que a maior parte da atividade capitalista, com exceção das grandes empresas multinacionais, companhias exportadoras e instituições financeiras, fosse circunscrita às fronteiras do Estado nacional durante esse período. Quando o sistema de câmbio fixo quebrou no fim da década de 1960, os controles de capital desapareceram gradualmente. A última vez que qualquer Estado-maior tentou usá-los seriamente ocorreu quando o socialista François Mitterrand chegou ao poder na França, em 1981. Ele nacionalizou os bancos franceses e tentou travar a fuga de capital, impondo controles mais rígidos sobre suas saídas. Houve, no entanto, quase uma revolução quando os franceses descobriram

162 / O enigma do capital

que não podiam utilizar livremente seus cartões de crédito no exterior. Os controles foram rapidamente abandonados. A Malásia, no entanto, foi contra a sabedoria convencional e se defendeu com sucesso contra a crise de 1997 e 1998, recorrendo a controles de capitais.

A diversidade de respostas do Estado para a atual crise é um indicativo de como interpretações e quadros teóricos distintos podem apoiar não só um desenvolvimento geográfico desigual das respostas, mas potencialmente um desenvolvimento geográfico desigual dos impactos. Chefes de Estado e políticos são tudo menos oniscientes, mesmo nos melhores casos, e nos piores podem ser refratários ao extremo. Novamente, a contingência e a arbitrariedade da diferenciação geográfica estão em evidência, em vez de serem aliviadas por tal dinâmica.

No entanto, o capitalismo requer entidades territoriais soberanas para tornar coerentes (pela força se necessário) os arranjos institucionais e administrativos (como os direitos de propriedade e as leis do mercado) que sustentam seu funcionamento. Mas o capitalismo também pressupõe a existência de indivíduos soberanos, livres para exercer atividades especulativas e inovações empresariais que tornam o capitalismo tão dinâmico e mantêm a acumulação do capital em movimento. Isso aponta para um dilema central na organização política: a relação entre o Estado soberano com poderes soberanos e os indivíduos soberanos – não apenas os capitalistas, mas os cidadãos com todo tipo de inclinações – dotados de um direito soberano de perseguir o lucro (ou algum outro objetivo, como "vida, liberdade e felicidade", proposto na Declaração de Independência dos EUA), sem levar em conta as barreiras espaciais.

Essa relação entre Estado e indivíduo sempre foi instável, contingente e profundamente problemática. É nesse espaço territorial que as questões de organização política, de como a vida pública deve ser construída, de governança e democracia e de autoridade política são trabalhadas de formas distintas. Cada Estado desenvolve seu próprio caráter único e distintivo, seu próprio quadro institucional, jurídico e administrativo. Mesmo assim, aqui também a concorrência entre os Estados por capital móvel e acumulação de riqueza e poder tende a favorecer algumas configurações em detrimento de outras. A combinação dos poderes do Estado autoritário com direitos democráticos limitados e considerável individualismo de livre-mercado em países economicamente bem-sucedidos, como Singapura, Taiwan e Coreia do Sul nos últimos tempos e a China sob o regime de partido único, sugere que não há nenhuma relação necessária, particularmente nos estágios iniciais do desenvolvimento, entre altos níveis de acumulação do capital e direitos democráticos individuais.

Os sistemas políticos e os compromissos e lealdades que as pessoas têm com seus países ou os lugares em que habitam são, obviamente, não apenas um subproduto dos processos de acumulação do capital. A vontade do povo tem sempre um papel de destaque, assim como as concepções mentais que formam as histórias e as tradições políticas. O antiautoritarismo radical e a consequente tradição antiestatista que caracteriza os Estados Unidos os diferenciam, por exemplo, de países como Alemanha e França, onde existe uma aceitação muito maior das intervenções do Estado tanto na economia quanto na regulação da vida social. A democracia indiana é radicalmente diferente do formato do Partido Comunista chinês, e os dois têm pouco em comum politicamente com o Zimbábue ou a Finlândia. Nos Estados Unidos, por exemplo, a maioria da população, profundamente ligada ao igualitarismo radical e a um antiestatismo também radical, como pesquisas de opinião mostram, defende de fato serviços de saúde para todos, mas resiste ferozmente à perspectiva de que o governo deveria prestar tal serviço. As companhias de seguro e os republicanos nunca argumentam contra o sistema de saúde universal, por conseguinte. Passam o tempo todo criticando o poder estatal arrogante, que poderia prestar tal serviço. Até agora, usaram os sentimentos antiestatais com sucesso para frustrar o ideal igualitário de serviços de saúde decentes para todos. Continua sendo um mistério por que alguém se colocaria contra os cuidados de saúde universal: até que se entenda que a ameaça à perenidade das companhias de seguro, poderosas e altamente lucrativas, as queridinhas de Wall Street, é que está na raiz do problema. Daí, fica claro o que o "Partido de Wall Street" quer.

A rede estadual que tem evoluído ao longo da geografia histórica do capitalismo toma formas hierárquicas. Os governos regionais e locais, com poderes limitados sobre impostos e o fornecimento de bens públicos, são incorporados a Estados soberanos, que têm delegado parte de sua soberania a órgãos supraestatais. Organizações como o Fundo Monetário Internacional, a Organização Mundial do Comércio, o Banco Mundial, o Banco de Compensações Internacionais e a coordenação nas relações entre as potências (o G8, que agora se expandiu para o G20) têm, por exemplo, desempenhado um papel cada vez mais importante para orientar os fluxos de capital e proteger a acumulação do capital. A formação de blocos de poder supraestatais como a União Europeia, o Tratado Norte-Americano de Livre Comércio (Nafta), o Tratado de Livre Comércio entre Estados Unidos, América Central e República Dominicana (Cafta), o Mercado Comum do Sul (Mercosul) ou mesmo configurações regionais de coordenação mais soltas como a Associação de Nações do Sudeste Asiático (Asean) consolidam essa tendência de definir unidades territoriais acima e além do Estado nacional, em grande parte para fins econômicos. Isso é assim porque o ambiente regulatório no qual o capital (em dinheiro ou em forma de mercadoria) se move ao redor do mundo exige uma gestão institucionalizada para não acabar no caos.

Os poderes que residem nessas diferentes escalas administrativas divergem consideravelmente, assim como os instrumentos e as formas de governança. As relações entre a acumulação do capital e as diferentes escalas e níveis de governança são notoriamente instáveis. Mas existem alguns padrões discerníveis. Alguns governos regionais e locais são mantidos sob rígida disciplina em relação aos interesses capitalistas, pela corrupção direta ou de forma mais sutil pelo financiamento de candidatos pró-negócios nas eleições e uma colaboração estreita entre os interesses capitalistas e os serviços-chave nas administrações locais que lidam com, por exemplo, imóveis e desenvolvimento econômico.

Uma das principais transformações que ocorreram no caráter do Estado, após meados da década de 1970, foi a delegação de competências às administrações locais. A descentralização controlada acabou sendo um dos melhores meios de exercer e consolidar o controle centralizado. Isso foi particularmente acentuado nas reformas introduzidas na China depois de 1979. A autoridade não só foi delegada a governos regionais e metropolitanos, assim como em outras instâncias encurralada em zonas econômicas especiais, mas também estendida às cidades e aldeias, estimuladas a criar empresas. O resultado foi um crescimento econômico agregado impressionante e mais e mais centralização do poder em Pequim. Em grande parte do mundo capitalista delegações semelhantes ocorreram. Nos EUA, por exemplo, foram reforçados os direitos dos Estados e das iniciativas metropolitanas em relação ao governo federal depois de mais ou menos 1975. O Estado francês também introduziu reformas de descentralização na década de 1980, e a Grã-Bretanha concedeu poderes ao Parlamento escocês, como fez a Espanha para a Catalunha, e assim por diante.

◆

As guerras entre os Estados na geografia histórica do capitalismo têm sido episódios retumbantes de destruição criativa. Não só infraestruturas físicas são destruídas, mas também são dizimadas as forças de trabalho, devastados os ambientes, reinventadas as instituições, interrompidas as relações sociais e criados todos os tipos de novas tecnologias e formas organizacionais (das bombas nucleares, radares e cirurgias avançadas para o tratamento de queimaduras aos sistemas logísticos, modelos de comando e execução de tomada de decisões). A reconstrução após as guerras absorve o excedente de capital e mão de obra (como está acontecendo atualmente no Líbano e aconteceu em grande escala na reconstrução das economias japonesa e europeia após 1945). Não é, naturalmente, que as guerras sejam propositalmente projetadas pelo capital para essa finalidade, mas o capital com certeza alimenta-as para esse efeito.

A formação do Estado e a concorrência interterritorial preparam o palco para conflitos de todos os tipos, com a guerra como o último recurso. O capital, por assim dizer, cria algumas das condições necessárias para as formas modernas da guerra, mas as condições suficientes estão em outro lugar, dentro do aparato do Estado e nos interesses que procuram utilizar o poder do Estado em benefício próprio (incluindo, naturalmente, o "complexo militar-industrial" que sobrevive em grande parte pela promoção do medo do conflito, se não pelo conflito em si).

As leis coercitivas da competição interterritorial operam, porém, com diferentes efeitos em diferentes escalas geográficas: entre blocos de poder (como Europa, América do Norte, Leste Asiático), entre Estados, entre entidades regionais (como os estados dos Estados Unidos ou governos regionais, como a Catalunha ou a Escócia, na Europa) e entre regiões metropolitanas, cidades e até mesmo municípios e bairros. Ter regiões e estados mais "competitivos" na economia mundial torna-se fundamental para a formação de políticas públicas, assim como ter um bairro mais agradável e atraente para o tipo certo de pessoas muitas vezes se torna o objetivo central de associações cívicas locais (levando a uma política local de resistência a intervenções e serviços sociais em alguns bairros). Estados locais competem uns com os outros. As solidariedades locais que atravessam as linhas de classe tornam-se importantes na tentativa de atrair capital móvel para a cidade. A câmara de comércio local e os sindicatos locais são mais propensos a colaborar, em vez de lutar uns contra os outros, quando se trata de obter projetos de desenvolvimento local, que trarão tanto capital de investimento quanto oportunidades de emprego.

A venda e apropriação do lugar e o embelezamento da imagem de um lugar (incluindo Estados) tornam-se parte integrante do funcionamento da competição capitalista. A produção da diferença geográfica, tomando como base a história, cultura e as assim chamadas vantagens naturais, é internalizada na reprodução do capitalismo. Traga um arquiteto de renome para sua cidade e crie algo como o Museum Guggenheim de Frank Gehry, em Bilbao. Isso ajuda a colocar a cidade no mapa dos atrativos para o capital móvel. Se diferenças geográficas entre as regiões e estados não existissem, então seriam criadas pelas estratégias diferenciadas de investimento e pela busca do poder de monopólio espacial dado pela singularidade da situação e das qualidades ambientais e culturais. A ideia de que o capitalismo promove a homogeneidade geográfica é totalmente errada. Prospera com base na heterogeneidade e diferença, embora sempre dentro de alguns limites, é claro (não pode tolerar Cuba, o Chile de Allende, a perspectiva do comunismo na Itália na década de 1970).

Mas os arranjos institucionais e administrativos dentro de um território são, pelo menos teoricamente, sujeitos à vontade soberana do povo, o que significa que dependem dos resultados da luta política. Isso introduz uma dimensão diferente para as formas em que a organização geográfica relaciona-se com a reprodução do capitalismo. Oposições à comercialização excessiva e ao desenvolvimento capitalista crasso, bem como movimentos sociais contra o capitalismo de mercado, podem surgir facilmente dentro de uma estrutura desse tipo. Essas oposições podem vir tanto da esquerda (como as insurgências lideradas pelos comunistas) quanto da direita (como o fundamentalismo religioso ou fascismo). Quem controla os meios da violência – tradicionalmente o Estado, mas agora também as organizações terroristas e mafiosas no nível micro e, num nível superior, organizações como a Otan – geralmente tem a vantagem nessas lutas e isso se dá com cada vez mais frequência, dada a sofisticação atual das técnicas de vigilância e tecnologias militares.

———◆———

Os imperialismos, as conquistas coloniais, as guerras intercapitalistas e as discriminações raciais têm desempenhado um papel dramático na geografia histórica do capitalismo. Nenhuma narrativa das origens do capitalismo pode evitar o confronto com o significado de tais fenômenos. Mas isso significa que tais fenômenos são necessários para a sobrevivência do capitalismo? Será que poderia evoluir de acordo com linhas antirracistas, não militaristas, não imperialistas e não coloniais? O que acontece quando, como sugere Giovanni Arrighi em *O longo século XX*, se substituem as teorias tradicionais de dominação colonial e imperialista pela noção de hegemonia e se insiste que a hegemonia é uma organização muito diferente das relações de poder global?

A ascensão do capitalismo esteve associada à ascensão de uma forma distintamente capitalista do poder estatal – o "estado fiscal militar", como o chamam os historiadores da economia do século XVIII. Uma variedade de nexos Estado-finanças e Estado-corporações surgiu dentro do espaço da expansão global do desenvolvimento capitalista. A concorrência entre eles, por vezes feroz e bélica, generalizou-se em todo o sistema dos Estados que então surgia. Os poderes do Estado e as formas de organização territorializadas também evoluíram ao longo do tempo. Essa evolução, embora autônoma, está inserida no processo coevolutivo descrito anteriormente.

Assim surge uma distinção entre uma lógica de poder, conduzida por imperativos territoriais e interesses políticos, constrangida pelas complexidades envolvidas na construção do lugar e na evolução das expressões da vontade popular (como o nacionalismo) na esfera pública, e uma lógica capitalista de poder que decorre do acúmulo de poder pelo dinheiro nas mãos de pessoas físicas e empresas em busca de um crescimento sem fim por meio de atividades lucrativas.

Defino lógica territorial como as estratégias políticas, diplomáticas, econômicas e militares mobilizadas pelo aparelho de Estado em seu próprio interesse. O primeiro objetivo dessas estratégias é controlar e gerenciar as atividades da população no território e acumular poder e riqueza dentro das fronteiras do Estado. Esse poder e essa riqueza podem ser usados internamente para o benefício do povo (ou, de modo mais restrito, para criar um bom clima para os negócios, o capital e uma classe capitalista local) ou externamente para exercer influência ou poder sobre outros Estados. Tributos podem ser extraídos, por exemplo, de posses coloniais ou de Estados fracos na esfera de influência de algum Estado dominante. Na falta disso, o acesso a recursos, mercados, força de trabalho e capacidade produtiva que existe em outros países pode ser garantido de modo a que o capital excedente tenha algum lugar para ir quando as condições em casa não forem favoráveis para a acumulação. Esse acesso pode envolver conquistas violentas e ocupações coloniais (do tipo com que os britânicos se envolveram em partes da Índia a partir do século XVIII). Mas também pode ser estabelecido de forma mais pacífica pela negociação, acordos e integrações comerciais, do tipo que os ingleses estabeleceram com os Estados Unidos, sua ex-colônia, depois da independência e da guerra de 1812.

A lógica capitalista, por outro lado, coloca em foco a maneira pela qual o poder do dinheiro flui por e dentro do espaço e fronteiras na busca da acumulação sem fim. Essa lógica é mais processual e molecular do que territorial. As duas lógicas não são redutíveis uma à outra, mas estão intimamente interligadas. Há também, como argumentei anteriormente, um ponto de fusão no qual se juntam para formar o nexo Estado-finanças (representado agora pelos bancos centrais do mundo). Mas as motivações dos envolvidos – empresários e políticos – são bastante diferentes e por vezes profundamente contraditórias mesmo quando estão interligadas de forma inextricável. O capitalista que detém dinheiro deseja colocá-lo em qualquer lugar que os lucros estejam, e isso é assim. O capitalista, portanto, necessita de espaços abertos para se mover – e as fronteiras do Estado podem ser obstáculos em alguns momentos. Os políticos e burocratas estatais geralmente procuram aumentar a riqueza e o poder de seu Estado tanto internamente quanto nas relações externas. Para fazê-lo nas condições contemporâneas, isso requer que facilitem a acumulação do capital dentro de suas fronteiras ou encontrem maneiras de extrair riquezas provenientes do exterior. O dinheiro é, afinal, uma forma primária de poder social, e o Estado o deseja e é disciplinado por ele, tanto quanto qualquer outro grupo ou pessoa. Historicamente, a variante mais evidente de uma estratégia explícita ao longo dessas linhas foi o chamado "mercantilismo". A missão do Estado, sugeriram os economistas políticos dos séculos XVII e XVIII, era acumular o poder do dinheiro (ouro e prata) em detrimento dos outros Estados. Em seus trabalhos recentes, o comentarista político americano Kevin Phillips tem descrito a política contemporânea como sendo marcada por aquilo que ele chama de "um novo mercantilismo".

Uma resposta à crise financeira que tomou conta da Ásia do Leste e Sudeste em 1997 e 1998, por exemplo, foi "assumir o mercantilismo". A falta de dinheiro (a crise de liquidez) havia deixado as economias locais vulneráveis ao poder financeiro externo. Como as empresas viáveis fracassaram por falta de liquidez, o capital estrangeiro pôde assumi-las a preço de liquidação. Quando as condições melhoraram, essas empresas foram vendidas com um enorme lucro para os financistas estrangeiros. Quando Taiwan, Coreia do Sul, Singapura e Malásia saíram da crise (vendendo para os mercados de consumo em expansão dos EUA), acumularam deliberadamente reservas de divisas estrangeiras necessárias para defender-se contra comportamentos predatórios desse tipo. As reservas de divisas da China torna-ram-se ainda maiores, dando ao país muito mais flexibilidade durante a crise do que teria sem elas. Excessos de capital foram, portanto, acumulados deliberada-mente no Leste e Sudeste Asiático. Mas o capital excedente não podia ficar ocioso. Tinha de ser colocado em algum lugar. Grande parte foi investida em títulos do Tesouro dos EUA para cobrir o endividamento estadunidense crescente. O resul-tado foi uma reversão da fuga histórica da riqueza do Leste para o Oeste. Mas isso sugere que a China e as outras principais potências da região estejam assumindo um papel imperialista em relação aos Estados Unidos? Certamente, como foi ob-servado no capítulo 1, uma mudança de hegemonia parece estar em curso. Mas seria errado chamá-la de imperialismo ou neocolonialismo, embora haja indícios perturbadores de uma relação neocolonial emergente entre a China e alguns países africanos.

O comando sobre o espaço, como já foi afirmado, é sempre uma forma funda-mental de poder social. Pode ser exercido por um grupo ou uma classe social sobre outra ou exercido de modo imperialista, como o poder de um povo sobre outro. Esse poder é tanto expansivo (o poder de fazer e criar) quanto coercitivo (o poder de negar, evitar e, se necessário, destruir). Mas o efeito é a redistribuição da ri-queza e o redirecionamento dos fluxos de capital para o benefício da potência he-gemônica ou imperialista à custa de todos os outros.

Segue-se que o poder político e militar que se agrega no interior do Estado também pode ser usado para facilitar, espionar ou mesmo suprimir o uso do poder do dinheiro que se acumula nas mãos da iniciativa privada por meio da acumulação do capital. A história dos países socialistas e comunistas depois de 1917 é ilustrativa da importância (assim como dos limites inerentes) do contrapoder localizado den-tro do aparelho do Estado para organizar o espaço global de acordo com uma lógi-ca não capitalista. Mas, como anteriormente argumentado, a mera conquista do poder do Estado não leva a uma verdadeira revolução socialista ou comunista. So-mente quando todas as outras esferas de atividade dentro do movimento do sis-tema coevolutivo se moverem em algum tipo de alinhamento, poderemos falar de uma transformação em escala revolucionária para além da dominação capitalista. Isso não significa, como alguns alegam agora, que o poder do Estado é irrelevante e que o local privilegiado para a política transformadora tem de estar exclusivamen-te na sociedade civil e na vida cotidiana.

Embora grande parte do pensamento anticapitalista contemporâneo seja cética ou francamente hostil quanto a ver o Estado como uma forma adequada de con-trapoder ao capital, alguma espécie de organização territorial (como a planejada pela revolução zapatista em Chiapas, México) é inevitável na concepção de uma nova ordem social. A questão não é, portanto, se o Estado é uma forma válida de organização social nos assuntos humanos, mas que tipo de organização territorial de poder pode ser apropriado no processo de transição para outra forma de produção. Da mesma maneira que as formas do Estado pré-capitalista se transformaram em Estados distintamente burgueses e capitalistas a partir do século XVII, qualquer transição para longe da acumulação do capital como a forma dominante de organização da reprodução da vida social tem de prever uma transformação radical e a reconstrução do poder territorial. Novos aparelhos institucionais e administrativos, operacionais dentro de algum território, terão de ser concebidos. Isso pode parecer uma tarefa difícil, mas basta pensar em como esses aparelhos têm mudado ao longo dos últimos trinta anos no curso da virada neoliberal para ver que as transformações amplas não são apenas possíveis, mas inevitáveis no curso da coevolução do capitalismo.

As formas de Estado nunca foram estáticas. A partir de meados do século XIX, o mundo foi, por exemplo, territorializado a mando e de acordo com uma lógica imposta principalmente pelas grandes potências imperiais. A maior parte das fronteiras territoriais do mundo foi estabelecida entre 1870 e 1925; a maioria apenas pelo poder imperial inglês e francês. A descolonização, depois de 1945, confirmou muitos dos limites (apesar de algumas divisões espetaculares, como a compartimentação da Índia) e produziu ainda mais Estados nominalmente independentes e autônomos. Digo "nominalmente" porque, na maioria dos casos, o jugo imperialista subterrâneo das instituições impostas na colonização permaneceu intacto. O neocolonialismo na África, por exemplo, continua até hoje, com imensas implicações para o desenvolvimento geográfico desigual de todo o continente.

As configurações geográficas do poder do Estado alcançadas depois de 1945 permaneceram relativamente estáveis, uma vez que a descolonização foi concluída. Mas nos últimos tempos o mapa do mundo mudou. A Organizacão das Nações Unidas originalmente composta de 51 Estados conta agora com 192 membros. Toda uma série de reterritorializações começou após 1989, com o desmembramento da União Soviética e a subsequente dissolução da Iugoslávia. As mudanças têm ocorrido em outros níveis de governo, também. Territorializações podem parecer difíceis de mudar, mas a história indica que elas nunca estão fixadas em pedra.

A grande questão que isso coloca é a mudança das relações de poder dentro do sistema interestatal em evolução e os consequentes conflitos políticos entre Estados ou blocos de poder. Esta não é apenas uma questão de análise sobre a concorrência interestatal e de considerar os resultados em termos de vencedores e perdedores. Também diz respeito à capacidade de alguns Estados de exercer seu poder sobre outros e ao quadro mental em que líderes políticos e militares que comandam o aparelho estatal interpretam sua posição no sistema interestatal. A sensação de segurança e ameaça, o medo de absorção, a necessidade de gerir as lutas internas dentro de um território, invocando ameaças externas reais ou imaginadas desempenham um papel nisso. As concepções mentais se tornam importantes.

170 / O enigma do capital

É nesse mundo que o lado mais sombrio do pensamento geopolítico pode florescer com facilidade e efeitos potencialmente letais. Uma vez que os Estados são considerados, por exemplo, organismos distintos que requerem uma base (e não formas abertas de organização política no âmbito de uma colaboração internacional), então, como o geógrafo alemão Karl Haushofer colocou, em seu instituto de geopolítica que preparou os planos de expansionismo nazista, têm o direito legítimo de buscar o domínio territorial necessário para garantir seu futuro. Os Estados, de acordo com esse argumento, são organismos que existem em um mundo darwiniano em que somente os mais aptos sobrevivem. Não existe outra opção a não ser se envolver na luta pela sobrevivência, no cenário mundial. O atual renascimento de tais modos de pensamento é e deve ser tomado como preocupante. Será que o governo chinês, tendo em mente o tratado marcante de A. T. Mahan, *The Influence of Sea Power Upon History* [A influência do poder marítimo na história]* (publicado em 1890), promove a construção de uma Marinha como parte de uma estratégia geopolítica de proteger a sua nascente, mas em rápida evolução, relação geoeconômica com o Oriente Médio, a África e a América Latina, de onde adquire as matérias-primas necessárias para intensificar sua industrialização? O que são a nova e enorme instalação portuária que construiu no Paquistão e todos os empreendimentos no interior da Ásia? Existe aqui um plano geopolítico para a dominação global? O governo chinês está seguindo a velha teoria geopolítica do geógrafo *sir* Halford Mackinder (publicada em 1904 como "The Geographical Pivot of History" [O pivô geográfico da história]**), segundo a qual quem controla o "coração" do interior da Ásia controla a "ilha do mundo", constituída pela Eurásia, e, portanto, o mundo? Se assim for, como os Estados Unidos devem responder a essa ameaça?

Na verdade, até que ponto o intervencionismo dos EUA no Iraque e no Afeganistão (e um surpreendente compromisso de Obama em continuar a luta no Afeganistão) foi motivado por considerações geopolíticas? Desde 1945, os EUA tentam dominar o Oriente Médio, pois é aí que jorra a torneira do petróleo mundial. Quem controla a torneira do petróleo global controla o mundo. Seu objetivo foi impedir a formação de uma força política poderosa independente na região e proteger a existência de um mercado mundial de petróleo único, em dólares. Isso reforça a hegemonia global do dólar e concede aos Estados Unidos o poder de senhoriagem, a capacidade de imprimir dinheiro em nível global, quando em perigo. Os EUA já lutaram duas guerras do Golfo e estenderam seu alcance ao Afeganis-

---

* Nova York, Barnes & Noble, 2004. (N. E.)
** Londres, Royal Geographical Society, 1904. (N. E.)

A destruição criativa da terra / 171

tão e ao Paquistão. Ameaçam perpetuamente o Irã, o único país que se recusou a aceitar a hegemonia estadunidense e que tem procurado manter sua posição como uma potência política independente, apesar da longa guerra apoiada pelos EUA com o Iraque de Saddam Hussein em 1980. A extensão do controle dos EUA para fora dos Estados produtores de petróleo centrais, como o Afeganistão e até mesmo o coração da Ásia central, tem todas as marcas da preempção geopolítica contra as aspirações russas e chinesas.

Uma vez que o pensamento geopolítico desse tipo, não importa o quão errado e desnecessário seja, é aceito no estabelecimento da política externa dos principais Estados, então ele será provavelmente seguido. As visões geopolíticas e as ambições do Japão, Alemanha, Grã-Bretanha, França e Estados Unidos colidiram após 1914, com consequências enormes para a construção de uma nova geografia mundial por meio da guerra e das lutas pela hegemonia política, econômica e militar. É estranho que seja pela geopolítica que a geografia – tantas vezes, como vimos, o órfão negligenciado da teoria social – volte para uma compreensão social científica do mundo. A necessidade de fazê-lo com base nesse aspecto sinistro do determinismo geográfico, em um suposto mundo político de competição darwiniana e malthusiana entre Estados ou blocos de poder, poderia ter e tem consequências trágicas. Em tempos de crise, como agora, a tentação de pensar nesses termos é enorme. Certamente foi assim depois do *crash* de 1929 – e olhe a que isso levou.

O aumento do poder do Estado implica certamente juntar o máximo de riqueza e poder do dinheiro possíveis dentro de um determinado território fora do alargamento e aprofundamento dos fluxos espaciais que caracterizam a acumulação do capital no cenário mundial. Isso inevitavelmente incentiva uma política defensiva em relação ao turbilhão de depressões, recessões e furacões econômicos, que caracterizam grande parte da história do capitalismo. O desejo de proteger-se contra todas as formas de potenciais infortúnios econômicos é compreensível. Mas também pode levar a tentativas desesperadas e por vezes agressivas de gerenciar o desenvolvimento geográfico desigual do capitalismo, obstruindo por qualquer meio (inclusive militar) as aspirações de outros Estados. Deixar o Lehman ir à falência propagou os efeitos da crise centrada nos EUA ao redor do mundo. Isso foi um movimento deliberado? Agora, é impossível saber.

O efeito agregado é o aprofundamento e alargamento dos desenvolvimentos geográficos desiguais e a transformação da geografia do mundo em algo mais instável. Muito depende da política posta em movimento. Barreiras tarifárias altas, proteção das indústrias nascentes, substituição dos bens importados pela produção doméstica, juntamente com apoio estatal à investigação e desenvolvimento, caracterizam a alternativa protecionista dentro dos padrões globais do comércio mundial. Barreiras irrompem por todo o lugar e interferem nas estratégias espaciais que o capital aberto costuma preferir. O protecionismo normalmente provoca retaliação e concorrência interestatal intensificada. Guerras comerciais entre Estados não são incomuns e seus resultados são sempre contingentes e incertos.

Historicamente, é claro, os impérios construídos pelas potências europeias e seus sistemas coloniais distintos resolveram todos esses problemas, criando uma estrutura geográfica global de administração, formação de instituições, comércio e desenvolvimento em todos os territórios sob a dominação dos centros metropolitanos do mundo (Madri, Londres, Paris, Bruxelas, Amsterdã, Roma, Berlim e Moscou). O desenvolvimento geográfico desigual, amplamente gerenciado a partir das metrópoles, definiu os fluxos de capital de forma a acumular a massa de capital do mundo nas mãos daqueles que viviam nos países capitalistas avançados do período. A descolonização começou a mudar tudo isso. Cedo no caso das Américas e da Oceania, a descolonização foi finalmente adotada (após muita pressão dos Estados Unidos) em todos os lugares a partir de 1945, embora muitas vezes após anos de lutas amargas de libertação nacional, cujas reviravoltas tiveram todas as formas de implicações para os novos Estados que surgiram. Claramente, a descolonização não acabou com a hegemonia ou a dominação, nem impediu a organização do desenvolvimento geográfico desigual de maneira a beneficiar os centros já existentes da acumulação do capital.

Desde o início (e depois de alguns começos em falso), os Estados Unidos deixaram de lado as práticas clássicas europeias (e depois japonesas) de imperialismo e colonialismo, baseadas na ocupação territorial, e adotaram a hegemonia global. Os EUA não abandonaram de todo os objetivos de controle territorial, mas procuraram exercê-lo por meio de formas de governança local que nominalmente preservaram a independência, mas que informal ou formalmente, em alguns casos (como na Coreia do Sul e Taiwan), aceitaram a hegemonia dos EUA no mundo. Isso às vezes necessitou de violência encoberta por parte dos Estados Unidos e, certamente, produziu um conjunto de redes de relações neocoloniais, com os Estados mais fracos e em geral menores que operavam sob a dominação dos EUA.

Mas uma das consequências da enorme explosão de atividade financeira e das mudanças globais na atividade produtiva que ocorreram ao longo dos últimos trinta anos tem sido a de tornar a língua do imperialismo e do colonialismo menos relevante do que a luta pela hegemonia. O novo imperialismo se dá pela luta por hegemonia – hegemonia financeira, em particular, mas a dimensão militar continua a ser de grande importância –, e não mais pelo controle direto sobre o território.

———◆———

O desenvolvimento geográfico desigual não é uma simples barra lateral de como o capitalismo funciona, mas é fundamental para sua reprodução. O entendimento de sua dinâmica não é fácil. Gera muitas aberturas localizadas dentro das quais as vulnerabilidades tornam-se forças de oposição aparentes e podem unir-se. Isso o torna uma fonte fecunda de renovação capitalista. Se a China não tivesse se aberto depois de 1979, por razões que continuam a ser difíceis de entender, então o capitalismo global teria sido muito mais limitado em seu desenvolvimento global e haveria muito mais probabilidade de ter encalhado em um ou outro dos recifes das barreiras para a continuidade da acumulação do capital. A China, com sua crescente influência não só no Leste da Ásia, mas também fora dela, agora tem um papel importante a desempenhar na determinação do tipo de capitalismo que pode sair da crise atual. A hegemonia se desloca geograficamente – na medida em que a América do Norte e a Europa estagnam, e a China continua a crescer –, mas isso representa riscos geopolíticos. O modo como o desenvolvimento geográfico desigual se desenrolar tanto geoeconomicamente (por meio de relações comerciais em geral guiadas por interesses corporativos, mas sancionadas pelos poderes do Estado) e geopoliticamente (mediante a diplomacia do Estado e da guerra, que o grande estrategista militar alemão do século XIX Carl von Clausewitz chamava de "diplomacia por outros meios") terá imensas implicações para o futuro da humanidade.

Por trás de tudo isso reside a complexidade da determinação geográfica. Por um lado, os capitalistas não podem seguir barreiras geográficas de qualquer espécie – nem espacial nem ambiental – e estão engajados em uma luta perpétua para burlá-las ou transcendê-las. Por outro lado, os capitalistas edificam ativamente novas geografias e barreiras geográficas, sob a forma de ambientes construídos que contêm grandes quantidades de capital fixo e imutável que deve ser utilizado por completo para que seu valor não seja perdido. Também criam divisões regionais do trabalho que reúnem ao seu redor todos os tipos de funções de apoio que, então, restringem a mobilidade geográfica do capital e da mão de obra. Arranjos administrativos territorializados e aparelhos de Estado fixam as fronteiras e os limites de tal modo que muitas vezes limitam o movimento. A tudo isso se juntam as múltiplas formas pelas quais as pessoas criam seus próprios espaços de vida distintos, reflexos de seus pontos de vista distintos sobre a relação adequada com a natureza, as formas adequadas de sociabilidade e suas concepções mentais sobre o que constitui uma vida cotidiana plena, materialmente gratificante e significativa.

A razão pela qual é tão difícil integrar a construção da geografia em qualquer teoria geral da acumulação do capital, o que já deveria estar claro, é que esse processo não só é profundamente contraditório, mas também cheio de imprevistos, acidentes e confusões. A manutenção da heterogeneidade, e não a obtenção de homogeneidade, é importante. Mas ainda é possível obter algum controle sobre a localização dessas dificuldades e seus efeitos. O clima econômico em que o planeta Terra está submetido é, por assim dizer, mutável e imprevisível em seus detalhes. Mudanças econômicas de longo prazo são difíceis de discernir sob toda a superfície agitada, mas estão definitivamente lá. É também muito claro que a reprodução do capitalismo implica a realização de novas geografias e que a criação de novas geografias, por meio da destruição criativa do velho, é uma boa forma de lidar com o problema permanente da absorção do excedente de capital. Mas essa busca de uma "correção" geográfica para o problema da absorção do excedente constitui também um perigo sempre presente. Embora existam inúmeros paralelos entre a crise da década de 1930 e a atual, um paralelo potencial é quase totalmente ignorado: o colapso da colaboração internacional, o descenso a rivalidades geopolíticas e a vasta tragédia de um dos maiores do todos os episódios de destruição criativa na história da humanidade, a Segunda Guerra Mundial.

8

QUE FAZER? E QUEM VAI FAZÊ-LO?*

Em tempos de crise, a irracionalidade do capitalismo se torna evidente para todos. Capital e mão de obra excedentes existem lado a lado sem haver aparentemente uma forma de uni-los no meio de um imenso sofrimento humano e necessidades não realizadas. No meio do verão de 2009, um terço do equipamento de capital dos Estados Unidos esteve parado, enquanto 17% da força de trabalho estavam ou desempregados, forçados a trabalhar meio período ou "sem ânimo". O que poderia ser mais irracional do que isso?

Para que a acumulação do capital volte a 3% de crescimento composto será necessária uma nova base para lucrar e absorver o capital. A forma irracional de fazê-lo, no passado, foi com a destruição dos êxitos de eras precedentes por meio de guerra, desvalorização de bens, degradação da capacidade produtiva, abandono e outras formas de "destruição criativa". Os efeitos são sentidos não apenas no mundo da produção e comércio de mercadorias. Vidas humanas são afetadas e até fisicamente destruídas, carreiras inteiras e sucessos de uma vida ficam sob risco, crenças profundas são postas em questão, mentes são feridas e o respeito pela dignidade humana fica de lado. A destruição criativa detona o bom, o belo, o mau e o feio do mesmo modo. Crises, pode-se concluir, são os racionalizadores irracionais de um sistema irracional.

O capitalismo será capaz de sobreviver ao presente trauma? Sim, é claro. Mas a que custo? Essa pergunta encobre outra. A classe capitalista poderá reproduzir seu poder em face do conjunto de problemas econômicos, sociais, políticos e geopolíticos, além das dificuldades ambientais? Novamente, a resposta é um sonoro "sim". Mas as massas terão de entregar os frutos de seu trabalho para quem está no

---

* Parte deste capítulo foi publicada em *Margem Esquerda*, tradução de Adriana Guimarães, São Paulo, Boitempo, n. 15, 2010. (N. T.)

poder, ceder muitos dos seus direitos e ativos (de todos os tipos, desde habitação à previdência) conquistados com dificuldade e sofrer degradações ambientais em abundância, sem falar nas sérias reduções em seus padrões de vida, o que significa fome para muitos daqueles que já lutam para sobreviver no fundo do poço. Mais do que um pouco de repressão política, violência policial e controle militar do Estado vão ser necessários para conter a agitação resultante. Mas também haverá apertos e mudanças dolorosas na localização geográfica e setorial do poder da classe capitalista. A classe capitalista não pode, se a história for um guia, manter seu poder sem mudar seu caráter e mover a acumulação para uma trajetória diferente e novos espaços (como o Leste Asiático).

Uma vez que boa parte desses fenômenos é imprevisível e os espaços da economia global são tão variáveis, as incertezas quanto aos resultados se intensificam em períodos de crise. Todos os tipos de possibilidades locais surgem seja para os capitalistas nascentes em algum espaço novo aproveitarem as oportunidades para desafiar as hegemonias de classe ou territoriais mais antigas (como quando o Vale do Silício substituiu Detroit a partir dos anos 1970 nos Estados Unidos), seja para os movimentos radicais desafiarem a reprodução de um poder de classe já desestabilizado. Dizer que a classe capitalista e o capitalismo podem sobreviver não significa que eles estão predestinados a isso nem que seu caráter futuro está determinado. As crises são momentos de paradoxo e possibilidades, das quais todo tipo de alternativas, incluindo socialistas e anticapitalistas, podem surgir.

Então, o que vai acontecer dessa vez? Se quisermos voltar para o crescimento de 3% teremos de encontrar novas e lucrativas oportunidades de investimento global para 1,6 trilhão de dólares em 2010, subindo para perto de 3 trilhões de dólares em 2030. Isso contrasta com o investimento de 0,15 trilhão de dólares necessários em novos investimentos em 1950 e 0,42 trilhão de dólares necessários em 1973 (os valores em dólar foram reajustados de acordo com a inflação). Problemas reais para se encontrar saídas adequadas para o capital excedente começaram a aparecer depois de 1980, mesmo com a abertura da China e o colapso do bloco soviético. As dificuldades foram, em parte, resolvidas pela criação de mercados fictícios nos quais a especulação dos valores dos ativos poderia decolar sem impedimentos. Para onde irá todo esse investimento agora?

Deixando de lado as restrições indiscutíveis nas relações com a natureza (o aquecimento global sendo de suma importância), as outras potenciais barreiras para a demanda efetiva no mercado, para as tecnologias e para a distribuição geográfica/geopolítica serão provavelmente profundas, mesmo supondo, o que é improvável, que nenhuma oposição ativa séria para o contínuo acúmulo de capital e consequente consolidação do poder de classe se materialize. Que espaços são deixados na economia global para novas correções espaciais para absorção do excedente de capital? A China e o antigo bloco soviético já foram integrados. O Sul e Sudeste Asiático estão se abastecendo rapidamente. A África ainda não está totalmente integrada, mas não há nenhum outro local com capacidade para absorver todo esse capital excedente. Que novas linhas de produção podem ser abertas para absorver o crescimento? Pode não haver soluções capitalistas eficazes a longo prazo (além da volta às manipulações fictícias de capital) para a crise do capitalismo. Em algum ponto, as mudanças quantitativas levarão a mudanças qualitativas e precisamos levar a sério a ideia de que estamos exatamente nesse ponto de inflexão na história do capitalismo. O questionamento a respeito do futuro do próprio capitalismo como um sistema social adequado deve, portanto, estar na vanguarda do debate atual.

No entanto, parece haver pouco apetite para tal discussão, mesmo entre a esquerda. Em vez disso, continuamos a ouvir os mantras convencionais de sempre sobre o potencial de perfeição da humanidade com a ajuda dos mercados livres e do livre-comércio, da propriedade privada e da responsabilidade pessoal, dos impostos baixos e do envolvimento minimalista do Estado nas políticas sociais, ainda que tudo isso soe cada vez mais vazio. Uma crise de legitimidade se avizinha. Mas as crises de legitimação normalmente se desdobram em um ritmo diferente daquele dos mercados de ações. Passaram-se, por exemplo, três ou quatro anos antes que o *crash* da bolsa em 1929 produzisse o movimento social de massa (tanto progressista quanto fascista) depois de 1932. A intensidade da atual busca do poder político por meios para sair da crise pode ter algo a ver com o medo político de iminente ilegitimidade.

A existência de rachaduras no edifício ideológico não significa que está definitivamente quebrado. Também não segue delas que, porque há algo poroso, as pessoas vão reconhecê-lo imediatamente como tal. Até agora, a crença nas ideias subjacentes da ideologia do livre-mercado não se abalaram demais. Não há indicação de que as pessoas nos países capitalistas avançados (fora os descontentes habituais) estejam buscando mudanças radicais em seus estilos de vida, por mais que muitos reconheçam que têm de economizar um pouco aqui ou poupar mais ali. As pessoas despejadas nos Estados Unidos (assim nos contam pesquisas preliminares) geralmente se culpam a si mesmas por seus fracassos (às vezes por falta de sorte) em dar conta das responsabilidades da casa própria. Por mais que haja raiva contra a duplicidade dos banqueiros e ultraje popular contra seus bônus, não parece haver movimento na América do Norte ou Europa que abrace mudanças radicais e profundas. No Sul global, na América Latina em especial, a história é um pouco diferente. Como a política vai se desenvolver na China e no resto da Ásia, onde o crescimento continua e a política gira em eixos distintos, é incerto. O problema aí é que o crescimento continua, apesar de estar num ritmo menor.

A ideia de que a crise tem origens sistêmicas é pouco debatida na grande mídia. A maioria dos movimentos governamentais para conter a crise na América do Norte e Europa levou à perpetuação da situação de sempre que se traduz em apoio à classe capitalista. O "risco moral" que foi o estopim para os fracassos financeiros está ultrapassando novos limites nos resgates a bancos. As práticas efetivas do neoliberalismo (ao contrário de sua teoria utópica) sempre implicaram claro apoio para o capital financeiro e para as elites capitalistas (geralmente com base na teoria de que as instituições financeiras devem ser protegidas a todo custo e que é dever do poder do Estado criar um ambiente agradável para os negócios, o que resultaria em mais lucro). Fundamentalmente, nada mudou. Tais práticas são justificadas pelo apelo à proposição duvidosa de que uma "maré crescente" do empreendimento capitalista "levantaria todos os barcos", ou seja, que os benefícios do crescimento composto trariam, como em um passe de mágica, benefícios a toda população (o que nunca acontece, exceto sob a forma de algumas migalhas caídas das mesas dos mais abastados).

Em boa parte do mundo capitalista, passamos por um período surpreendente em que a política foi despolitizada e mercantilizada. Apenas agora em que o Estado entra em cena para socorrer os financistas ficou claro para todos que Estado e capital estão mais ligados um ao outro do que nunca, tanto institucional quanto pessoalmente. Vê-se agora claramente a classe dominante, mais do que a classe política que age como sua subordinada, dominando.

Então, como a classe capitalista sairá da crise atual e em quanto tempo? O recuo dos valores nas bolsas de Xangai e Tóquio a Frankfurt, Londres e Nova York é um bom sinal, dizem-nos, mesmo que o desemprego por toda parte continue a aumentar. Mas notem o viés de classe dessa medida. Somos intimados a regozijar-nos com a recuperação dos valores das ações para os capitalistas, porque esta sempre precede, dizem, uma repercussão na "economia real", em que os postos de trabalho são criados e os salários, pagos. O fato de que a recuperação do último recuo das ações nos Estados Unidos após 2002 revelou-se uma "recuperação de desemprego" parece já ter sido esquecido. O público anglo-saxão, em particular, parece ser seriamente atingido por essa amnésia. Ele esquece e perdoa com grande facilidade as transgressões da classe capitalista e os desastres periódicos que suas ações precipitam. A mídia capitalista tem o prazer de promover essa amnésia.

Enquanto isso, os jovens tubarões financeiros receberam seus bônus do passado e começaram a comprar coletivamente instituições financeiras para cercar Wall Street e a City de Londres, vasculhando nos detritos dos gigantes financeiros de ontem para resgatar os pedaços ainda bons e começar tudo de novo. Os bancos de investimento que continuam nos EUA – Goldman Sachs e J. P. Morgan –, apesar de reencarnados em empresas que possuem bancos, ganharam isenção dos requisitos regulatórios (graças ao Federal Reserve) e estão tendo lucros enormes em especulações perigosas (e deixando de lado dinheiro para grandes bônus) com o dinheiro do contribuinte em mercados de derivativos sem regulação e ainda em alta. O mecanismo que nos levou à crise recomeçou claramente como se nada tivesse acontecido. Inovações nas finanças estão a caminho na medida em que novas formas de empacotar e vender dívidas de capital fictício são inventadas e oferecidas a instituições como fundos de pensão, desesperadas para desembocar o excedente de capital. As ficções estão de volta!

Consórcios estão comprando propriedades em que houve despejos recentes, seja na expectativa de o mercado voltar a ser rentável, seja para ter terra valiosa para um momento de novo desenvolvimento ativo futuro. Pessoas ricas, corporações e entidades apoiadas pelo Estado (no caso da China) estão comprando várias parcelas de terra de modo surpreendente na África e América Latina, buscando consolidar seu poder e garantir uma segurança futura. Ou trata-se de uma nova fronteira especulativa que cedo ou tarde acabará em lágrimas? Os bancos normais estão estocando dinheiro, boa parte colhida em cofres públicos, também com a intenção de voltar ao pagamento de bônus compatíveis com o estilo de vida que levavam anteriormente, enquanto um conjunto de empresários paira ao seu redor à espera do momento oportuno de destruição criativa, apoiados por uma enxurrada de dinheiro público.

Enquanto isso, o poder do dinheiro exercido por poucos prejudica todas as formas de governança democrática. Os *lobbies* farmacêutico, de seguro de saúde e de hospitais, por exemplo, gastaram mais de 133 milhões de dólares no primeiro trimestre de 2009 para se certificar de que as coisas sairiam como eles querem na reforma da saúde nos Estados Unidos. Max Baucus, chefe do Comitê de Finanças do Senado, que formulou o projeto de lei referente aos serviços de saúde, recebeu 1,5 milhão de dólares por um projeto de lei que oferece um vasto número de novos clientes para as companhias de seguros, sem nenhuma proteção contra a exploração cruel e o lucro excessivo (Wall Street está encantada). Outro ciclo eleitoral, legalmente corrompido pelo imenso poder do dinheiro, logo se avizinhará. Nos Estados Unidos, os partidos da "Rua K" e de Wall Street serão devidamente reeleitos enquanto trabalhadores norte-americanos são exortados a encontrar uma saída para a confusão que a classe dominante criou. Já estivemos em situação igualmente precária antes, somos lembrados, e em todas as vezes os trabalhadores norte-americanos arregaçaram as mangas, apertaram os cintos e salvaram o sistema de algum mecanismo misterioso de autodestruição, pelo qual a classe dominante se exime de qualquer responsabilidade. Responsabilidade pessoal é, afinal, para os trabalhadores e não para os capitalistas.

A classe capitalista tem de convencer-nos, no entanto, que o capitalismo não só é bom para eles, mas bom para todos nós. Ela vai apontar para os 250 anos de crescimento contínuo (com ocasionais momentos de destruição criativa, como agora) e dizer que não há nenhuma razão para que tudo isso chegue ao fim. Suas inovações sem fim, afinal, lançaram as bases para novas tecnologias maravilhosas, como carrinhos da Velcro e Maclaren, que podem beneficiar toda a humanidade, e não há fronteiras de pesquisa ainda a ser conquistadas, capazes de gerar novas linhas de produtos e novos mercados tão necessários para a expansão contínua. Tecnologias verdes e novos mercados de emissões de carbono nos direitos de poluição vão ajudar a salvar o planeta Terra. Um candidato mais provável para a próxima onda de inovação reside na engenharia biomédica e genética. Aqui reside um campo ético (no entanto duvidoso) que nos promete vida eterna e formas de vida química e biologicamente compatíveis, com Estados (se o modelo dos EUA emergindo agora continuar) garantindo enormes lucros aos complexos industriais de assistência médica, farmacêutica e saúde. Esse é o campo em que as fundações mais ricas como Gates e Soros têm cultivado com suas doações. As rendas de direitos de propriedade intelectual e patentes vão garantir retornos no futuro para quem as possui. (Imagine o que acontecerá quando a própria vida for patenteada!)

A crescente monopolização transfronteiriça (pública e empresarial) fará com que o sistema econômico seja menos vulnerável à "concorrência arruinadora". O problema de demanda efetiva será mais bem controlado (espera-se) pelos mercados patrocinados pelo Estado, financiados por dinheiro impresso, em outros campos além da habitual defesa militar, da polícia e da vigilância. Melhor apoio público para os regimes privados em áreas como saúde, habitação e educação também pode convenientemente ser retratado como uma proliferação dos direitos civis e democráticos para a massa da população ao mesmo tempo que enche os cofres de empresas privadas.

E se há dificuldades em algum lugar, então por que não exportá-las (mover a crise geograficamente) na esperança de que sua reexportação de volta para você de alguma forma possa ser repelida? Ou isso, ou mover as tendências de crise sorrateiramente de uma à outra barreira. Temos um problema de demanda efetiva agora, então por que não resolvê-lo arremessando muito dinheiro de tal modo que um problema de inflação surja cinco anos depois (convenientemente fora do alcance do ciclo eleitoral)? A resposta a uma crise de inflação será, é claro, tomar de volta todos os ganhos magros que os trabalhadores obtiveram durante o ano perdulário de financiamento do déficit, ao mesmo tempo deixando felizes os banqueiros e financistas. É como se os capitalistas estivessem coletivamente envolvidos em uma corrida com obstáculos, pulando um obstáculo após o outro, com tamanha graça consumada e facilidade que criam a ilusão de que estamos sempre (ou prestes a estar) na terra prometida da acumulação de capital sem fim. Se esse é o esboço da estratégia de saída, então quase certamente estaremos em outra confusão dentro de cinco anos. De fato, há sinais preocupantes de que a crise ainda vai correr seu curso. A Dubai World de repente anuncia que não pode cumprir com seus pagamentos em novembro de 2009 e o mercado de ações global vai abaixo até Abu Dhabi, rica em petróleo, oferecer seu apoio. A dívida soberana grega é questionada logo depois (como aconteceu anteriormente à Letônia), e alguns analistas começam a se preocupar que a Irlanda, a Espanha e até mesmo o Reino Unido possam ser os próximos. Será que a União Europeia vai mobilizar-se para apoiar seus membros ou se desintegrar sob o estresse financeiro? Enquanto isso, a economia chinesa declara 8% de taxa de crescimento, baseada em um enorme programa de investimento em infraestrutura e a criação de nova capacidade produtiva sem levar em conta o que poderia acontecer com a velha. Mas, como sempre acontece em *booms* desse tipo, a criação de excesso de capacidade produtiva, alimentada por uma farra de enormes empréstimos especulativos dos bancos chineses como ordenado pelo governo central, pode não ficar evidente até muito mais tarde. Mas o que mais podem fazer os chineses, diante de enormes reservas de mão de obra excedente cada vez mais difícil de controlar? Enquanto isso, a vibração resultante do mercado interno chinês estimula até a demanda efetiva local para combater em algum nível a perda de mercados de exportação. A Índia igualmente redescobre o crescimento, dado o seu imenso mercado interno e a fraca dependência em exportações estrangeiras, exceto no âmbito de serviços que foi menos afetado pela crise do que outros setores. Mas os benefícios são mal distribuídos. O número de bilionários indianos aumentou (segundo a revista *Forbes*) de 27 a 52 no meio da crise de 2008. Seria esse mais um caso de bens que retornam a seus proprietários supostamente legítimos em meio a uma crise? Sem dúvida, o desenvolvimento e a recuperação geográfica desigual das crises continuam em ritmo acelerado.

Quanto mais rápido sairmos dessa crise e quanto menos excesso de capital for destruído agora, menos espaço haverá para a revitalização do crescimento ativo a longo prazo. A perda de valor dos ativos enquanto escrevo (em meados de 2009) é de pelo menos 55 trilhões de dólares, segundo o FMI, o que equivale a quase um ano da produção global de bens e serviços. Já estamos de volta aos níveis de produção de 1989. Podemos antever perdas de 400 trilhões de dólares ou mais antes de avançarmos. De fato, em um recente e surpreendente cálculo, foi sugerido que apenas os EUA garantiriam sozinho 200 trilhões de dólares em ativos. A probabilidade de que todos esses ativos acabem mal é mínima, mas o pensamento de que muitos deles poderiam acabar mal é preocupante ao extremo. Só para dar um exemplo concreto: Fannie Mae e Freddie Mac, agora retomados pelo governo dos EUA, possuem ou garantem mais de 5 trilhões de dólares em empréstimos para habitação, muitos dos quais estão em apuros (perdas de mais de 150 bilhões de dólares registradas apenas em 2008). Então, quais são as alternativas?

───◆───

Há tempos o sonho de muitos no mundo é que uma alternativa à (ir)racionalidade capitalista possa ser definida e alcançada racionalmente por meio da mobilização das paixões humanas na busca coletiva de uma vida melhor para todos. Essas alternativas – historicamente chamadas socialismo ou comunismo – foram tentadas em diferentes épocas e lugares. Nos anos 1930, a visão de uma ou outra delas funcionava como um farol de esperança. Mas nos últimos tempos ambas perderam

182 / O enigma do capital

seu brilho e foram ignoradas, não apenas por conta do fracasso das experiências históricas com o comunismo em cumprir suas promessas e a propensão dos regimes comunistas para encobrir os erros cometidos pela repressão, mas também por causa de seus pressupostos aparentemente falhos sobre a natureza humana e do potencial de perfeição da personalidade e das instituições humanas.

A diferença entre o socialismo e o comunismo é digna de nota. O socialismo visa gerir e regular democraticamente o capitalismo de modo a acalmar seus excessos e redistribuir seus benefícios para o bem comum. Trata-se de distribuir a riqueza por meio de arranjos de tributação progressiva, enquanto as necessidades básicas – como educação, saúde e até mesmo habitação – são fornecidas pelo Estado, fora do alcance das forças de mercado. Muitas das principais conquistas do socialismo redistributivo no período pós-1945 não só na Europa, mas em outros locais, tornaram-se tão socialmente incorporadas que estão quase imunes ao ataque neoliberal. Mesmo nos Estados Unidos, a seguridade social e o Medicare são programas extremamente populares que as forças de direita encontram enorme dificuldade para exterminar. Os thatcheristas na Grã-Bretanha não puderam encostar em nada que dissesse respeito à saúde nacional, exceto marginalmente. As provisões sociais na Escandinávia e na maior parte da Europa ocidental parecem ser uma camada indestrutível da ordem social.

No socialismo, a produção de excedente é normalmente gerenciada por intervenções ativas no mercado ou pela nacionalização dos chamados "postos de comando" da economia (energia, transportes, aço, até mesmo automóveis). A geografia do fluxo de capital é controlada por intervenções do Estado, mesmo que o comércio internacional se desdobre em silêncio por acordos comerciais. Os direitos dos trabalhadores no local de trabalho, bem como no mercado, são reforçados. Esses elementos do socialismo foram revertidos desde os anos 1980 em quase todos os lugares. Com efeito, a revolução neoliberal conseguiu privatizar a produção do excedente. Liberou os produtores capitalistas de limitações – incluindo restrições geográficas – e, nesse processo, destruiu o caráter progressista de redistribuição das funções do Estado. Isso produziu o rápido aumento da desigualdade social.

O comunismo, por outro lado, pretende deslocar o capitalismo com a criação de um modo completamente diferente da produção e distribuição de bens e serviços. Na história do comunismo realmente levado a cabo, o controle social sobre produção, mercado e distribuição significava controle estatal e planejamento estatal sistemático. No longo prazo, essas medidas se mostraram mal-sucedidas, porém, curiosamente, sua conversão na China (e sua adoção anteriormente em locais como Singapura) mostrou-se muito mais bem-sucedida do que o modelo neoliberal puro na geração de crescimento capitalista, por razões que não há como desenvolver neste texto. Tentativas contemporâneas de reviver a hipótese comunista tipicamente evitam o controle estatal e procuram outras formas de organização social coletiva para suplantar as forças do mercado e a acumulação de capital como base para organizar a produção e a distribuição. Organizados como uma rede horizontal, e não mais comandados hierarquicamente, sistemas de coordenação entre coletivos de produtores e consumidores autonomamente organizados e autogovernados estão previstos no cerne de uma nova forma de comunismo. Tecnologias contemporâneas de comunicação fazem um sistema como esse parecer viável. Podem ser encontrados por todo o mundo experiências de pequena escala em que tais formas econômicas e políticas estão sendo construídas. Há nisso uma convergência de algum tipo entre as tradições marxista e anarquista que remonta à situação amplamente colaborativa entre elas na década de 1860 na Europa antes de romperem em campos opostos após a Comuna de Paris de 1871 e a troca de farpas entre Karl Marx e um dos principais radicais do período, o anarquista Michael Bakunin, em 1872.

Ainda que não tenhamos certeza, é possível que 2009 marque o início de uma prolongada reviravolta em que a questão ao redor de alternativas ao capitalismo grandiosas e de longo alcance irá passo a passo borbulhar até a superfície em uma parte ou outra do mundo. Quanto mais prolongadas forem a incerteza e a miséria, maior será o questionamento em torno da legitimidade do atual modo de fazer negócios e maior será a demanda para se construir algo diferente. Reformas radicais, e não reformas estilo *band-aid*, são necessárias para se consertar o sistema financeiro.

Se, por exemplo, estivermos testemunhando um retorno de um recalcado "momento keynesiano", orientado a socorrer as classes mais altas, então por que não redirecioná-lo para as classes trabalhadoras que Keynes originalmente visava (não por necessidade política, mas econômica, deve ser lembrado)? Ironicamente, quanto mais tal giro político é tomado, mais se torna provável a economia recuperar alguma aparência de pelo menos estabilidade temporária. O medo capitalista é que qualquer movimento nesse sentido provoque uma sensação de empoderamento para os destituídos, os descontentes e os despossuídos, que irá incentivá-los a avançar ainda mais (como fizeram no fim da década de 1960). Dê-lhes um metro, diz-se, e eles vão querer um quilômetro. Em qualquer caso isso vai depender de os capitalistas desistirem de alguns de seus bens e poder individuais para salvar o capitalismo de si mesmo. Historicamente eles sempre resistiram de maneira feroz a isso.

O desenvolvimento desigual das práticas capitalistas ao redor do mundo tem produzido movimentos anticapitalistas em toda parte. As economias Estado-cêntricas de grande parte da Ásia Oriental geram descontentamentos diferentes em comparação com a agitação antineoliberal das lutas que ocorrem em boa parte da América Latina, onde o movimento revolucionário bolivariano pelo poder popular encontra-se em uma relação peculiar com os interesses da classe capitalista que ainda têm de ser verdadeiramente confrontados. Diferenças a respeito de táticas e

184 / O enigma do capital

políticas em resposta à crise entre os Estados que compõem a União Europeia estão aumentando ao mesmo tempo que uma segunda tentativa de chegar a uma constituição unificada da UE está em curso. Movimentos revolucionários e resolutamente anticapitalistas também podem ser encontrados, embora nem todos eles sejam do tipo progressista, em muitas das zonas marginais do capitalismo. Espaços foram abertos dentro dos quais algo radicalmente diferente em termos de relações sociais dominantes, modos de vida, capacidades produtivas e concepções mentais do mundo pode florescer. Isso se aplica tanto para os talibás e para o regime comunista no Nepal como para os zapatistas em Chiapas e os movimentos indígenas na Bolívia, os movimentos maoistas na Índia rural, ainda que sejam muito diferentes entre si em termos de objetivos, estratégias e táticas.

O problema central é que, no total, não há movimento anticapitalista suficientemente unificado e decidido capaz de desafiar de modo adequado a reprodução da classe capitalista e a perpetuação do seu poder no cenário mundial. Da mesma forma não há nenhuma maneira óbvia de atacar os baluartes dos privilégios das elites capitalistas ou de limitar seu desmesurado poderio financeiro e militar. Há, contudo, uma vaga noção de que não apenas outro mundo é possível – como o movimento de globalização alternativo começou a proclamar nos anos 1990 (veementemente após o que ficou conhecido como a batalha de Seattle de 1999, quando as reuniões da Organização Mundial do Comércio foram interrompidas por completo por manifestações de rua) –, mas de que, com o colapso do império soviético, outro comunismo também seria possível. Apesar de haver aberturas para uma possível ordem social alternativa, ninguém realmente sabe onde ela está ou o que ela é. Mas só porque não há nenhuma força política capaz de articular e muito menos montar um programa, não há motivos para se deter o esboço de alternativas.

A famosa pergunta de Lenin, "O que fazer?", não pode ser respondida, certamente, sem alguma noção de quem pode fazê-lo e onde. Mas é pouco provável que um movimento global anticapitalista surja sem uma visão inspiradora sobre o que está por ser feito e por quê. Existe um duplo bloqueio: a falta de uma visão alternativa impede a formação de um movimento de oposição, e a ausência de tal movimento opõe-se à articulação de uma alternativa. Como, então, esse bloqueio pode ser superado? A relação entre a visão do que fazer e por que e a formação de um movimento político em determinados lugares tem de ser transformada em uma espiral. Uma tem de reforçar a outra, para que algo possa ser feito. Caso contrário, a potencial oposição será trancada para sempre em um círculo fechado que frustra todas as perspectivas de mudança construtiva, deixando-nos vulneráveis a futuras crises perpétuas do capitalismo, com resultados cada vez mais mortais.

O problema central a ser abordado é bastante claro. Obter crescimento composto para sempre não é possível, e os problemas que assolaram o mundo nos últimos trinta anos sinalizam que estamos próximos do limite para o contínuo acúmulo de capital, que não pode ser transcendido exceto criando-se ficções não duradouras. Adicione-se a isso o fato de que tantas pessoas no mundo vivem em condições de extrema pobreza, a degradação ambiental está fora de controle, a dignidade humana está sendo ofendida em toda parte, enquanto os ricos estão acumulando mais e mais riqueza para si próprios e as alavancas dos poderes políticos, institucionais, judiciais, militares e midiáticos estão sob controle político estrito, porém dogmático, encontrando-se incapazes de fazer algo além de perpetuar o *status quo*.

Uma política revolucionária capaz de enfrentar o problema do interminável acúmulo de capital composto e, finalmente, desligá-lo como o principal motor da história humana, requer uma compreensão sofisticada de como ocorre a mudança social. O fracasso dos esforços passados para construir um socialismo e um comunismo duradouros tem de ser evitado e lições dessa história extremamente complicada devem ser aprendidas. No entanto, a absoluta necessidade de um movimento revolucionário anticapitalista coerente também deve ser reconhecida. O objetivo fundamental desse movimento é assumir o comando social sobre a produção e distribuição de excedentes.

Vamos dar outra olhada na teoria da coevolução estabelecida no capítulo 5. Será que isso pode ser a base para uma teoria correvolucionária? Um movimento político pode começar em qualquer lugar (nos processos de trabalho, em torno de concepções mentais, na relação com a natureza, nas relações sociais, na concepção de tecnologias e formas de organização revolucionárias, na vida diária ou nas tentativas de reformar as estruturas institucionais e administrativas, incluindo a reconfiguração dos poderes do Estado). O truque é manter o movimento político movendo-se de uma esfera de atividade para outra, de maneiras que se reforçam mutuamente. Foi assim que o capitalismo surgiu no feudalismo e é assim que algo radicalmente diferente – que podemos chamar socialismo, comunismo ou o que for – deve surgir no capitalismo. As tentativas anteriores de criar uma alternativa comunista ou socialista fracassaram fatalmente em manter em movimento a dialética entre as diferentes esferas de atividade e também não abraçaram as imprevisibilidades e incertezas no movimento dialético entre as esferas. O capitalismo tem sobrevivido precisamente por manter esse movimento dialético e por aceitar as inevitáveis tensões, incluindo as crises, que dele resultam.

Imagine, então, um território em que a população acorda para a probabilidade de que a acumulação de capital sem fim não é possível nem desejável e que, portanto, coletivamente acredita que outro mundo não só é, mas deve ser possível. Como deve essa coletividade iniciar sua tentativa de construir alternativas?

A mudança surge de um estado de coisas existente e tem de aproveitar as imanentes possibilidades dentro de uma situação existente. Uma vez que a situação existente varia enormemente do Nepal para as regiões ocidentais da Bolívia, passando pelas cidades desindustrializadas de Michigan e pelas cidades ainda em expansão de Mumbai e Xangai, assim como os centros financeiros danificados, mas de nenhuma maneira destruídos, de Nova York e Londres, então toda espécie de experiências de mudança social em diferentes lugares e em diferentes escalas geográficas é provável e potencialmente reveladora de maneiras de fazer (ou não fazer) um outro mundo possível. E em cada instância pode parecer como se um ou outro aspecto da situação existente tenha a chave para um futuro político diferente. Mas a primeira regra para um movimento anticapitalista é: nunca confiar no desdobramento dinâmico de um momento sem calibrar cuidadosamente como as relações com todos os outros estão se adaptando e reverberando.

Possibilidades futuras viáveis surgem do estado atual das relações entre as diferentes esferas. Intervenções políticas estratégicas dentro e entre as esferas podem mover gradualmente a ordem social para um caminho de desenvolvimento diferente. Isso é o que líderes sábios e instituições progressistas fazem o tempo todo em situações locais, por isso não há razão para pensar que haja algo particularmente fantástico ou utópico sobre agir dessa forma.

Em primeiro lugar, deve ser claramente reconhecido, no entanto, que desenvolvimento não é o mesmo que crescimento. É possível desenvolver-se de forma diferente nos campos, por exemplo, das relações sociais, do cotidiano e da relação com a natureza, sem necessariamente retomar o crescimento ou favorecer o capital. É falso afirmar que o crescimento é uma condição prévia para a redução da pobreza e da desigualdade ou que políticas ambientais mais respeitáveis são, como alimentos orgânicos, um luxo para os ricos.

Em segundo lugar, as transformações no âmbito de cada esfera exigem uma profunda compreensão da dinâmica interna, por exemplo, dos arranjos institucionais e das mudanças tecnológicas em relação a todas as outras esferas de ação. Alianças têm de ser construídas entre e por aqueles que trabalham em esferas distintas. Isso significa que um movimento anticapitalista tem de ser muito mais amplo do que os grupos mobilizados em torno de relações sociais ou sobre questões da vida cotidiana. Hostilidades tradicionais entre, por exemplo, aqueles com conhecimentos técnicos, científicos e administrativos e os movimentos de agitação social têm de ser resolvidas e superadas.

Em terceiro lugar, também será necessário enfrentar os impactos e respostas (incluindo hostilidades políticas) provenientes de outros espaços na economia global. Diferentes lugares podem se desenvolver de formas diferentes devido a sua história, cultura, localização e condição político-econômica. Alguns desenvolvimentos em outros lugares podem ser apoios ou complementos, enquanto outros podem ser prejudiciais ou mesmo antagônicos. Alguma competição interterritorial é inevitável, mas não é de todo ruim. Isso depende de sobre o que é a concorrência – índices de crescimento econômico ou condições de vida no cotidiano? Berlim, por exemplo, é uma cidade habitável, mas todos os índices habituais de sucesso econômico inspirados no capitalismo representam-na como um lugar atrasado. O valor dos terrenos e os preços dos imóveis estão lamentavelmente baixos, o que significa que as pessoas de poucos recursos podem encontrar facilmente lugares que não são ruins para viver. Empreendedores são miseráveis. Quem dera Nova York ou Londres fossem mais como Berlim a esse respeito!

Tem de haver, finalmente, alguns objetivos comuns vagamente acordados. Algumas normas gerais como guias podem ser elaboradas. Podem incluir o respeito à natureza, o igualitarismo radical nas relações sociais, arranjos institucionais com base em alguma compreensão de interesses comuns, procedimentos administrativos democráticos (em oposição aos esquemas monetarizados que existem hoje), processos de trabalho organizados pelos produtores diretos, a vida diária como a exploração livre de novos tipos de relações sociais e condições de vida, concepções mentais que incidem sobre a autorrealização a serviço dos outros e inovações tecnológicas e organizacionais orientadas para a busca do bem comum em vez de apoiar a força militarizada e a ganância corporativa. Esses poderiam ser os pontos correvolucionários em torno dos quais a ação social pode convergir e girar. Claro que isso é utópico! Mas e daí! Não temos como não sê-lo.

Suponhamos que a forma preferencial de relações sociais seja o igualitarismo radical, tanto entre indivíduos quanto entre grupos sociais autodefinidos. O argumento para essa presunção decorre de séculos de luta política em que o princípio da igualdade tem animado a ação política e os movimentos revolucionários, da Bastilha à Praça Tiananmen. O igualitarismo radical também funda uma imensa literatura e a ideia parece transcender muitas diferenças geográficas e culturais. Nos Estados Unidos, as pesquisas mostram um profundo apego ao princípio da igualdade como fundamento adequado para a vida política e como a base para organizar as relações sociais entre indivíduos e grupos sociais. A extensão dos direitos civis e políticos a ex-escravos, mulheres, homossexuais e pessoas com deficiência pode ter levado duzentos anos, mas a visão de progresso nessas frentes é inegável, assim como a busca contínua pela igualdade não só entre indivíduos, mas também entre grupos sociais. A maneira pela qual o desprezo por elites nos EUA se mobiliza politicamente (e muitas vezes é pervertido) deriva desse igualitarismo.

Embora o princípio de igualitarismo radical possa parecer irrefutável por si só, problemas surgem da maneira pela qual é articulado com outras esferas de ação. A definição dos grupos sociais é sempre contestada, por exemplo. Por mais que o multiculturalismo possa acomodar o ideal de igualdade entre a maioria dos grupos sociais autoidentificados, permanece o fosso persistente que cria as maiores dificuldades, a questão de classe. Isso se dá porque a desigualdade de classe é central para a reprodução do capitalismo. Portanto, a resposta do poder político existente é ou negar que classes existem ou dizer que a categoria é tão confusa e complicada que se torna analiticamente inútil (como se outras categorias como raça e gênero não o fossem). Dessa forma, escapa-se da questão de classe, negando ou ignorando, tanto na forma hegemônica das construções intelectuais do mundo (digamos, no campo da economia) ou na política prática. A consciência de classe é menos discutida, em comparação com as subjetividades políticas dadas por raça, gênero, etnia, religião, preferência sexual, idade, escolhas dos consumidores e preferências sociais, e mais ativamente negada, exceto por alguns curiosos residuais dos ex-tempos e lugares políticos (como a "velha" Europa).

Claramente, as identidades de classe, como as identidades raciais, são múltiplas e sobrepostas. Trabalho como operário, mas tenho um fundo de pensão que investe no mercado de ações e tenho uma casa que estou reformando aos poucos com meu próprio trabalho e que pretendo vender para alcançar algum ganho especulativo. Isso faz com que o conceito de classe seja incoerente? Classe é um papel, não um rótulo que se atribui às pessoas. Assumimos vários papéis o tempo todo. Não dizemos que é impossível planejar uma cidade decente com base na análise das relações entre motoristas e pedestres só porque a maioria de nós desempenha tanto o papel de motorista quanto de pedestre. O papel do capitalista é usar dinheiro para comandar o trabalho ou os bens dos outros e usar esse comando para gerar lucro, acumular capital e, assim, aumentar seu comando sobre a riqueza e o poder. A relação entre os papéis do capital e do trabalho precisam ser enfrentados e regulados, mesmo dentro do capitalismo. Uma agenda revolucionária implica tornar a relação verdadeiramente clara em oposição à oculta e opaca. Conceber uma sociedade sem acumulação de capital não é diferente em princípio de conceber uma cidade sem carros. Por que não podemos todos apenas trabalhar lado a lado sem qualquer distinção de classe?

O modo como o igualitarismo radical se articula com outras esferas no processo coevolutivo, portanto, complica as coisas ao mesmo tempo que revela como funciona o capitalismo. Quando a liberdade individual e a autonomia que esta promete são mediadas pelos arranjos institucionais da propriedade privada e do mercado, como ocorre na teoria e na prática liberal, o resultado são enormes desigualdades. Como Marx observou há muito tempo, a teoria liberal dos direitos individuais que se originou com John Locke, escrevendo no século XVII, reforça as desigualdades entre uma nova classe de proprietários emergente e uma classe constituída por aqueles que precisam dispor de sua força de trabalho para viver. Na teoria neoliberal do filósofo/economista austríaco Friedrich Hayek, escrita nos anos 1940, a conectividade é fortemente casada: a única maneira, segundo ele, de proteger o igualitarismo radical e os direitos individuais em face da violência do Estado (isto é, fascismo e comunismo) é instalar o inviolável direito à propriedade privada no coração da ordem social. Essa visão profundamente enraizada tem de ser desafiada diretamente se quisermos enfrentar a acumulação de capital e a reprodução do poder de classe. No campo dos arranjos institucionais, por conseguinte, uma concepção inteiramente nova da propriedade – baseada no sentido comum em vez de nos direitos de propriedade privada – será necessária para que o igualitarismo radical funcione de uma maneira radicalmente igualitária. A luta por arranjos institucionais precisa estar no centro das preocupações políticas.

Isso ocorre porque o igualitarismo radical ao qual o capitalismo se inscreve no mercado rompe quando nos movemos para dentro do que Marx chamou de "a morada escondida" da produção. Desaparece no canteiro de obras, nas minas, nos campos e nas fábricas, nos escritórios e nas lojas. O movimento autonomista está completamente correto ao insistir, portanto, que a realização do igualitarismo radical no processo de trabalho é de suma importância para a construção de uma alternativa anticapitalista. Esquemas de autogestão e auto-organização dos trabalhadores são pertinentes, particularmente quando entrelaçados com as outras esferas de maneira democrática. O mesmo acontece quando tentamos conectar os princípios do igualitarismo radical com a condução da vida diária. Quando mediado pela propriedade privada e pelo regime de mercado, o igualitarismo radical produz falta de habitação para os pobres e condomínios fechados de mau gosto para os ricos. Isso, certamente, não é o que o igualitarismo radical na vida diária deve significar.

Uma crítica dos processos de trabalho e da vida cotidiana mostra como o nobre princípio do igualitarismo radical é pobre e degradado sob o capitalismo, por conta dos arranjos institucionais com os quais se articula. Essa conclusão não deveria ser surpreendente. A propriedade privada e um Estado dedicado a preservar e proteger essa forma institucional são pilares fundamentais para a sustentação do capitalismo, mesmo que o capitalismo dependa de um igualitarismo empreendedor radical para sobreviver. A Declaração dos Direitos Humanos da ONU não protege contra resultados desiguais, fazendo com que a distinção entre direitos civis e políticos, por um lado, e direitos econômicos, por outro lado, torne-se um campo minado de reivindicações e contestações. Karl Marx escreveu certa vez a famosa afirmação: "Entre direitos iguais, a força decide". Goste-se ou não, a luta de classes torna-se central para a política de igualitarismo radical.

Devem ser encontrados meios para cortar a ligação entre o igualitarismo radical e a propriedade privada. Pontes devem ser construídas com as instituições baseadas, por exemplo, no desenvolvimento de direitos de propriedade comuns e na gestão democrática. A ênfase deve mudar do igualitarismo radical para a esfera institucional. Um dos objetivos do direito à circulação na cidade, para dar um exemplo, é criar um novo bem comum urbano para deslocar o excesso de privatizações e exclusões (associadas tanto com o controle do Estado quanto com a propriedade privada) que deixam em geral grande parte da cidade fora do alcance da maioria das pessoas.

De forma similar, a conectividade entre o igualitarismo radical e a organização da produção e do funcionamento dos processos de trabalho têm de ser repensadas no sentido defendido por coletivos de trabalhadores, organizações autonomistas, cooperativas e várias outras formas coletivas de serviço social. A luta pelo igualitarismo radical exige também uma reconceitualização da relação com a natureza, na medida em que a natureza não é mais vista como "um grande posto de gasolina", como o filósofo alemão Martin Heidegger queixou-se nos anos 1950, mas como uma fonte harmônica de formas de vida a preservar, nutrir, respeitar e valorizar intrinsecamente. Nossa relação com a natureza não deve ser guiada pelo objetivo de torná-la uma mercadoria como qualquer outra, nos mercados de futuros de matérias-primas, minerais, água, créditos de poluição e assim por diante, nem pela maximização das rendas de apropriação e valores das terras e recursos, mas pelo reconhecimento de que a natureza é um grande bem comum a que todos têm igual direito, mas para com a qual todos também têm a mesma imensa responsabilidade.

O que agora parece algo impossível, pode assumir um significado completamente diferente, uma vez que nossas concepções mentais e nossos arranjos institucionais e administrativos sejam abertos a possibilidades de transformação política. Será que alterações nas concepções mentais podem mudar o mundo?

———◆———

Quando Sua Majestade a rainha fez uma visita à London School of Economics, em novembro de 2008, perguntou como era possível que nenhum dos economistas tivesse visto a crise financeira que se aproximava. Seis meses depois, os economistas da Academia Britânica enviaram-lhe uma carta um tanto apologética. "Em resumo, Sua Majestade", concluía, "a incapacidade de prever o momento, a extensão e a gravidade da crise e de tomar medidas cabíveis, reconhecendo que teve muitas causas, foi principalmente uma falha coletiva da imaginação de muitas pessoas brilhantes, tanto no país como internacionalmente, de compreender os riscos para o sistema como um todo". É "difícil recordar um melhor exemplo de pensamento positivo combinado com arrogância", observaram os financistas, que ainda admitiram que todos – presumivelmente incluindo eles mesmos – tinham sido apanhados em uma "psicologia de negação". Do outro lado do Atlântico, Robert Samuelson, colunista do *Washington Post*, escreveu em uma veia um pouco semelhante: "Aqui temos a crise econômica e financeira mais espetacular em décadas [...] e o grupo que passa a maior parte de suas horas ativas analisando a economia basicamente não a enxergou". Mas os cerca de 13 mil economistas pareceram singularmente inclinados a não fazer uma "rigorosa autocrítica para explicar suas falhas". A conclusão do próprio Samuelson foi que os teóricos da economia estavam interessados demais em formas sofisticadas de construção de modelos matemáticos para se preocupar com a confusão da história e com o fato de que essa confusão os pegou desprevenidos. O economista ganhador do Prêmio Nobel e colunista do *The New York Times* Paul Krugman concordou (de certo modo!). "[A] profissão de economista se extraviou", escreveu, "porque os economistas, como um grupo, confundiram a beleza, folheada em uma matemática impressionante de se olhar, com a verdade". O economista britânico Thomas Palley, em uma carta aberta de resposta à rainha, foi ainda menos generoso: a profissão da economia tornou-se "cada vez mais arrogante, estreita e limitada", escreveu, e está completamente incapaz "de entender seu fracasso sociológico que produziu insuficiência intelectual maciça com custos enormes para a sociedade".

Não cito esses exemplos para marcar apenas os economistas. Primeiro, nem todos falharam. O atual presidente do Conselho Econômico Nacional da Casa Branca, Larry Summers, em uma análise pertinente dos efeitos de socorros governamentais ao comportamento financeiro na esteira do *crash* da Bolsa em 1987, viu claramente os problemas de risco moral que podem ser gerados, mas concluiu que os efeitos de o governo não apoiar as instituições financeiras seriam muito piores do que os efeitos de socorrê-las. O problema da política não era evitar, mas limitar o risco moral. Infelizmente, enquanto secretário do Tesouro no fim dos anos 1990, ele se esqueceu de sua própria análise e promoveu exatamente o tipo de risco moral irrestrito que antes tinha mostrado que poderia arruinar a economia (um caso claro de negação na prática). Paul Volcker, ex-presidente do Federal Reserve, alertou para um *crash* financeiro em cinco anos, lá em 2004. Mas a opinião da maioria ficou do lado de Ben Bernanke, antes de ele se tornar presidente do Fed, quando disse em 2004 que "as melhorias na política monetária" tinham reduzido "a medida de incerteza econômica que confrontam as famílias e as empresas", tornando assim recessões "menos frequentes e menos graves". Essa foi a opinião do Partido (e que partido esperto!) de Wall Street. Mas vá dizer isso aos indonésios ou aos argentinos. É ser devoto ao máximo acreditar que o prognóstico de Bernanke, em agosto de 2009, de que o pior da crise já passou seja mais confiável.

As ideias têm consequências e as ideias falsas podem ter consequências devastadoras. As falhas políticas com base no pensamento econômico errôneo desempenharam um papel fundamental tanto na preparação quanto para o desastre de 1930 e na aparente incapacidade de encontrar uma saída adequada. Embora não haja uma visão universal entre os historiadores e economistas a respeito de exatamente quais políticas falharam, foi acordado que a estrutura de conhecimento pela qual a crise foi entendida precisava ser revolucionada. Keynes e seus colegas realizaram essa tarefa. Mas em meados da década de 1970 tornou-se claro que os instrumentos de política keynesiana não estavam mais funcionando, pelo menos não na forma como estavam sendo aplicados, e foi nesse contexto que o monetarismo, a teoria do crescimento da oferta e dos (bonitos) modelos matemáticos de comportamentos de mercado microeconômicos suplantaram em todos os níveis o pensamento macroeconômico keynesiano. O quadro teórico mais estreito dos monetaristas e neoliberais que prevaleceu após 1980 está agora em questão.

Precisamos de novas concepções mentais para compreender o mundo. Quais poderiam ser e quem irá produzi-las, considerado o mal-estar sociológico e intelectual que paira sobre a produção do conhecimento de maneira mais geral? As concepções mentais profundamente arraigadas associadas às teorias neoliberais e a neoliberalização e corporatização das universidades e dos meios de comunicação têm desempenhado um papel importante na produção da atual crise. Por exemplo, toda a questão em torno do que fazer com o sistema financeiro, o setor bancário, o nexo Estado-finanças e o poder dos direitos de propriedade privada não pode ser trabalhada sem deixarmos de lado o pensamento convencional. Para que isso aconteça é necessária uma revolução no pensamento, em lugares tão diversos quanto as universidades, a mídia e o governo, bem como no âmbito das instituições financeiras.

Karl Marx, embora não estivesse de modo algum inclinado a abraçar o idealismo filosófico, considerou as ideias como uma força material na história. Concepções mentais constituem, afinal, um dos sete momentos da sua teoria geral da mudança correvolucionária. Evoluções autônomas e conflitos internos sobre quais concepções mentais passariam a ser hegemônicas, portanto, têm um papel histórico importante a desempenhar. Por essa razão Marx (junto com Engels) escreveu o *Manifesto Comunista, O capital* e inúmeras outras obras. Esses trabalhos fornecem uma crítica sistemática, ainda que incompleta, do capitalismo e das tendências de sua crise. Mas, como Marx também insistiu, apenas quando essas ideias críticas transitassem para os campos dos arranjos institucionais, formas organizacionais, sistemas de produção, vida cotidiana, relações sociais, tecnologias e relações com a natureza, o mundo realmente mudaria.

Uma vez que o objetivo de Marx era mudar o mundo e não apenas entendê-lo, ideias tinham que ser formuladas com certa intenção revolucionária. Isso significa, inevitavelmente, um conflito com modos de pensamento mais úteis e fáceis de se conviver para a classe dominante. O fato de as ideias de oposição de Marx, particularmente nos últimos anos, terem sido alvo de repetidas repressões e exclusões (sem falar do farto revisionismo e das distorções) sugere que suas ideias podem ser muito perigosas para serem toleradas pelas classes dominantes. Ainda que Keynes declarasse repetidamente que nunca tinha lido Marx, ele foi cercado e influenciado em 1930 por muitas pessoas (como por seu colega economista Joan Robinson) que leram. Embora muitos deles se opusessem veementemente aos conceitos fundamentais de Marx e seu modo dialético de raciocínio, eles estavam bastante conscientes e profundamente afetados por algumas de suas conclusões e previsões. É justo dizer, penso eu, que a revolução da teoria keynesiana não poderia ter sido realizada sem a presença subversiva de Marx, sempre à espreita.

O problema nos dias de hoje é que a maioria das pessoas não tem ideia de quem foi Keynes e o que ele realmente defendia, e para estas o conhecimento de Marx é desprezível. A repressão das correntes críticas e radicais do pensamento ou, para ser mais exato, o confinamento do radicalismo dentro dos limites do multiculturalismo da escolha cultural criam uma situação lamentável na academia e fora dela, que equivale em princípio a ter de pedir aos banqueiros responsáveis pela bagunça que a limpem exatamente com as mesmas ferramentas que eles usaram para produzi-la. A ampla adesão às ideias pós-modernas e pós-estruturalistas que celebram o particular em detrimento do pensamento mais amplo não ajuda. Certamente, o local e o particular são de vital importância, e teorias que não aceitem, por exemplo, a diferença geográfica são inúteis (como me esforcei anteriormente para enfatizar). Mas quando esse fato é usado para excluir qualquer coisa maior do que políticas paroquiais, então a traição dos intelectuais e a revogação do seu papel tradicional tornam-se completas. Sua Majestade a rainha adoraria escutar, estou certo, que um esforço está a caminho no sentido de pôr a grande perspectiva em um quadro ornamentado de tal modo que todos possam vê-la.

A atual população de acadêmicos, intelectuais e especialistas em ciências sociais e humanidades é, em geral, mal equipada para realizar tal tarefa coletiva. Poucos parecem predispostos a empreender aquela reflexão autocrítica incitada por Robert Samuelson. Universidades continuam a promover os mesmos cursos inúteis sobre a teoria política da escolha racional ou economia neoclássica, como se nada tivesse acontecido e as faculdades de administração adicionam um curso ou dois sobre ética dos negócios ou sobre como ganhar dinheiro a partir da falência de outras pessoas. Afinal, a crise surgiu da ganância humana e não há nada que possa ser feito sobre isso!

A atual estrutura do conhecimento é claramente disfuncional e ilegítima. A única esperança é que uma nova geração de estudantes com alto senso crítico (no sentido amplo de todos aqueles que pretendem conhecer o mundo) seja capaz de enxergar isso e insista em mudar essa realidade. Isso aconteceu na década de 1960. Em vários outros pontos críticos da história movimentos inspirados por estudantes, reconhecendo a disjunção entre o que acontecia no mundo e o que lhes estava sendo ensinado e transmitido pela mídia, estiveram dispostos a fazer algo a respeito disso. Há sinais em Teerá a Atenas e em muitas universidades europeias de tal movimento. Como a nova geração de estudantes na China vai agir certamente deve ser de grande preocupação nos corredores do poder político em Pequim.

Um movimento revolucionário juvenil conduzido por estudantes, com todas as suas evidentes incertezas e problemas, é uma condição necessária, mas não suficiente, para produzir essa revolução nas concepções mentais que podem nos levar a uma solução mais racional para os atuais problemas de crescimento infinito. A primeira lição que precisa aprender é que um capitalismo ético, sem exploração e socialmente justo que beneficie a todos é impossível. Contradiz a própria natureza do capital.

194 / O enigma do capital

O que, de maneira mais ampla, aconteceria se um movimento anticapitalista fosse constituído a partir de uma ampla aliança de descontentes, alienados, destituídos, e sem posses? A imagem de todas essas pessoas em toda parte se levantando, exigindo e conquistando seu devido lugar na vida econômica, social e política está se formando. Ela também ajuda a focar na questão sobre o que é que eles podem exigir e o que precisa ser feito.

Os descontentes e alienados são constituídos por todos aqueles que, por qualquer razão, veem o atual caminho de desenvolvimento capitalista como uma via que leva a um beco sem saída, se não a uma catástrofe para a humanidade. As razões para pensar assim são tão variadas quanto, separadamente, persuasivas. Muitas pessoas, incluindo muitos cientistas, consideram que as dificuldades ambientais são insuperáveis. Um estado estacionário de economia global e de crescimento da população mundial tem, para eles, de ser o objetivo a longo prazo. Uma nova economia política da natureza tem de ser construída. Isso significa reconfigurações radicais na vida diária, na urbanização, bem como nas relações sociais dominantes, nos sistemas de produção e nos arranjos institucionais. É necessária uma grande sensibilidade às diferenças geográficas. Novos meios ambientes e novas geografias têm de ser produzidos para substituir os antigos. A trajetória de desenvolvimento tecnológico tem também de mudar, de visões gigantescas e militaristas para um tipo de consumismo em que "pequeno é bonito" e "menos é mais". Tudo isso é profundamente antagônico ao crescimento composto capitalista.

Outros, alimentando objeções políticas ou morais contra a pobreza de massa e desigualdades crescentes, podem formar alianças com aqueles que se opõem à linha autoritária, antidemocrática, saturada de dinheiro e enclausurante das políticas de Estado capitalistas quase em toda parte. Há, além disso, uma quantidade imensa de trabalho a ser feita no campo das relações sociais, para nos livrarmos da racialização, das discriminações sexuais e de gênero e da violência contra aqueles que têm apenas estilo de vida, valores culturais, crenças e hábitos diários diferentes em comparação com os nossos. Mas é difícil lidar com essas formas de violência sem lidar com as desigualdades sociais que surgem na vida diária, nos mercados de trabalho e nos processos de trabalho. As desigualdades de classe em que a acumulação de capital se fundamenta são frequentemente definidas por identidades de raça, gênero, etnia, religião e afiliações geográficas.

Muitos intelectuais e trabalhadores culturais alienados protestam o peso avassalador das relações de poder na mídia e nas instituições de ensino e de produção cultural que rebaixam as línguas do discurso civil, convertem o conhecimento em propaganda incessante, a política em nada mais do que grandes mentiras concorrentes, discursos em projetos particulares e veículos para a venda ambulante de preconceito e ódio, e as instituições sociais que deveriam proteger as pessoas em fossas de corrupção. Essas condições não podem ser alteradas sem que os intelectuais profissionais, primeiro, coloquem sua própria casa em ordem. A grande traição dos intelectuais que se tornaram tão cúmplices da política neoliberal da década de 1980 precisa ser revertida antes de alianças significativas poderem ser construídas com os excluídos e despossuídos.

Armada com uma teoria da política correvolucionária, a ala intelectual dos alienados e descontentes está em uma posição crítica para aprofundar o debate em andamento sobre a forma de mudar o curso do desenvolvimento humano. Pode definir o quadro amplo dos contextos em que os meios e os porquês da mudança política revolucionária devem ocorrer. A ênfase sobre a forma de entender a dinâmica do capitalismo e os problemas sistêmicos que derivam do crescimento composto pode ser mais bem articulada a partir dessa perspectiva. Esclarecer o enigma do capital, tornando transparente o que o poder político sempre quer manter opaco, é crucial para qualquer estratégia revolucionária.

Mas para que isso seja politicamente significativo, os alienados e descontentes devem juntar-se àqueles cujas condições de trabalho e vida são mais imediatamente afetadas por sua inserção na circulação e acumulação de capital só para serem destituídos e despossuídos de seu comando, não só sobre seu trabalho, mas sobre as relações materiais, culturais e naturais de sua própria existência.

Não é o papel dos alienados e descontentes instruir os destituídos e despossuídos sobre o que devem ou não fazer. Mas o que nós, que constituímos os alienados e descontentes, podemos e devemos fazer é identificar as causas subjacentes aos problemas que todos enfrentamos. Muitas e muitas vezes, os movimentos políticos construíram espaços alternativos, nos quais algo aparentemente diferente acontece, apenas para descobrir que suas alternativas logo eram reabsorvidas nas práticas dominantes da reprodução capitalista. (Veja a história das cooperativas de trabalhadores, do orçamento participativo ou o que seja.) Portanto, a conclusão deve certamente ser que são as práticas dominantes que têm de ser visadas. A exposição clara de como as práticas dominantes funcionam deve ser o foco da teorização radical.

Há dois grandes grupos de destituídos e despossuídos. Há aqueles que são despossuídos dos frutos de seu poder criativo num processo de trabalho sob o comando do capital ou do Estado capitalista. Depois, há aqueles que foram privados de seus bens, seu acesso aos meios de sobrevivência, de sua história, cultura e formas de sociabilidade, a fim de abrir espaço (às vezes literalmente) para a acumulação do capital.

A primeira categoria evoca a figura marxista dos sujeitos proletários que lutam duramente para libertar-se de seus grilhões, constituindo-se como uma vanguarda na busca para criar o socialismo ou o comunismo. Os trabalhadores localizados nas fábricas e nas minas do capitalismo industrial eram os que realmente importavam. Isso acontecia porque suas condições de exploração eram dramaticamente óbvias para eles mesmos, bem como para os outros, quando entravam pelos portões das fábricas ou desciam às minas. Além disso, sua concentração em espaços comuns facilitou o aumento da consciência de classe e a organização de ação coletiva. Eles também tinham o poder coletivo para parar o capitalismo em sua arena, deixando de trabalhar.

A fixação no trabalho na fábrica como o *locus* de "verdadeira" consciência de classe e luta de classes revolucionária foi sempre muito limitada, se não equivocada (esquerdistas têm ideias erradas, também!). Aqueles que trabalham nas florestas e campos, no "setor informal" do trabalho intermitente nos becos das fábricas, nos serviços domésticos ou no setor de serviços em geral e o vasto exército de trabalhadores empregados na construção civil ou nas trincheiras (muitas vezes literalmente) da urbanização não podem ser tratados como atores secundários. Trabalham sob diferentes condições (muitas vezes com baixos salários, em trabalhos temporários e precários, no caso da construção e urbanização). Sua mobilidade, dispersão espacial e condições de trabalho individualizadas podem tornar mais difícil a construção de solidariedades de classe ou a criação de formas coletivas de organização. Sua presença política é mais frequentemente marcada por tumultos espontâneos e levantes voluntaristas (como os que ocorreram nos subúrbios de Paris nos últimos tempos ou os *piqueteros* [manifestantes] que entraram em ação na Argentina após o colapso financeiro do país, em 2001), mais do que organização permanente. Mas eles têm plena consciência de suas condições de exploração e estão profundamente alienados por sua existência precária e muitas vezes revoltados com o policiamento brutal de suas vidas diárias pelo poder estatal.

Muitas vezes referido, hoje em dia, como "o precariado" (para enfatizar o caráter flutuante e instável de seus empregos e estilos de vida), esses trabalhadores têm sempre representado um grande segmento da força de trabalho total. No mundo capitalista avançado se tornaram cada vez mais proeminentes nos últimos trinta anos devido a mudanças nas relações de trabalho impostas pela reestruturação societária neoliberal e pela desindustrialização.

É errado ignorar as lutas de todos esses outros trabalhadores. Muitos dos movimentos revolucionários na história do capitalismo têm sido amplamente urbanos, e não restritos à fábrica (as revoluções de 1848 em toda a Europa, a Comuna de Paris de 1871, Leningrado em 1917, a greve geral de Seattle de 1918, a revolta Tucumán de 1969, assim como Paris, Cidade do México e Bancoc em 1968, a Comuna de Xangai de 1967, Praga em 1989, Buenos Aires de 2001 a 2002... a lista segue mais e mais). Mesmo quando havia movimentos importantes nas fábricas (a greve de Flint, em Michigan, dos anos 1930 ou os conselhos de trabalhadores de Turim da década de 1920), o apoio organizado na vizinhança desempenhou um papel crítico, mas normalmente não celebrado na ação política (de mulheres e grupos de assistência aos desempregados em Flint e as "casas do povo" comunais em Turim).

A esquerda tradicional tem claramente errado ao ignorar os movimentos sociais que ocorrem fora das fábricas e minas. A consciência de classe é produzida e veiculada tanto nas ruas, bares, pubs, cozinhas, capelas, centros comunitários e quintais dos subúrbios da classe trabalhadora como nas fábricas. Os dois primeiros decretos da Comuna de Paris em 1871 foram, curiosamente, a suspensão do trabalho noturno nas padarias (uma questão de processo de trabalho) e uma moratória sobre os pagamentos de aluguel (uma questão de vida urbana diária). A cidade é tanto um lugar de movimentos de classe como a fábrica e precisamos aumentar nossa visão pelo menos a esse nível e a essa dimensão da organização e prática política, em aliança com a vasta gama de movimentos rurais e camponeses, se alguma grande aliança para a mudança revolucionária está para ser construída.

Isso nos leva à segunda grande categoria dos despossuídos, que é muito mais complicada em sua composição e em seu caráter de classe. É em grande parte formada por aquilo que eu chamo de "acumulação por despossessão". Como de costume, assume uma variedade infinita de formas em diferentes lugares e épocas. A lista dos destituídos e despossuídos é tão imponente como longa. Inclui todas as populações camponesas e indígenas expulsas da terra, privadas de acesso a seus recursos naturais e modos de vida por meios ilegais e legais (ou seja, sancionados pelo Estado), coloniais, neocoloniais e neoimperialistas, e forçosamente integradas ao mercado comercial (em oposição ao escambo e outras formas costumeiras de troca) pela monetização e tributação violenta. A conversão dos direitos de bem comum em direitos de propriedade privada da terra conclui o processo. A terra se transforma em mercadoria. Essas formas de expropriação, ainda existentes, mas mais fortemente representadas nas fases iniciais do desenvolvimento capitalista, têm muitos equivalentes modernos. Capitalistas abrem espaços para a reabilitação urbana, por exemplo, ao desapropriar populações de baixa renda de espaços de elevado valor com o menor custo possível. Em locais sem direitos de propriedade privada assegurados, como na China ou ocupações na Ásia e América Latina, expulsões violentas das populações de baixa renda por parte das autoridades estaduais muitas vezes dão o tom com ou sem acordos de compensações modestas. Em países com direitos de propriedade privada firmemente estabelecidos, expropriações públicas sob a égide de leis que ditam os usos da terra podem ser orquestradas pelo Estado em nome do capital privado. Por meios legais e ilegais as pressões financeiras (isto é, impostos sobre a propriedade e as rendas crescentes) são exercidas sobre as populações vulneráveis. Parece, por vezes, como se houvesse um plano sistemático para expulsar as populações de baixa renda e indesejáveis da face da terra.

O sistema de crédito tornou-se, no entanto, a grande alavanca moderna para a extração de riqueza pelo capital financeiro do resto da população. Todos os tipos de práticas predatórias bem como as legais (taxas de juros abusivas sobre os cartões de crédito, execuções hipotecárias em negócios por meio da negação de liquidez em momentos-chave e assim por diante) podem ser usados para perseguir táticas de despossessão que beneficiam os que já são ricos e poderosos. A onda de financeirização que ocorreu a partir de meados da década de 1970 foi espetacular por seu estilo predatório. Promoções de ações e manipulações de mercado; esquemas Ponzi e fraude corporativa; parcialização de ativos por fusões e aquisições; promoção de níveis de facilitação do endividamento que reduz populações inteiras, mesmo nos países capitalistas avançados, à escravidão pela dívida; expropriação dos ativos (o assalto dos fundos de pensão e sua dizimação pelos colapsos das ações e corporações) – todas essas características são fundamentais para explicar o capitalismo contemporâneo.

Também se inauguraram mecanismos inteiramente novos de acumulação por despossessão. A ênfase nos direitos de propriedade intelectual nas negociações da Organização Mundial do Comércio (os chamados Acordos Trips) aponta os caminhos para que o patenteamento e o licenciamento de materiais genéticos, plasmas de sementes e toda sorte de outros produtos possam agora ser usados contra populações inteiras cujas práticas têm desempenhado um papel crucial no desenvolvimento desses materiais. A biopirataria é galopante e a pilhagem do estoque mundial de recursos genéticos está em curso, em benefício das empresas farmacêuticas. A transformação das culturas, histórias e criatividade intelectual em mercadorias para venda implica a despossessão do passado e do presente da criatividade humana. A música pop é notória pela apropriação e exploração da cultura e da criatividade de base. As perdas monetárias para os criadores envolvidos não são, infelizmente, o fim da história. Rompimentos de redes sociais e destruição das solidariedades sociais podem ser muito graves. A perda das relações sociais é impossível de reparar com um pagamento em dinheiro.

Finalmente, precisamos observar o papel das crises. Uma crise, afinal, é nada menos do que uma fase intensa de despossessão de bens (culturais, bem como tangíveis). Com certeza, os ricos, assim como os pobres, sofrem, como nos casos das execuções de hipotecas de habitação e as perdas dos investimentos com o louco e espetacular esquema Ponzi de Bernie Madoff. Mas isso é como a riqueza e o poder são redistribuídos dentro e entre as classes. Bens de capital desvalorizados que sobraram de falências e colapsos podem ser comprados a preços de liquidação por aqueles que são abençoados com liquidez e rentabilidade repostos em circulação. O superávit de capital, portanto, encontra um terreno fértil para acumulação renovada.

As crises podem ser, por esse motivo, orquestradas, geridas e controladas para racionalizar o sistema irracional que é o capitalismo. É isso que programas de austeridade administrados pelo Estado, fazendo uso dos mecanismos fundamentais das taxas de juro e do sistema de crédito, muitas vezes fazem. Crises limitadas podem ser impostas pela força externa sobre um setor ou um território. O Fundo Monetário Internacional é um perito em fazê-lo. O resultado é a criação periódica de um estoque de desvalorização e, em muitos casos, ativos subvalorizados em alguma parte do mundo, que podem ser utilizados para fins lucrativos por aqueles que têm excedentes de capital e a quem faltam oportunidades em outros lugares. Foi o que aconteceu no Leste e Sudeste Asiático em 1997 e 1998, na Rússia em 1998 e na Argentina em 2001 e 2002. E é isso que saiu do controle em 2008 e 2009.

A provocação deliberada de crises pelas políticas do Estado e ação coletiva empresarial é um jogo perigoso. Embora não haja evidência de conspirações ativas e estreitas para criar essas crises, há uma abundância de macroeconomistas e formuladores de políticas econômicas influentes da "Escola de Chicago" ao redor do mundo, juntamente com todos os tipos de oportunistas empresariais, que acreditam que um bom incentivo de destruição criativa é necessário de vez em quando para o capitalismo sobreviver e para a classe capitalista ser reformada. Eles sustentam que as tentativas dos governos para evitar as crises com pacotes de estímulo e outros planos são profundamente equivocadas. É muito melhor, dizem, deixar um processo de "ajustamento estrutural" orientado pelo mercado (do tipo em geral exigido pelo FMI) fazer seu trabalho. Tal remédio é necessário para manter o capitalismo economicamente saudável. Quanto mais próximo o capitalismo ficar às portas da morte, mais dolorosa será a cura. O truque, claro, é não deixar o paciente morrer.

A unificação política de diversas lutas dentro do movimento operário e entre aqueles cujos bens tanto culturais quanto político-econômicos tenham sido despossuídos parece ser crucial para qualquer movimento mudar o curso da história humana. O sonho seria uma grande aliança de todos os destituídos e despossuídos em todo lugar. O objetivo seria o controle da organização, produção e distribuição do produto excedente para o benefício a longo prazo de todos.

Existem duas dificuldades preliminares nessa ideia que devem ser enfrentadas de cara. Muitas despossessões têm pouco a ver diretamente com a acumulação do capital. Não levam necessariamente à política anticapitalista. As limpezas étnicas na ex-Iugoslávia, as limpezas religiosas durante a emergência da Irlanda do Norte ou durante os motins anti-islâmicos em Mumbai no início de 1990 e a despossessão por parte dos israelenses dos direitos de terra e água palestinos são exemplos disso. A colonização dos bairros urbanos por imigrantes, por lésbicas e gays ou por pessoas de cor diferente muitas vezes desloca moradores mais velhos, que lutam contra a despossessão que pode surgir. Embora as forças do mercado e a mudança dos valores de propriedade possam desempenhar um papel fundamental ou aces-

200 / O enigma do capital

sório, as lutas políticas que se seguem são sobre quem gosta ou não de quem e quem tem o direito de viver em tal lugar em nosso planeta cada vez mais lotado. Questões de segurança, medo dos outros, preferências sociais e preconceitos desempenham seu papel nos conflitos fluidos entre grupos sociais sobre o controle do espaço e sobre o acesso a bens valorizados. Grupos sociais e indivíduos estabelecem um sentido de propriedade e pertença a um espaço particular. O corolário é o medo generalizado de despossessão.

Nem todos os movimentos insurgentes contra a despossessão são anticapitalistas. Uma geração mais velha de trabalhadores, sobretudo brancos do sexo masculino nos EUA, por exemplo, está revoltada com o que considera ser o crescente poder das minorias, imigrantes, homossexuais e feministas, com a cumplicidade de elites intelectuais arrogantes (das regiões costeiras) e banqueiros gananciosos e ímpios de Wall Street, que geralmente são percebidos (erradamente) como judeus. Movimentos radicais de milícias de extrema-direita e armadas do tipo que alimentou a ação de Timothy McVeigh no atentado de Oklahoma revivem desde a eleição de Obama. Eles claramente não se uniriam a uma grande luta anticapitalista (mesmo que expressem uma oposição a banqueiros, corporações e elites, além do ódio ao Federal Reserve). Representam a luta daqueles que se sentem alienados e despossuídos no sentido de reaver o país que amam, por qualquer meio.

Tais tensões sociais oferecem possibilidades para a exploração capitalista. Em cidades dos EUA na década de 1960 a prática de bairros *blockbusting* foi generalizada (e ainda persiste). A ideia era introduzir uma família negra em um bairro só de brancos na esperança de estimular o medo branco e a fuga branca. Valores de propriedade em queda criavam oportunidades para os especuladores de comprar habitações mais baratas e vendê-las caras a populações minoritárias. As respostas das populações brancas ameaçadas variaram de resistência violenta (como o bombardeio da casa de uma família negra que tentou mudar-se para lá) a medidas mais moderadas (por vezes, com o apoio da legislação dos direitos civis) para que houvesse uma integração tão pacífica quanto possível.

O segundo grande problema é que algumas despossessões são necessárias ou progressivas. Qualquer movimento revolucionário tem de criar uma maneira de despossuir os capitalistas de sua propriedade, riqueza e poderes. Toda a geografia histórica das despossessões no capitalismo tem sido repleta de ambivalências e contradições. Embora a violência de classe envolvida no surgimento do capitalismo possa ser repugnante, o lado positivo da revolução capitalista foi que despossuiu as instituições feudais arbitrárias (como a monarquia e a Igreja) e seus poderes, liberou energias criativas, abriu novos espaços e aproximou as regiões do mundo por meio das relações de troca, abriu a sociedade a fortes correntes de mudança tecnológica e organizacional, superou um mundo baseado na superstição e ignorância e substituiu-os com uma ciência esclarecida com a potencialidade de libertar toda a humanidade das necessidades materiais e de carências. Nada disso poderia ter ocorrido sem que alguém em algum lugar fosse despossuído.

Conseguiu tudo isso com um grande custo social e ambiental (sob bastante crítica nos últimos anos). Foi, no entanto, possível ver acumulação por despossessão (ou o que Marx chamou de "acumulação primitiva") como um estágio necessário, embora feio, pelo qual a ordem social tinha de passar para chegar a um estado em que o capitalismo e uma alternativa chamada socialismo ou comunismo pudesse ser possível. Marx não se preocupou muito ou nada com as formas sociais destruídas pela acumulação original e não argumentou, como alguns fazem agora, pelo restabelecimento das relações sociais ou formas produtivas pré-capitalistas. Era para o socialismo e o comunismo serem construídos sobre os aspectos progressivos do desenvolvimento capitalista. Esses aspectos progressivos incluíram movimentos pela reforma agrária, o surgimento de formas democráticas de governo (sempre manchada pelo papel do poder do dinheiro), a liberdade de informação e expressão (sempre contingente, mas vital) e a criação de direitos civis e legais.

Embora lutas contra a despossessão possam formar um canteiro de descontentamento para movimentos insurgentes, a política revolucionária não almeja proteger a ordem antiga, mas atacar diretamente as relações de classe e formas capitalistas do poder do Estado.

Transformações revolucionárias não podem ser realizadas sem no mínimo a mudança de nossas ideias, o abandono de nossas crenças mais caras e preconceitos e de vários confortos diários e direitos, a submissão a um novo regime diário, a mudança de nossos papéis sociais e políticos, a reavaliação de nossos direitos, deveres e responsabilidades e a alteração de nosso comportamento para melhor nos conformarmos com as necessidades coletivas e a vontade comum. O mundo que nos cerca – nossa geografia – deve ser radicalmente reformulado, assim como nossas relações sociais, a relação com a natureza e todas as outras esferas da ação no processo correvolucionário. É compreensível, até certo ponto, que muitos prefiram uma política de negação a uma política de confronto ativo com tudo isso.

Também seria reconfortante pensar que tudo isso poderia ser conseguido pacificamente e de forma voluntária, que nos despossuiríamos a nós mesmos, ficaríamos nus, de certo modo, sem tudo o que possuímos agora que cria um obstáculo no caminho da criação de uma ordem social socialmente mais justa e equilibrada. Mas seria falso imaginar que isso poderia ser assim, que nenhuma luta ativa estaria envolvida, incluindo certo grau de violência. O capitalismo veio ao mundo, como Marx certa vez disse, banhado em sangue e fogo. Embora possa ser possível fazer um trabalho melhor para sair dele do que ficar dentro dele, as chances de uma passagem puramente pacífica para a terra prometida são baixas.

O reconhecimento de que a despossessão possa ser um precursor necessário para mudanças positivas coloca toda a questão da política de despossessão sob o socialismo e o comunismo. Dentro da tradição marxista/comunista revolucionária, foi muitas vezes considerado necessário organizar a despossessão, a fim de implementar programas de modernização nos países que não tinham chegado à iniciação do desenvolvimento capitalista. Isso, por vezes, implicou uma violência terrível, como a coletivização forçada da agricultura de Stalin na União Soviética (a eliminação dos kulaks). Essas políticas não foram grandes histórias de sucesso, precipitando grandes tragédias, como a grande fome causada pelo Grande Salto Adiante de Mao na China (que suspendeu temporariamente o aumento, que do contrário seria rápido, na expectativa de vida), e provocando resistências políticas que foram em alguns casos duramente esmagadas.

Por isso, movimentos insurgentes contra a despossessão, além dos que ocorrem no processo de trabalho, têm seguido nos últimos tempos geralmente um caminho anticomunista. Isso tem sido por vezes ideológico, mas, em outros casos, simplesmente por razões pragmáticas e organizacionais, decorrentes da própria natureza ao que essas lutas disseram e dizem respeito. A variedade de lutas contra as formas capitalistas de despossessão foi e é simplesmente impressionante. É difícil imaginar conexões entre elas. As lutas do povo Ogoni no Delta do Níger contra o que veem como a degradação de suas terras pela Shell Oil; os movimentos camponeses contra a biopirataria e grilagem de terras; as lutas contra os alimentos geneticamente modificados e pelo desenvolvimento dos sistemas locais de produção; a luta para preservar o acesso das populações indígenas a reservas florestais, reduzindo ao mesmo tempo as atividades das empresas madeireiras; as lutas políticas contra a privatização; os movimentos para conquistar os direitos trabalhistas e da mulher nos países em desenvolvimento; as campanhas para proteger a biodiversidade e para impedir a destruição do meio ambiente; as centenas de protestos contra os programas de austeridade impostos pelo FMI e as longas lutas contra os projetos de construção de barragens apoiados pelo Banco Mundial na América Latina e na Índia: estes têm sido parte de uma mistura volátil de movimentos de protesto que varreram o mundo e vêm cada vez mais ganhando as manchetes dos jornais desde a década de 1980. Esses movimentos e revoltas têm sido frequentemente esmagados com uma violência feroz, na sua maior parte pelo poder estatal que age em nome da "ordem e estabilidade". Estados clientes, apoiados militarmente ou, em alguns casos, com forças especiais treinadas pelos grandes aparatos militares (liderados pelos EUA, com a Inglaterra e a França desempenhando um papel de menor importância), assumiram a liderança em um sistema de repressões e liquidações impiedoso contra movimentos ativistas que rejeitam a acumulação por despossessão.

Movimentos contra a despossessão dos dois tipos são generalizados, mas rudimentares, tanto geograficamente quanto em seus princípios de organização e objetivos políticos. Muitas vezes exibem contradições internas, como quando as populações indígenas reivindicam os direitos sobre áreas que grupos ambientalistas consideram cruciais para proteger a biodiversidade. Em parte por causa das condições geográficas distintas que dão origem a tais movimentos, sua orientação política e modos de organização também diferem acentuadamente. Os rebeldes zapatistas no México, frustrados com a perda de controle sobre suas próprias terras e os recursos locais, além da falta de respeito por sua história cultural, não tentaram tomar o poder estatal ou realizar uma política revolucionária. Tentaram, em vez disso, trabalhar com o conjunto da sociedade civil na busca de alternativas mais abertas e fluidas que respondessem a suas necessidades específicas como formação cultural para restaurar seu próprio senso de dignidade e autorrespeito. O movimento evitou o vanguardismo e se recusou a assumir o papel de um partido político. Preferiu manter-se um movimento no interior do Estado, buscando formar um bloco de poder político em que as culturas indígenas fossem centrais em vez de periféricas para arranjos de poder político. Procurou, assim, realizar algo semelhante a uma revolução passiva dentro da lógica territorial do poder comandado pelo Estado mexicano.

O efeito geral desses movimentos tem sido uma mudança no terreno da organização política fora dos tradicionais partidos políticos e organizações de trabalhadores nas fábricas (embora isso ainda aconteça, é claro) para o que vem a ser no total uma dinâmica política menos focada de ação social por todo o espectro da sociedade civil. O que emerge é um modelo muito diferente da organização historicamente construída em torno do movimento operário. As duas formas de despossessão, portanto, geram aspirações e formas de organização conflituosas. O que o movimento mais amplo por toda a sociedade civil perde em foco ganha em termos de relevância, precisamente porque se conecta de forma tão direta à política da vida diária em diferentes contextos geográficos.

Existem várias grandes correntes de pensamento conflituosas na esquerda quanto à forma de abordar os problemas com que hoje nos confrontamos. Há, acima de tudo, o sectarismo habitual, decorrente da história de ações radicais e as articulações da teoria política de esquerda. Curiosamente, o único lugar onde a amnésia não é tão prevalente é dentro da esquerda (as cisões entre os anarquistas e os marxistas que ocorreu na década de 1870, entre trotskistas, maoistas e os comunistas ortodoxos, entre os centralizadores que querem comandar o Estado e os antiestadistas autonomistas e os anarquistas). Os argumentos são tão ressentidos e tão

204 / O enigma do capital

turbulentos, que às vezes nos fazem pensar que um pouco mais de amnésia ajudaria. Mas além dessas seitas tradicionais revolucionárias e facções políticas, todo o campo de ação política sofreu uma transformação radical desde a década de 1970. O terreno da luta política e das possibilidades de política mudou, geografica e organizacionalmente.

Existe hoje um vasto número de organizações não governamentais (ONGs) que desempenham um papel político que era pouco visível antes de meados dos anos 1970. Financiadas por interesses estatais e privados, muitas vezes povoadas por pensadores idealistas e organizadores (que constituem um vasto programa de empregos), e em grande parte dedicadas a questões isoladas (meio ambiente, pobreza, direitos das mulheres, antiescravidão e tráfico de trabalho etc.), elas se abstêm de uma política estritamente capitalista mesmo defendendo ideias e causas progressistas. Em alguns casos, no entanto, elas são ativamente neoliberais, defendendo a privatização de funções do Estado de bem-estar social ou promovendo reformas institucionais para facilitar a integração de populações marginalizadas no mercado (esquemas de microcrédito e microfinanças para populações de baixa renda são um exemplo clássico).

Embora existam muitos praticantes radicais e dedicados no mundo das ONGs, seu trabalho é na melhor das hipóteses benéfico. Coletivamente, eles têm um registro irregular de conquistas progressistas, apesar de em certas áreas, como nos direitos da mulher, saúde e preservação ambiental, ser possível afirmar que fizeram grandes contribuições para o bem humano. Mas a mudança revolucionária a partir das ONGs é impossível. Elas são muito limitadas pelas instâncias políticas e de formulação de políticas dos seus mantenedores. Assim, por mais que possam apoiar a capacitação local ao ajudar na abertura de espaços onde as alternativas anticapitalistas se tornam possíveis e até mesmo apoiar a experimentação com essas alternativas, elas são inócuas para impedir a reabsorção dessas alternativas para a prática capitalista dominante: elas até mesmo a encorajam. O poder coletivo das ONGs nos dias de hoje é refletido no papel preponderante que desempenham no Fórum Social Mundial, no qual as tentativas de forjar um movimento de justiça global, uma alternativa global ao neoliberalismo, têm-se concentrado ao longo dos últimos dez anos.

O segundo grande grupo de oposição surge de anarquistas, autonomistas e organizações de base (OBs), que recusam financiamento externo, ainda que alguns deles se apoiem em algum tipo de base institucional alternativa (como a Igreja Católica com as "comunidades de base" na América Latina ou patrocínio mais amplo da Igreja para a mobilização política em cidades do interior dos Estados Unidos). Esse grupo está longe de ser homogêneo (na verdade, existem fortes disputas entre eles, colocando, por exemplo, os anarquistas sociais contra aqueles a que eles se referem raivosamente como meros anarquistas por "estilo de vida"). Há, no entanto, uma antipatia comum à negociação com o poder do Estado e uma ênfase na sociedade civil como sendo a esfera em que a mudança pode ser realizada. Os poderes de auto-organização das pessoas nas situações cotidianas em que elas vivem têm de ser a base para qualquer alternativa anticapitalista. A formação de redes horizontais é seu modelo de organização preferido. As chamadas "economias solidárias" baseadas em trocas, sistemas coletivos e de produção local são sua forma político-econômica preferida. Eles normalmente se opõem à ideia de que qualquer direção central possa ser necessária e rejeitam as relações sociais hierárquicas ou estruturas de poder político hierárquico, juntamente com os partidos políticos tradicionais. Organizações desse tipo podem ser encontradas em todos os lugares e em alguns locais atingiram um alto grau de proeminência política. Alguns deles são radicalmente anticapitalistas na sua postura e defendem objetivos revolucionários e, em alguns casos, estão dispostos a defender a sabotagem e outras formas de desordem (as Brigadas Vermelhas na Itália, o Meinhoff Baader na Alemanha e o Weather Underground nos Estados Unidos, na década de 1970). Mas a eficácia de todos esses movimentos (deixando de lado os mais violentos) é limitada pela relutância e pela incapacidade para elevar proporcionalmente seu ativismo a formas de organização capazes de enfrentar os problemas globais. A presunção de que a ação local é o único nível significativo de mudança e que tudo o que cheira a hierarquia é antirrevolucionário é, na verdade, autodestrutiva quando se trata de questões maiores. No entanto, esses movimentos estão, inquestionavelmente, fornecendo uma base ampla para a experimentação com políticas anticapitalistas.

A terceira grande tendência advém da transformação que vem ocorrendo na organização do trabalho tradicional e nos partidos políticos de esquerda, variando desde tradições social-democratas até trotskistas mais radicais e formas comunistas de organização de partidos políticos. Essa tendência não é hostil à conquista do poder do Estado ou de outras formas de organização hierárquica. Na verdade, ela vê esta última como necessária à integração da organização política em uma variedade de escalas políticas. Nos anos em que a social-democracia era hegemônica na Europa e até mesmo influente nos Estados Unidos, o controle estatal sobre a distribuição dos excedentes se tornou uma ferramenta essencial para diminuir as desigualdades. O fracasso em se conseguir o controle social sobre a produção de excedentes e, assim, realmente desafiar o poder da classe capitalista foi o calcanhar de Aquiles desse sistema político, mas não devemos esquecer os avanços que ele fez, mesmo que agora seja claramente insuficiente a volta para tal modelo político com seu assistencialismo social e economia keynesiana.

Tanto o trabalho organizado quanto os partidos políticos de esquerda tomaram bons golpes no mundo capitalista desenvolvido ao longo dos últimos trinta anos. Ambos foram convencidos ou coagidos a dar amplo apoio ao neoliberalismo, ainda que este contasse com contornos mais humanos. Uma maneira de se enxergar o neoliberalismo, como mencionado anteriormente, é como um movimento grandioso e bastante revolucionário (liderado pela figura autoproclamada revolucionária de Margaret Thatcher) para privatizar os excedentes, ou pelo menos impedir o avanço de sua socialização.

Embora existam sinais de recuperação da organização do trabalho e das políticas de esquerda (em oposição à "terceira via", celebrada pelo Novo Trabalhismo na Grã-Bretanha sob Tony Blair e desastrosamente copiada por muitos partidos social-democratas na Europa), juntamente com os sinais do aparecimento de partidos de esquerda mais radicais em diferentes partes do mundo, o uso exclusivo de uma vanguarda de trabalhadores está agora em questão tanto quanto a habilidade daqueles partidos de esquerda que conquistaram algum grau de acesso ao poder político de ter um impacto substancial sobre o desenvolvimento do capitalismo e de lidar com a dinâmica conturbada da acumulação propensa a crise. O desempenho do Partido Verde alemão no poder não tem sido algo fora do comum em relação à sua postura política de poder e os partidos social-democratas perderam sua habilidade para atuar como uma verdadeira força política. Mas os partidos políticos de esquerda e sindicatos ainda são significantes e sua aquisição de aspectos do poder do Estado, como no caso do Partido dos Trabalhadores do Brasil ou do movimento bolivariano na Venezuela, teve um claro impacto no pensamento de esquerda, não apenas na América Latina. Também não é fácil resolver os complicados questionamentos a respeito de como interpretar o papel do Partido Comunista da China e quais serão suas futuras políticas.

A teoria correvolucionária anteriormente apresentada sugeria que de forma alguma uma ordem social anticapitalista poderia ser construída sem a tomada do poder do Estado, transformando-o radicalmente e retrabalhando as estruturas constitucional e institucional que hoje apoiam a propriedade privada, o sistema de mercado e a interminável acumulação de capital. A concorrência interestatal e as lutas geoeconômica e geopolítica por tudo, desde comércio e dinheiro até as questões de hegemonia, também são importantes demais para serem deixadas para os movimentos sociais locais ou postas de lado como sendo grandes demais para serem contempladas. O fato de que a arquitetura do nexo Estado-finanças deve ser retrabalhada juntamente com a questão premente da medida comum de valor determinada pelo dinheiro não pode ser ignorado na busca pela construção de alternativas para a economia política capitalista. Ignorar o Estado e a dinâmica do sistema interestatal é, portanto, uma ideia ridícula demais para ser aceita por qualquer movimento revolucionário anticapitalista.

A quarta tendência geral é constituída por todos os movimentos sociais que não sejam guiados por alguma filosofia política ou inclinação em especial, mas pela necessidade pragmática de resistir a deslocamentos e desapropriações (por meio da gentrificação, do desenvolvimento industrial, da construção de barragens, da privatização da água, do desmantelamento dos serviços sociais e oportunidades educacionais públicas e outros). Nesse caso, o enfoque na vida diária na cidade, vila, aldeia ou outro local fornece uma base material para a organização política contra as ameaças que as políticas de Estado e de interesses capitalistas, invariavelmente, representam para as populações vulneráveis.

Novamente, há uma vasta gama de movimentos sociais desse tipo, alguns dos quais podem tornar-se radicalizados ao longo do tempo na medida em que eles, cada vez mais, percebem que os problemas são sistêmicos e não particulares ou locais. A junção de tais movimentos sociais em alianças da terra (como o movimento dos sem terra no Brasil ou a mobilização de camponeses contra a tomada de terra e recursos por corporações capitalistas na Índia) ou em contextos urbanos (os movimentos de direito à cidade no Brasil e agora nos Estados Unidos) indica que o caminho está aberto para a criação de alianças mais amplas para discutir e enfrentar as forças sistêmicas que sustentam as particularidades da gentrificação, da construção de barragens, da privatização e outros. Mais pragmáticos, em vez de impulsionados por preconceitos ideológicos, esses movimentos, no entanto, podem chegar a uma compreensão sistêmica gerada por suas próprias experiências. Na medida em que muitos deles existem no mesmo espaço, como dentro da metrópole, eles podem (como supostamente aconteceu com os operários nas fases iniciais da revolução industrial) se reunir em torno de uma causa comum e começar a estabelecer, com base na sua própria experiência, a consciência de como o capitalismo funciona e o que pode ser feito coletivamente. Esse é o terreno em que é muito significativa a figura do líder "orgânico intelectual", tão presente no começo do século XX na obra do escritor marxista Antonio Gramsci, o autodidata que consegue entender o mundo em primeira mão por meio de duras experiências, mas formula sua compreensão do capitalismo de maneira mais geral. Ouvir as falas de líderes camponeses do MST no Brasil ou dos líderes do movimento contra a tomada de terras por corporações na Índia é um privilégio educacional. Nesse caso, a tarefa dos excluídos e descontentes educados é ampliar a voz subalterna, para que se possa prestar atenção à situação de exploração e repressão, assim como às respostas que podem ser pensadas para um programa anticapitalista.

O quinto epicentro para a mudança social reside nos movimentos emancipatórios em torno das questões de identidade – mulheres, crianças, homossexuais, minorias raciais, étnicas e religiosas, todos reivindicam um lugar ao sol – juntamente com a vasta gama de movimentos ambientais que não são explicitamente anticapitalistas. Os movimentos que reivindicam a emancipação em cada uma dessas questões são geograficamente desiguais e muitas vezes geograficamente divididos em termos de necessidades e aspirações. Mas as conferências mundiais sobre os direitos das mulheres (Nairóbi, em 1985, que levou à declaração de Pequim de 1995) e antirracismo (conferência muito mais controversa, em Durban, em 2009) estão tentando encontrar um terreno em comum e não há dúvida de que as relações sociais estão mudando juntamente com todas essas dimensões, pelo menos em algumas partes do mundo. Quando expressos em termos estritamente essencialistas, esses movimentos podem parecer antagônicos à luta de classes. Com certeza, dentro de grande parte da academia eles tornaram-se prioridade em detrimento da análise de classe e economia política. Mas a feminilização da força de trabalho global, a feminilização da pobreza em quase toda parte e o uso das disparidades de gênero como um meio de controle do trabalho fazem a emancipação e a eventual libertação da mulher das suas repressões uma condição necessária para ajustar o foco da luta de classes. A mesma observação se aplica a todas as outras formas de identidade em que a discriminação ou a repressão podem ser encontradas. O racismo e a opressão das mulheres e crianças foram fundamentais para a ascensão do capitalismo. Mas o capitalismo na sua atual forma pode, em princípio, sobreviver sem essas formas de discriminação e opressão, apesar de sua habilidade política para fazê-lo ser gravemente prejudicada, se não mortalmente ferida, face a uma força de classe mais unida. A modesta inclusão do multiculturalismo e dos direitos das mulheres no mundo corporativo, em particular nos Estados Unidos, fornece algumas evidências da acomodação do capitalismo a essas dimensões de mudança social, mesmo que enfatize novamente a relevância das divisões de classe como a principal dimensão para a ação política.

As cinco grandes tendências não são mutuamente exclusivas nem anulam os modelos organizacionais para a ação política. Algumas organizações combinam aspectos de todas as cinco tendências de maneira organizada. Mas há muito trabalho a ser feito para fundir essas várias tendências em torno da questão subjacente: poderia o mundo mudar, material, social, mental e politicamente, de tal forma a confrontar não apenas o estado terrível das relações sociais e naturais nas muitas partes do mundo, mas também a perpetuação do crescimento composto infinito? Essa é a pergunta que os excluídos e descontentes devem seguir fazendo, vezes sem conta, enquanto aprendem com aqueles que experimentam a dor diretamente e que são tão hábeis em organizar resistências para as terríveis consequências de um crescimento composto.

—◆—

Comunistas, asseveraram Marx e Engels em sua concepção original apresentada no *Manifesto Comunista*, não pertencem a partidos políticos. Eles simplesmente constituem-se em todos os momentos e em todos os lugares como aqueles que entendem os limites, deficiências e tendências destrutivas da ordem capitalista, bem como as inúmeras máscaras ideológicas e falsas legitimações que os capitalistas e seus apologistas (sobretudo nos meios de comunicação) produzem para perpetuar seu poder de classe. Comunistas são todos aqueles que trabalham incessantemente para produzir um futuro diferente do que anuncia o capitalismo. Essa é uma definição interessante. Ainda que o comunismo institucionalizado tradicional esteja morto e enterrado, há sob essa definição milhões de comunistas ativos de fato entre nós, dispostos a agir de acordo com seus entendimentos, prontos para exercer criativamente imperativos anticapitalistas. Se, como o movimento de globalização alternativa dos anos 1990 declarou, "Um outro mundo é possível", então por que não dizer também "Um outro comunismo é possível"? As atuais circunstâncias do desenvolvimento capitalista requerem algo desse tipo, se realmente desejamos alcançar a mudança fundamental.

O comunismo é, infelizmente, um termo tão carregado que é difícil reintroduzi-lo, como agora alguns querem fazer, no discurso político. Nos Estados Unidos é muito mais difícil do que, digamos, na França, Itália, Brasil ou até mesmo na Europa central. Mas de certa forma o nome não importa. Talvez nós devamos apenas definir o movimento, nosso movimento, como anticapitalista ou chamar-nos de Partido da Indignação, prontos para lutar e derrotar o Partido de Wall Street e seus acólitos e defensores em todos os lugares, e que assim seja. A luta pela sobrevivência com justiça não só continua, mas recomeça. Na medida em que a indignação e o ultraje moral se constroem em torno da economia da despossessão que de modo tão claro beneficia uma classe capitalista aparentemente toda-poderosa, movimentos políticos necessariamente tão diferentes começam a se fundir, transcendendo as barreiras do espaço e do tempo.

Entender a necessidade política disso exige em primeiro lugar que o enigma do capital seja desvendado. Uma vez que sua máscara é arrancada e seus mistérios são postos a nu, é mais fácil ver o que tem de ser feito e por quê, e como começar a fazê-lo. O capitalismo nunca vai cair por si próprio. Terá de ser empurrado. A acumulação do capital nunca vai cessar. Terá de ser interrompida. A classe capitalista nunca vai entregar voluntariamente seu poder. Terá de ser despossuída.

Fazer o que tem de ser feito exigirá tenacidade e determinação, paciência e astúcia, juntamente com compromissos políticos firmes originados da indignação moral em relação ao que o crescimento composto explorador faz com todas as facetas da vida, humana e não apenas, no planeta Terra. Mobilizações políticas suficientes para tal tarefa ocorreram no passado. Podem e certamente virão outra vez. Estamos, penso, atrasados.

Epílogo[*]

> Há uma luta de classes, tudo bem, mas é a minha classe, a classe rica, que está fazendo a guerra e estamos ganhando.
>
> Warren Buffett, o "sábio de Omaha"

Quando os políticos e economistas especializados parecem tão inconscientes e indiferentes à propensão do capitalismo a crises, quando tão alegremente ignoram os sinais de alerta a seu redor e chamam os anos de volatilidade e turbulência iniciados nos anos 1990 de "a grande moderação", então o cidadão comum pode ser perdoado por ter tão pouca compreensão em relação ao que o atinge quando eclode uma crise e tão pouca confiança nas explicações dos especialistas que lhe são oferecidas. Os economistas confessaram não entender os "riscos sistêmicos" inerentes ao capitalismo de livre mercado, mas ainda parecem não ter ideia do que são ou do que fazer com eles. Um ex-economista-chefe do Fundo Monetário Internacional disse: "Nós sabemos mais ou menos o que é um risco sistêmico e quais fatores podem estar relacionados a ele. Mas dizer que se trata de uma ciência bem desenvolvida, hoje, é um exagero". Num trabalho formal publicado no verão de 2010, o FMI descreveu o estudo dos riscos sistêmicos "em sua infância". Na teoria marxiana (em oposição às teorias neoclássica e econômica financeira míopes), um "risco sistêmico" traduz as contradições fundamentais da acumulação do capital. O FMI se salvaria de muitos problemas se o estudasse. Neste livro, tentei mostrar, o mais claramente possível, as razões para a propensão do capitalismo a crises, o papel destas (como a que ainda estamos passando) na reprodução do capitalismo e os riscos sistêmicos de longo prazo que o capital representa para a vida no planeta.

---

[*] Texto originalmente publicado na edição inglesa de bolso de *O enigma do capital* em abril de 2011. (N. E.)

O capital, concluí, nunca resolve suas tendências a crises, simplesmente as contorna. Faz isso num duplo sentido, de uma parte do mundo para outra e de um tipo de problema para outro. Nesse sentido, a crise que eclodiu principalmente no mercado imobiliário do Sul e Sudoeste dos Estados Unidos (juntamente com os do Reino Unido, Irlanda e Espanha) teve impactos nos mercados financeiros de Nova York e Londres, antes de "tornar-se global" e ameaçar o comércio mundial em quase toda parte (depois de passar pelos bancos islandeses, Dubai World, a falência da Letônia, o desastre do orçamento da Califórnia e as crises de dívida grega e, em seguida, irlandesa). Embora alguns sistemas bancários nacionais, como os da Irlanda, Portugal e Espanha, que necessitarão ou poderão necessitar de mais ajudas do Estado, dado o elevado volume de ativos tóxicos que restaram dos *booms* fictícios do mercado imobiliário que precederam a crise, o sistema financeiro global parece estabilizado por um conjunto de intervenções do governo. O efeito tem sido passar o peso da crise dos bancos para a dívida estatal. Na América do Norte e Europa, a resposta à crescente dívida do Estado tem sido propor e implementar medidas draconianas de austeridade para reduzir a dívida, cortando os serviços estaduais e ameaçando o bem-estar público.

Em algumas partes do mundo, no entanto, a crise está há muito tempo fora do mapa. Mesmo nos Estados Unidos, a recessão foi declarada encerrada em junho de 2009. Pergunte sobre "a crise econômica" no Brasil, Argentina, Índia ou Austrália e a resposta será: "Que crise? Esse problema é seu, não nosso". A miopia geográfica é, claro, comum. Embora muitos na Europa ocidental e América do Norte tenham doado generosamente às vítimas do tsunami que devastou todo o Oceano Índico em dezembro de 2004, não prestaram atenção aos 15 milhões de indonésios que perderam seus empregos com o colapso econômico de 1997 a 1998 ou ao enorme aumento do desemprego que abalou a Argentina na crise de 2001 a 2002. Essas eram suas crises econômicas e sua culpa, não nossas.

No momento em que escrevo (dezembro de 2010), há um sentido profundo assim como uma abundância de provas tangíveis de que a crise ainda está conosco nos Estados Unidos e em grande parte da Europa. O desemprego é o grande problema. Um documento de debate conjunto emitido pelo FMI e a Organização Internacional do Trabalho em setembro de 2010 estimou que a perda de empregos no mundo durante a recessão de 2007 a 2009 atingiu 30 milhões. Dos 20 milhões que puderam ser documentados por meio de estatísticas oficiais, três quartos estavam localizados nas economias avançadas, com os Estados Unidos contabilizando 8,4 milhões, a Espanha, 1,8 milhão e o Reino Unido, 0,9 milhão. As perdas de emprego foram muito menos acentuadas em economias de mercado emergentes, com a China reportando 3 milhões que, dada a enorme dimensão de seu mercado de trabalho, é um dado sério, mas não catastrófico. Curiosamente, pequenos aumentos de trabalho foram registrados em alguns países de baixa renda (em parte devido ao movimento de postos de trabalho para fora da China para a região Sul e Sudeste da Ásia onde o trabalho é ainda mais barato).

A crise financeira que começou em 2007 teve alguns efeitos de longa duração em muitas partes do mundo. O ressurgimento do crescimento da China (mais de 10% em 2010, tendo caído por um curto período de tempo a 6% no início de 2009) e da Índia (com taxas de crescimento que poderão muito em breve ultrapassar a China) está vinculado a um forte crescimento em todas as áreas do mundo orientadas para o comércio com a China. Países fornecedores de matérias-primas para a China, como Austrália e Chile, passaram pela crise relativamente incólumes. Em outros casos, alguns ajustes ocorreram nos padrões de comércio, como o aumento em dez vezes no comércio entre a China com o Brasil e a Argentina desde 2000. O resultado foi a retomada vigorosa do crescimento econômico em várias partes da América Latina (perto de 8% na Argentina e Brasil), embora com o preço de transformar grande parte da terra em uma vasta plantação de soja, com consequências potencialmente prejudiciais para o ambiente. Países que exportam equipamentos de alta tecnologia para a China, a Alemanha em particular, também se deram bem no geral.

O desemprego e as perdas de emprego estão altamente concentrados nos Estados Unidos e de forma desigual na Europa. As taxas de desemprego oficiais aumentaram 11 pontos percentuais na Espanha, 9 na Irlanda, 5 nos Estados Unidos e entre 3 e 4 na Grécia, Portugal, Espanha, Reino Unido, Suécia e Itália. Mas a taxa de desemprego manteve-se baixa na Holanda, caiu na Alemanha (em parte devido à sua política de redução de horas de trabalho no lugar da demissão dos trabalhadores em situações de baixas no mercado) e quase não se moveu na Coreia do Sul e na China (apesar dos 3 milhões de postos de trabalho perdidos em 2008).

A persistência da perda de postos de trabalho nos Estados Unidos imita a maneira como as duas recessões anteriores (1990-1992 e 2001-2002) foram seguidas pelas chamadas "recuperações do desemprego" – só que dessa vez parece mais uma situação de "recuperação criando desemprego". Além disso, a proporção de desempregados considerados de "longo prazo" (fora do mercado de trabalho por mais de seis meses), que nunca ultrapassou um quarto no passado, agora representa mais da metade das pessoas sem trabalho. Quando os trabalhadores frustrados e os trabalhadores com empregos temporários insatisfatórios são adicionados à taxa de desemprego oficial de mais ou menos 10%, então um quinto da população estadunidense carece de um emprego adequado. A existência de tal vasta reserva de mão de obra de trabalhadores desempregados coloca pressão descendente sobre os salários e condições de trabalho para aqueles que estão empregados. A falência negociada da General Motors levou à criação de um sistema de trabalho de dois níveis em que pessoas que se juntam à força de trabalho aceitam salários e benefícios mais baixos do que aqueles que já estão empregados. Esse sistema de duas camadas já se espalhou por boa parte dos EUA. Os lucros, por conseguinte, reapareceram num "ritmo alucinante", como descrito na imprensa de negócios, desde seu ponto de baixa no fim de 2008, ajudando também a estimular uma recuperação do mercado de ações e dos estilos de vida da gente de Wall Street. Mas tudo isso foi às custas de um maior aprofundamento do arrocho dos salários começado no fim dos anos 1970. A parcela salarial na renda nacional continuou a diminuir, por mais que a parcela dos lucros retomasse os níveis pré-crise. O efeito colateral do desemprego é que o fechamento de casas que levou à crise de 2007 continua inabalável e a toxicidade das carteiras de ativos torna-se pior. A taxa mensal de execuções hipotecárias caiu de uma alta de 142 mil em abril de 2009 para pouco mais de 100 mil em 2010, mas o número de compra desses imóveis atingiu 95 mil nesse mês. As instituições financeiras assumiram o controle legal de mais de um milhão de habitações em 2010. Não admira que a confiança do consumidor não se tenha recuperado e que o mercado consumidor permaneça no marasmo.

Seria esse estado das coisas nos Estados Unidos (em paralelo com muitas partes da Europa) uma necessidade econômica ou uma escolha política? A resposta é um pouco de ambas. Mas o lado político é agora mais flagrante do que era no ano passado. Em boa parte do mundo capitalista avançado, após um flerte inicial com um renascimento do keynesianismo, a crise da dívida soberana tornou-se uma desculpa para a classe capitalista desmantelar o que sobrou do Estado de bem-estar por meio de uma política de austeridade. O capital sempre teve dificuldades em internalizar os custos de reprodução social (a assistência a crianças, doentes, aleijados e idosos, os custos da previdência social, educação e saúde). Durante os anos 1950 e 1960, muitos desses custos sociais foram internalizados ou diretamente (planos de saúde e pensões corporativos) ou indiretamente (serviços financiados por impostos para a população em geral). Mas todo o período de capitalismo neoliberal após meados dos anos 1970 foi marcado por uma luta do capital para livrar-se de tais encargos, deixando a população buscar suas próprias maneiras de adquirir e pagar por esses serviços. A maneira como nós nos reproduzimos é, segundo poderosas vozes de direita na política e na mídia, uma questão de responsabilidade pessoal, não obrigação do Estado.

Algumas grandes áreas ainda não foram privatizadas – previdência social e novas pensões (embora o Chile há muito tempo tenha privatizado ambas). A ênfase atual na austeridade é, portanto, um passo adiante por esse caminho em direção à personalização dos custos de reprodução social. O assalto ao bem-estar da população coloca o Estado em rota de colisão, não só com os últimos redutos de sindicatos em muitos países, os sindicatos do setor público, mas também com as populações mais diretamente dependentes da provisão estatal (como estudantes, de Atenas a Paris, Londres e Berkeley). O assalto provocou tamanhas revoltas que até mesmo o FMI tentou avisar os governos mais entusiastas da direita de que corriam o risco de provocar uma grande agitação social. Os crescentes sinais de agitação na Europa a partir do outono de 2010 sugerem que o FMI pode estar certo.

O argumento econômico em defesa da austeridade é obscuro no melhor dos casos e, no pior, claramente contraproducente. Analistas responsáveis estimam que as medidas anunciadas pelo recém-eleito governo britânico conservador em outubro de 2010 levarão 1,6 milhão de pessoas a perder o emprego nos próximos três anos – cerca de 500 mil no setor público e o resto no setor privado que atende a demandas do governo. A ideia de que o setor privado, sem ajuda, tomará medidas a esse respeito, quando o melhor que tem sido capaz de fazer é criar postos de trabalho numa taxa de cerca de 300 mil por ano na Grã-Bretanha, é puro pensamento positivo, para dizer o mínimo. A recente vitória republicana na Câmara dos Deputados dos EUA leva a crer que os chamados "falcões do déficit" terão forte influência em tudo, exceto na renovação das enormes reduções fiscais para os setores mais ricos da população. Mas mesmo quando os democratas detinham todas as rédeas do poder não tiveram estômago para barrar os falcões do déficit a fim de ajudar as pessoas. O "Partido de Wall Street", como o chamo, é demasiado poderoso, considerando que financia as eleições de democratas e republicanos. E conforme o tempo passa infelizmente se torna óbvio que o presidente Obama está nesse partido também.

O que está sendo feito aos Estados Unidos hoje é o que tem sido feito uma e outra vez desde o início dos anos 1980 tanto em casa quanto no exterior. Em 1982, por exemplo, uma crise da dívida eclodiu em muitos países em desenvolvimento, tendo o México como o garoto-propaganda que tinha cometido o erro de contrair empréstimos vultosos de banqueiros de investimento de Nova York. O não pagamento da dívida teria destruído os banqueiros de Nova York, de modo que o Tesouro dos EUA e o FMI socorreram o México para pagar os banqueiros, mas ao fazê-lo impuseram medidas de austeridade ao país que de tão graves resultaram em um declínio de 25% no padrão de vida. Resgatar os bancos e repassar os custos ao povo tem sido a receita padrão desde então. É o que aconteceu com a Grécia no início de 2010 e na Irlanda, no outono. No caso da Grécia, foram os bancos alemães e franceses que estavam em risco, enquanto na Irlanda os bancos expostos eram principalmente britânicos. O declínio no padrão de vida da população grega foi palpável e a Irlanda não fica muito atrás. No ano passado, os bancos foram salvos nos Estados Unidos, então agora é a hora de o governo federal repassar os custos para o povo, mais ainda do que já está sendo feito na Califórnia, que, com o nono maior orçamento público do mundo, foi impedida de ir pelo caminho da Grécia e da Irlanda só por cortes selvagens no orçamento do Estado e transferências federais de receitas fiscais para sustentar a previdência social, o sistema de saúde e afins. A taxa na qual os investidores começaram a retirar-se do mercado de títulos isentos de impostos para as dívidas dos governos locais e estaduais em dezembro de

2010 sugere, no entanto, que este pode ser o local da próxima onda da crise financeira nos Estados Unidos. A ocorrência ou não de inadimplência em massa de governos municipais e estaduais dependerá da resposta do governo federal e da Federal Reserve. Mas uma crise desse tipo será bem mais difícil de resolver, em parte devido a sua profundidade e extensão e em parte por razões políticas, do que foi o caso com o setor bancário.

Quase com certeza teria sido melhor para a Grécia e a Irlanda serem insolventes. Daí, os bancos e os detentores de títulos teriam compartilhado a dor com o povo. Os detentores de títulos teriam "apertado o cinto", como diz o ditado nos círculos financeiros. A Argentina decretou moratória em 2004. Foi ameaçada de medidas duras – "Você nunca mais verá investidores internacionais", foi dito – mas dentro de alguns anos os investidores estrangeiros, desesperados em encontrar mercados para seu excedente de capital, foram alimentando um *boom* econômico no país que permaneceu, com muito poucas baixas, até mesmo ao longo dos duros anos de 2007 a 2009. A austeridade na Grécia e na Irlanda bloqueou a recuperação econômica desses países, agravou a sua situação de dívida e abriu o caminho para uma espiral descendente de austeridade interminável. À luz dessa experiência, vozes influentes na grande mídia (incluindo um editorial em *The New York Times*) enfim começaram a se perguntar se a insolvência (educadamente conhecida como "reestruturação") não seria uma opção melhor. Mesmo Angela Merkel, a chanceler alemã, assinalou que "um aperto de cinto" nos detentores de títulos deve ser esperado após 2013, quando os fundos de socorro europeus secarem. O efeito será o repasse de pelo menos uma parte do fardo da crise para os bancos, a quem, de todo modo, muitos na opinião pública acreditam que ele pertence, sobretudo tendo em conta a propensão dos banqueiros de pagarem descaradamente bônus gigantescos a si mesmos. No caso grego também se transferiram os custos geograficamente para os sistemas bancários franceses e alemães e, por fim, para os governos da França e Alemanha, a quem muitos gregos também acham que eles pertencem.

Mas o repasse dos custos às pessoas em benefício do grande capital sempre esteve na agenda da direita e da classe capitalista. O presidente Ronald Reagan criou um enorme déficit nos anos 1980 numa corrida armamentista com a União Soviética. Ele também cortou a taxa de imposto sobre os maiores salários nos EUA de 72% para quase 30%. Como seu diretor de orçamento, David Stockman, confessou mais tarde, o plano foi aumentar a dívida e depois usar isso como desculpa para diminuir ou demolir a proteção social e os programas sociais. O presidente George Bush, o jovem, outro republicano, com o apoio de um Congresso controlado por republicanos, seguiu o exemplo de Ronald Reagan à risca. Ele transformou o que tinha sido um excedente orçamental no fim dos anos 1990 em um enorme déficit entre 2001 e 2009, ao travar duas guerras por escolha, ao aprovar um pacote de medicamentos destinados ao sistema público que foi um presente às grandes empresas farmacêuticas e ao oferecer cortes fiscais maciços para os ricos. O corte de impostos, disse o pessoal do governo Bush, se pagaria a si próprio com a aceleração do investimento. Não o fez (apenas aumentou a especulação). As guerras, disseram, também se pagariam a si próprias com o petróleo iraquiano. Quando se estimou por volta de 2003 que a guerra poderia custar 200 bilhões de dólares, as pessoas que fizeram essas estimativas foram barbaramente atacadas como opositores antipatrióticos. Agora, as guerras custaram 2 trilhões de dólares ou mais, mas não levou a qualquer reação nos anos Bush, porque, como o vice-presidente Dick Cheney gostava de dizer, "Reagan nos ensinou que os déficits não importam!".

Claro que importam, mas a melhor maneira de reduzi-los é estimular o crescimento. Uma parte significativa dos déficits atuais se deve às reduções de receitas, consequências da recessão e do crescimento do desemprego. Comparado a isso, o custo líquido dos socorros aos bancos não foi tão grande. Em alguns casos, o dinheiro do socorro é devolvido com juros. Reavive a economia e resolva o problema do crescimento econômico e você estará no bom caminho para a cura do déficit por meio de receitas crescentes (como foi provado pelos anos de *boom* na década de 1990, no governo Clinton). A política de austeridade, como já afirmei, leva a economia à direção oposta. As dificuldades econômicas atuais nos EUA e na Grã-Bretanha, assim como em boa parte da Europa, estão, essencialmente, sendo aprofundadas por uma razão política e não por necessidade econômica. Essa razão política é o desejo de se livrar da responsabilidade do capital de cobrir os custos de reprodução social.

O assalto ao bem-estar social das massas deriva do incessante impulso de preservar e valorizar a riqueza dos que já são ricos. É o que Warren Buffett reconhece claramente. As desigualdades de renda subiram nos Estados Unidos desde os anos 1970 ao ponto de os 90% mais baixos na pirâmide socioeconômica deterem agora apenas 29% da riqueza, deixando 10% das pessoas controlarem o resto, sendo que o 1% do topo tem 34% da riqueza e 24% da renda (três vezes mais do que tinham em 1970). Todos os sinais são de que, com algumas exceções, os mais ricos não foram muito afetados pelos recentes acontecimentos. Gestores importantes de fundos de cobertura chegaram a aumentar significativamente seu poder (George Soros e John Paulson ganharam 3 bilhões de dólares cada em 2008, por exemplo). Em meio a um imenso clamor público por austeridade e cortes no déficit, os republicanos lutaram com sucesso para estender os cortes fiscais de Bush. Isso dará 370 mil dólares por ano para os 0,1% mais ricos dentre os contribuintes nos Estados Unidos e aumentará o déficit em 700 bilhões de dólares nos próximos dez anos. Enquanto isso, alguns municípios fecharam suas delegacias e unidades de corpo de bombeiros e, em casos extremos, desligaram a iluminação de rua por falta de fundos. Imagine o caos que se seguiria se tais políticas de corte orçamentário draconianas chegassem às grandes cidades com populações já impacientes. Isso é política plutocrata na sua pior forma.

218 / O enigma do capital

A política de proteger os já favorecidos também se aplica às relações interestatais. Os países que têm sobrevivido razoavelmente bem às rupturas recentes com base nos excedentes do comércio para a exportação – a Alemanha e a China, em particular – resistem duramente contra medidas que possam reduzir sua vantagem competitiva. Continuam a sugar riqueza à custa do consumismo no resto do mundo. O fracasso do G-20 em chegar a qualquer resposta global coordenada para o mal-estar atual é quase inteiramente devido a diferenças sobre os déficits e excedentes de comércio adequados, taxas de câmbio e afins. Angela Merkel, da Alemanha, promove a política de austeridade, não de estímulo, como um princípio universal porque ajuda a proteger a vantagem de exportação da Alemanha. Seu ministro das Finanças chamou uma recente tentativa do Federal Reserve dos EUA de estimular a atividade econômica e diminuir o desemprego de "sem noção". Tantos os alemães quantos os republicanos nos EUA querem que a economia dos EUA permaneça no marasmo até a próxima eleição. Nossa prioridade, disse Mitch McConnell, líder republicano no Senado dos EUA, é garantir que Obama não seja reeleito. A melhor maneira de fazê-lo foi manter uma política de austeridade cruel, que dificulta a recuperação econômica em nome da retidão fiscal. Mas o Partido de Wall Street, tendo vencido sua luta para preservar os cortes de impostos para os mais afluentes, retomou seus sentidos. Decidiu que dois anos de austeridade total era demais. Convenceu um eleitoralmente vitorioso Partido Republicano a custear algumas medidas amplas de estímulo, financiadas com déficit, na esperança de manter o renascimento dos lucros corporativos nos trilhos.

O mantra da austeridade não é, contudo, aceito e praticado em toda parte. O mundo está dividido entre a paranoia deficitária na América do Norte e Europa e um expansionismo keynesiano no Leste Asiático, liderado pela China. Aí, a política é muito diferente e os resultados ainda mais. A taxa de recuperação do universo centrado na China, juntamente com as da Índia e da América Latina, tem sido notável. Nem o ex-presidente Lula no Brasil nem a presidenta Cristina Kirchner na Argentina, e certamente não o presidente Hu-Jintao, da China, falam em austeridade, embora este último esteja perfeitamente feliz em incentivar os Estados Unidos em suas políticas suicidas numa questão de *geopolitik* simples.

Dona de excedentes enormes e um sistema bancário imperturbável facilmente manipulado pelo governo central, a China teve os meios para agir de uma forma marcadamente keynesiana. O colapso das indústrias orientadas à exportação, a ameaça de desemprego em massa (lembre-se a perda de 3 milhões de postos de trabalho) e a agitação no início de 2009 forçaram o governo nessa direção. O pacote de estímulo econômico elaborado teve duas linhas. Cerca de 600 bilhões de dólares foram colocados em grande parte em projetos de infraestrutura – construção de estradas em uma escala que supera o sistema viário dos EUA nos anos 1960, novos aeroportos, projetos de saneamento, ferrovias de alta velocidade e até mesmo cidades totalmente novas. Em segundo lugar, o governo central obriga os bancos (desafiar o governo central não é uma opção para os banqueiros chineses) a afrouxar o crédito para projetos de governos locais e privados.

A grande questão é se esses investimentos vão aumentar a produtividade nacional. Considerando que a integração espacial da economia da China (o interior em relação às regiões costeiras, em particular) está longe de estar completa, há razões para acreditar que possa fazê-lo. Mas se as dívidas podem ser pagas no prazo ou se a China se tornará o epicentro de outra crise global é uma questão em aberto. Efeitos negativos incluem o aumento da inflação (um calcanhar de Aquiles frequente para administrações de políticas keynesianas) e a especulação crescente em mercados de ativos como a habitação, com uma duplicação do preço de imóveis em Xangai em 2009 e um aumento nos valores de imóveis no país de mais de 10% no mesmo ano. Há outros sinais preocupantes de excesso de capacidade na indústria e infraestruturas – uma cidade inteira foi construída no centro da China, que ainda não recebeu nenhum residente – e há rumores de que muitos bancos estão com atividades ampliadas demais. As novas cidades no interior da China estão procurando desesperadamente investidores estrangeiros, a julgar pelos anúncios brilhantes na imprensa dos EUA concebidos para seduzi-los para essa nova fronteira utópica do capitalismo internacional (sob as sombras da conturbada história da Dubai World, onde a expansão espetacular baseada em desenvolvimento imobiliário terminou em falência).

Há também evidências da emergência de um "sistema bancário às escuras" desregulamentado, de negociação sem prestação de contas de ações e empréstimos, que repete alguns dos erros que ocorreram no setor bancário dos EUA a partir dos anos 1990. Mas os chineses já lidaram com inadimplentes antes, chegando a 40% dos ativos no fim da década de 1990. Usaram na ocasião suas reservas cambiais para apagá-los. Ao contrário do Programa de Recuperação de Ativos Problemáticos, nos EUA, que foi aprovado por um Congresso relutante em 2008, sob o governo do presidente Bush e que já provocou muito ressentimento público, o governo chinês pode tomar medidas imediatas para recapitalizar seu sistema bancário. Se podem ou não reprimir e controlar o sistema bancário às escuras parece ser uma questão mais em aberto. Preocupações sobre a inflação parecem ter escalado rapidamente nos últimos meses. Tentativas sérias parecem estar em andamento, como conter os empréstimos bancários, para trazer o crescimento para menos de 10% a fim de domar a inflação. Tais políticas de contenção provocam arrepios previsíveis nos mercados globais de ações.

Os chineses finalmente abraçaram outros aspectos do programa keynesiano: o estímulo ao mercado interno, com o fortalecimento do trabalho e o combate à desigualdade social. O governo central, de repente, mostrou-se disposto a tolerar (ou incapaz de resistir a) greves espontâneas não organizadas pelos sindicatos oficiais controlados pelo Partido Comunista, como os dos grandes produtores como Toyota, Honda e FoxConn (em que uma onda de suicídios de trabalhadores gerou um escândalo sobre salários e condições de trabalho) no início do verão de 2010. Essas greves resultaram em significativos aumentos de salários (na faixa de 20% ou 30%). A política da repressão salarial estava sendo revertida, embora depois da inflação os ganhos não fossem tão impressionantes. Mas na medida em que os salários crescem na China, o capital se move para outros locais onde os salários são mais baixos, em Bangladesh, Camboja e outras partes do Sudeste Asiático.

O governo aumentou os investimentos em saúde e serviços sociais (elevando o salário social) e tem se esforçado bastante no desenvolvimento de tecnologias ambientais, tanto que a China é hoje um líder global. O medo de ser chamado de socialista ou comunista, que tanto atormenta a ação política nos Estados Unidos, soa cômico para os chineses. O mantra estadunidense de que só empreendedorismo privado pode ser bem sucedido economicamente soa oco, se não ridículo, quando se coloca contra o fenomenal crescimento organizado pelo Estado na China, assim como em Singapura, Taiwan e Coreia do Sul.

A China emergiu claramente da crise mais rápido e com mais sucesso do que qualquer outro lugar. O aumento na demanda interna efetiva não só tem funcionado dentro da China, mas também impulsionou outras economias, particularmente a de seus vizinhos (de Singapura à Coreia do Sul) e a de produtores de matérias-primas (a Austrália, por exemplo). A General Motors faz mais carros e lucros na China do que em qualquer outro lugar. A China conseguiu estimular um renascimento parcial do comércio e demanda internacional por seus produtos de exportação. As economias orientadas para a exportação, particularmente no Leste e Sudeste Asiático, assim como na América Latina, têm retomado o crescimento mais rápido do que as outras. Os investimentos da China na dívida dos EUA ajudaram a sustentar a demanda efetiva por seus produtos de baixo custo, embora haja sinais de que está gradualmente diversificando seus negócios. O efeito tem sido produzir o início de uma mudança de hegemonia do poder econômico do Oeste para o Leste na economia global. Embora obviamente sejam ainda um grande jogador, os Estados Unidos não podem, como ficou claro na reunião do G-20 em Seul, em novembro de 2010, em que Obama se mostrou isolado e relativamente impotente, dar as cartas como costumavam fazer.

A voracidade chinesa por matérias-primas não apenas mudou os termos do comércio em favor dos produtores de matéria-prima (antes de 1990 esses termos eram, em geral, negativos), mas também desencadeou uma intensificação na concorrência a longo prazo entre Estados, empresas e indivíduos ricos pelo controle da terra, recursos naturais e outras fontes de renda cruciais (como os direitos de propriedade intelectual). A política de despossessão que equivale a uma vasta aquisição global de propriedades, em grande parte do continente africano, na América Latina, na Ásia central e no que resta das regiões vazias do Sudeste Asiático, tem sido indiscutivelmente liderada pelos chineses, recém-chegados a esse campo tradicional de competição entre potências e corporações. Mas, mesmo internamente nos Estados, a despossessão de populações inteiras, como já vem ocorrendo nas regiões ricas em minerais no Centro e Nordeste da Índia, tem se dado com rapidez, apesar da resistência dos povos indígenas. Há, ao que parece, muitos interesses que têm a intenção de proteger uma arca sagrada do capitalismo, na medida em que aumenta o risco de um colapso econômico futuro.

O renascimento das economias orientadas para a exportação foi, curiosamente, estendido para a Alemanha. Mas isso nos leva ao problema das respostas desorganizadas à crise em toda a União Europeia. Após um estouro inicial da política de estímulo, a Alemanha assumiu a liderança, arrastando com ela uma França mais relutante, no sentido de uma política monetária de redução do déficit na Eurozona sob o risco de inflação. A política agora é ecoada pela nova coligação liderada pelo Partido Conservador na Grã-Bretanha. Isso coincidiu com uma deterioração repentina das finanças públicas em outras áreas. Os chamados Pigs (Portugal, Irlanda, Grécia e Espanha) encontraram-se em uma situação financeira complicada, em parte por sua própria má gestão, mas ainda mais significativamente porque suas economias são em particular vulneráveis ao colapso do crédito e à queda brusca nos mercados imobiliários e de turismo (muitos dos quais foram financiados pelo capital especulativo da Europa do Norte). Sem a base industrial de países como a Alemanha, não puderam responder adequadamente à crise fiscal que ameaçou devastá-los.

Há, evidentemente, um grande fosso nas estratégias políticas emergentes. Grande parte do Ocidente persegue o Santo Graal da redução deficitária (resultando em reduções nos padrões de vida) por meio da austeridade, enquanto o Oriente, juntamente com os mercados emergentes do Sul, segue uma estratégia expansionista keynesiana. Se o crescimento global reviver, será porque o caminho oriental do estímulo keynesiano prevaleceu.

Mas é aí que reside um problema. Como defendo neste livro, um mínimo de taxa composta de crescimento de 3% para sempre, que é simultaneamente empírica e convencionalmente aceita como necessária para o funcionamento satisfatório do capitalismo, está se tornando cada vez menos sustentável. Não é reconfortante a maneira como a China se cobre de autoestradas e automóveis e se engaja na suburbanização e na construção de novas cidades a uma velocidade vertiginosa, ou como espalhar sua influência por todos os lugares por meio da participação em grilagem de vastas terras globais com recursos ao longo da África em particular, mas também em qualquer região onde possa se instalar, como a América Latina. As consequências ambientais da ascensão da China são enormes, mas não apenas na China. O rápido aumento da procura chinesa por petróleo, carvão, cimento, grãos de soja e semelhantes está transformando boa parte da África, América Latina e Ásia central, juntamente com países como Austrália, em produtores-satélite sem levar em conta a degradação do solo e o esgotamento de recursos. Nesse sentido, é claro, o Leste Asiático está apenas seguindo os passos do problemático e muitas vezes bárbaro modo ocidental de chegar ao prestígio e poder. Mas, se fizemos isso dessa forma, quem somos nós para dizer que eles devem cessar e desistir, principalmente quando mostramos tão pouca vontade para interromper nosso próprio estilo de vida a fim de responder a preocupações ambientais?

A finalidade dos programas de estímulo keynesiano não é funcionar permanentemente, mas cobrir recessões de curto prazo, a fim de recuperar os déficits quando as condições melhorarem. O problema na década de 1960 foi a dificuldade política de dar-se conta ou reconhecer, como certa vez disse William McChesney Martin, ex-presidente do Federal Reserve, que o trabalho do poder político é "sumir com a jarra de ponche exatamente quando a festa começa". E agora estamos sofrendo com Alan Greenspan, o presidente supostamente délfico do Federal Reserve durante os anos dourados da década de 1990 e início dos anos 2000, que falhou justamente nisso. Se os chineses conseguem tirar a jarra de ponche no momento certo é uma questão em aberto.

É evidente para os observadores desapaixonados que os capitalistas individuais que operam em seu próprio interesse estão propensos a se comportar de uma forma que coletivamente aprofunda as crises do capitalismo. O mesmo pode ser dito dos diversos interesses das facções que de tempos em tempos dominam o poder político e econômico: os banqueiros e financistas famintos de bônus que agora definem em grande parte a agenda em Washington e em Londres; a ressurgida classe dos rentistas que extrai rendas não apenas do controle sobre a terra, propriedade e recursos, mas também cada vez mais sobre os direitos de propriedade intelectual; e os capitalistas mercantes, como o Wal-Mart e a Ikea, que ligam fortemente os produtores a sua programação e ordens de tal forma que os produtores tornam-se meros peões em seus jogos competitivos. Os indivíduos e facções que perseguem seus próprios interesses particulares quase sempre falham em produzir uma agenda política convincente e coerente para estabilizar, e muito menos para reviver, o sistema capitalista em dificuldade. Os sinais estão por toda parte de que se trata disso dessa vez. De que outra forma é possível explicar o vasto apoio financeiro dado pelos indivíduos mais ricos e facções poderosas das finanças e meios de comunicação para a política incoerente do movimento Tea Party nos Estados Unidos?

Ainda mais preocupante é a concorrência interestatal por riqueza e poder, assim como a formação de blocos de poder em competição, na medida em que os Estados continuam a reivindicar – e até determinado ponto mantêm individual ou coletivamente (por meio de alianças como a Otan) – determinado monopólio sobre os meios de violência. O mundo político-militar frequentemente aumenta, em vez de aplacar, as contradições internas da acumulação do capital em detrimento de todos, a não ser os mais ricos e poderosos. Já faz tempo que tais perigos são bem compreendidos. Como o filósofo político britânico William Thompson observou em 1824: "Em comparação com a preservação da distribuição atual (de riqueza), a miséria sempre recorrente ou a felicidade de toda a raça humana não é tida como digna de consideração. A perpetuação dos resultados da força, da fraude e do acaso é chamada segurança; e para manter essa segurança espúria todas as forças produtivas da raça humana foram impiedosamente sacrificadas". É precisamente o que a segurança espúria da austeridade, assim como a segurança espúria do crescimento composto infinito, traz.

O que reteve políticas capitalistas incoerentes no passado foi uma vasta panóplia de lutas dos explorados e despossuídos, dos trabalhadores contra os capitalistas, dos cidadãos contra os rentistas e comerciantes predatórios, de populações inteiras contra a violência das extrações do colonialismo e do imperialismo, além das mais vagas, mas não menos influentes, lutas por justiça, direitos e uma ética mais democrática da ordem social. Ao longo dos últimos quarenta anos os quadros institucionais organizados de tal resistência à descivilização do capital foram destruídos, deixando para trás uma estranha mistura de velhas e novas instituições do tipo que descrevi no último capítulo de *O enigma...*, que tem dificuldades em articular uma oposição coesa e um programa alternativo coerente. Esta é uma situação que prenuncia uma situação de dificuldades tanto para o capital quanto para o povo. Isso leva a uma política de *après moi le déluge*, em que os ricos fantasiam que podem flutuar com segurança em suas arcas bem armadas e bem aprovisionadas (é isso o que a aquisição de terras globais significa?), deixando o resto de nós com o dilúvio. Mas o rico não pode ter a esperança de flutuar sobre o mundo que o capital fez porque agora literalmente não há lugar algum para se esconder.

Resta ver se outro conjunto de instituições pode aparecer em nossos tempos para salvar o capital de si mesmo e evitar o resultado que Thompson retratou. Mas mesmo que tal política e instituições associadas possam ser criadas, não só vão ter de ser muito diferentes daquelas do passado. Vão precisar fazer muito mais do que lutar para tornar o capitalismo mais civilizado. A quixotesca construção de um capitalismo que pode ser ético terá de ser abandonada. No final do dia não importa saber, como apontou Adam Smith, reconhecendo o poder da mão invisível do mercado em regular os comportamentos humanos, se somos bem-intencionados e eticamente inclinados ou gananciosos e destruidores competitivos. A lógica da acumulação do capital sem fim e do crescimento sem fim está sempre conosco. Internaliza imperativos ocultos, dos quais a mão invisível do mercado é apenas um, aos quais voluntária ou inconscientemente nos submetemos, não importando nossas inclinações éticas. Essa é a práxis dominante, com todas as sutilezas das subjetividades políticas que implementa, contra a qual devemos construtivamente nos rebelar, se quisermos mudar o mundo de uma forma fundamental. O problema do crescimento composto infinito mediante a acumulação do capital sem fim terá de ser confrontado e superado. É a necessidade política de nossos tempos.

Sob essa perspectiva de longo prazo, o impulso para reanimar o crescimento capitalista no Leste e Sul Asiático, assim como em outras regiões, como os ricos Estados do Golfo, construindo uma versão exagerada do estilo de vida estadunidense ("dirija para manter-se vivo e compre até cair" [*drive to stay alive and shop until you drop*]) é um erro profundo. A aquisição global de terras, que acontece agora, é seguramente a prova desse erro em desenvolvimento. E, embora possa parecer perversamente adequado, à luz dos imperativos de longo prazo, condenar a América do Norte e a Europa a reduzir o crescimento e a austeridade sem fim, isso é apenas feito em nome da defesa dos privilégios de uma plutocracia e dá em nada quando se trata da substituição do crescimento composto sem fim pelas possibilidades sem fim do desenvolvimento das capacidades e competências humanas. A explosão de curto prazo do crescimento capitalista em economias emergentes, do Leste e Sul Asiático para a América Latina, pode ajudar a reequilibrar a distribuição global da riqueza e do poder e, assim, criar uma base mais saudável e mais igualitária para a realização de uma economia global mais racionalmente organizada. O renascimento de curto prazo do crescimento, em oposição à proliferação da angústia, também pode dar tempo para soluções de longo prazo para a transição a ser trabalhada. Mas o tempo ganhado só é útil se for bem aproveitado.

Uma alternativa terá de ser encontrada. E é aqui que o surgimento de um movimento global de correvolucionários se torna crítico, não só para deter a maré de comportamentos autodestrutivos do capitalismo (que em si seria um feito significativo), mas também para nossa reorganização e para começarmos a construir novas formas organizacionais coletivas, bancos de conhecimento e concepções mentais, novas tecnologias e sistemas de produção e consumo, ao mesmo tempo em que experimentamos novos arranjos institucionais, novas formas de relações sociais e naturais, com o redesenho da cada vez mais urbanizada vida diária.

Por mais que o capital tenha nos fornecido uma abundância de meios com os quais abordarmos a tarefa da transição anticapitalista, os capitalistas e seus lacaios farão de tudo ao seu alcance para evitar esse tipo de transição, não importando o quão grave a circunstância possa ser. Mas a tarefa da transição está conosco, não com os plutocratas. Como Shakespeare uma vez aconselhou: "A culpa [...] não está em nossas estrelas, mas em nós mesmos, às quais estamos subordinados". Agora, como Warren Bu coloca, sua classe está vencendo. Nossa tarefa imediata é provar que ele está errado.

David Harvey
Nova York, janeiro de 2011

APÊNDICE 1

Principais crises e ajudas estatais a empresas, 1973-2009

1973-1975	Colapso dos mercados imobiliários nos EUA e na Inglaterra; crises fiscais dos governos federal, estadual e local nos EUA (a cidade de Nova York à beira da falência); aumento do preço do petróleo; e recessão.
1979-1982	Alta da inflação e o choque de Volcker na taxa de juros levam à Recessão Reagan, com um índice de desemprego acima de 10% nos EUA e consequências em outros países.
1982-1990	Crise da dívida dos países em desenvolvimento (México, Brasil, Chile, Argentina, Polônia etc.), causada pelo choque de Volcker na elevação da taxa de juros. Banqueiros de investimento nos EUA são socorridos por ajudas a países em dívida organizadas pelo Tesouro estadunidense e um FMI revitalizado (livre dos keynesianos e armado com programas de "ajuste estrutural").
1984	O banco Continental Illinois é socorrido pelo Fed, pelo Tesouro e pela agência de controle de investimentos bancários dos EUA.
1984-1992	Falências de instituições de poupança e empréstimos estadunidenses que investiam no mercado imobiliário. Fechamento e socorro do governo a 3.260 instituições financeiras. Recessão no mercado de propriedades na Inglaterra após 1987.
1987	Furacão nos mercados financeiros, em outubro, que leva a injeções de liquidez em massa pelo Fed e o Banco da Inglaterra.
1990-1992	Crises nos bancos nórdicos e japoneses em consequência das dinâmicas do mercado imobiliário. Ajuda financeira ao City Bank e ao Bank of New England, nos EUA.
1994-1995	Socorro ao peso mexicano para proteger os investidores estadunidenses com participações na dívida de alto risco do México. Perdas maciças em derivativos que culminaram na falência do condado de Orange e perdas severas em outros governos municipais com investimentos de alto risco semelhantes.
1997-1998	Crise da moeda na Ásia (em parte causada pelo mercado imobiliário). A falta de liquidez leva a falências em massa e aumento do desemprego, criando oportunidades para instituições predatórias fazerem lucros rápidos após intervenções punitivas do FMI (Coreia do Sul, Tailândia etc.)
1998	Socorro financeiro do Fed ao Long Term Capital Management, nos EUA

226 / O enigma do capital

1998-2001	Crise da fuga de capital na Rússia (que vai à falência em 1998), Brasil (1999), culminando na crise da dívida argentina (2000-2002), a desvalorização do peso, seguida de desemprego em massa e revoltas sociais.
2001-2002	Colapsos da bolha ponto.com e dos mercados financeiros; falência da Enron e da WorldCom. O Fed corta a taxa de juros para equilibrar o mercado de valores e futuros (a bolha do mercado imobiliário começa).
2007-2010	Crises ligadas ao mercado imobiliário nos EUA, Inglaterra, Irlanda e Espanha, seguidas por fusões forçadas, falências e nacionalizações de instituições financeiras. Socorros estatais em todo o mundo a instituições que investiram em derivativos, fundos de cobertura etc., seguidos de recessão, desemprego e colapsos no comércio internacional, além de variados pacotes de estímulo no estilo keynesiano e injeções de liquidez pelos bancos centrais.

APÊNDICE 2

Inovações financeiras e o surgimento do mercado de derivativos nos EUA, 1973-2009

1970	Início dos certificados de valores mobiliários baseados em hipotecas.
1972	Abertura da Agência de Mercado de Moedas e Futuros de Chicago.
1973	Agência de Opções de Câmbio de Chicago; início do comércio sobre capitais futuros.
1975	Comércio em papeis do Tesouro dos EUA e ações de futuros baseadas em hipotecas.
1977	Comércio em ações de futuros do Tesouro.
1979	Comércio sem regulamentação e sem prestação de contas legais, especialmente nos futuros de moedas, torna-se prática comum. Surge o "sistema bancário às escuras".
1980	Novos mecanismos para investimentos em derivativos vinculados a moedas estrangeiras, *currency swap*.
1981	Criação do seguro sobre portfólios; mecanismos para investimentos em derivativos vinculados a taxas de juros estrangeiras, *interest rate swap*; mercados de futuro em eurodólares, certificados de depósito e instrumentos do Tesouro.
1983	Mercados de opções em moedas, valores de ações e instrumentos do Tesouro; criação das obrigações de pagamento tendo propriedades como garantia.
1985	Aprofundamento e ampliação dos mercados de opções e futuros; início do comércio virtual e criação de modelos de mercados; criam-se estratégias de arbitragem estatística para derivativos.
1986	Unificação dos mercados de ações, opções e comércio de moedas globais, o Big Bang.
1987-1988	Criação das Obrigações de Dívida Colateralizadas (CDOs), assim como das Obrigações de Ação Colateralizadas (CBOs) e Obrigações de Hipoteca Colateralizadas (CMOs).
1989	Novos mecanismos para investimentos em futuros de taxas de juros.
1990	Criação de mecanismos para investimentos em insolvência no crédito e índices de ações.
1991	Aprovação de veículos de investimento "fora da contabilidade", também conhecidos como entidades de interesse especial ou veículos de investimento especial.
1992-2009	Rápida evolução do volume do comércio por todos esses instrumentos. O volume desse comércio, insignificante em 1990, chegou a mais de 600 trilhões de dólares por ano em 2008.

Fontes e leituras complementares

Baseei-me em relatos noticiosos em boa parte das informações detalhadas que cito em todo o texto. *The New York Times*, complementado pelo *The Guardian* e *The Financial Times*, foi a principal fonte. Também me baseei em outros relatos da crise, especialmente nos escritos antes do colapso de 2008, para pistas teóricas e compreensões estruturais. A ideia de uma aliança entre os descontentes e os despossuídos vem de Peter Marcuse e lhe sou grato pela formulação. Também quero agradecer a Margit Mayer e aos participantes de meu seminário de pós-graduação na Universidade da Cidade de Nova York e na Freie Universität de Berlim, que comentaram um esboço antigo deste texto.

Os trabalhos a seguir me pareceram especialmente úteis, tanto como guias teóricos quanto como fontes para informações detalhadas:

Arrighi, G., *The Long Twentieth Century: Money, Power, and the Origins of Our Times*, Londres e Nova York, Verso, 1994. [Ed. bras.: *O longo século XX: dinheiro, poder e as origens do nosso tempo*, trad. Vera Ribeiro, Rio de Janeiro, Contraponto, 2006.]

Arrighi, G. and Silver, B., *Chaos and Governance in the Modern World System*, Minneapolis, University of Minnesota Press, 1999.

Bellamy Foster, J. and Magdoff, F., *The Great Financial Crisis: Causes and Consequences*, Nova York, Monthly Review Press, 2009.

Bookstaber, R., *A Demon of Our Own Design: Markets, Hedge Funds, and the Perils of Financial Innovation*, Hoboken, John Wiley, 2007.

Brenner, R., *The Boom and the Bubble: The US in the World Economy*, Nova York, Verso, 2002. [Ed. bras.: *O boom e a bolha*, trad. Vera Ribeiro, São Paulo, Record, 2003.]

Cohan, W., *The Last Tycoons: The Secret History of Lazard Frères & Co.*, Nova York, Doubleday, 2007.

Dicken, P., *Global Shift: Reshaping the Global Economic Map in the 21st Century*, 5. ed., Nova York, The Guilford Press, 2007. Vale a pena consultar as edições anteriores, começando em 1986, para ter uma ideia das mudanças geográficas imensas que ocorreram na economia global nas últimas décadas.

Duménil, G. and Lévy, D., trans. D. Jeffers, *Capital Resurgent: Roots of the Neoliberal Revolution*, Cambridge, Harvard University Press, 2004.

230 / O enigma do capital

Eichengreen, B., Yung Chul Park and Wyplosz, C. (eds.), *China, Asia and the New World Economy*, Oxford e Nova York, Oxford University Press, 2008.

Galbraith, J. K., *The Predator State: How Conservatives Abandoned the Free Market and Why Liberals Should Too*, Nova York, Free Press, 2008.

Galbraith, J. K., *Money: Whence it Came, Where it Went*, Boston, Houghton, 1975. [Ed. bras.: *Moeda, de onde veio para onde foi*, São Paulo, Pioneira, 1997.]

Galbraith, J. K., *A Short History of Financial Euphoria*, Knoxville, Whittle Direct Books, 1993. [Ed. bras.: *Uma breve história da euforia financeira*, São Paulo, Pioneira, 1992.]

Gautney, H., *Protest and Organization in the Alternative Globalization Era: NGOs, Social Movements, and Political Parties*, Nova York, Palgrave Macmillan, 2009.

Greider, W., *Secrets of the Temple: How the Federal Reserve Runs the Country*, Nova York, Simon and Schuster, 1989.

Harvey, D., *A Brief History of Neoliberalism*, Oxford, Oxford University Press, 2005.

Harvey, D., *The Limits to Capital*, Londres, Verso, 2007.

Helleiner, E., *States and the Reemergence of Global Finance: From Bretton Woods to the 1990s*, Ithaca, Cornell University Press, 1994.

Klein, N., *The Shock Doctrine: The Rise of Disaster Capitalism*, Nova York, Metropolitan Books, 2007. [Ed. bras.: *A doutrina do choque*, Rio de Janeiro, Nova Fronteira, 2008.]

Maddison, A., *Phases of Capitalist Development*, Oxford, Oxford University Press, 1982.

Maddison, A., *Contours of the World Economy, 1–2030 Ad: Essays in Macro-Economic History*, Oxford, Oxford University Press, 2007.

Mertes, T. (ed.), *A Movement of Movements: Is Another World Really Possible?*, Londres, Verso, 2004.

Milanovic, B., *Worlds Apart: Measuring International and Global Inequality*, Princeton, Princeton University Press, 2005.

Panitch, L. and Konings, M. (eds.), *American Empire and the Political Economy of Global Finance*, Nova York, Palgrave Macmillan, 2008.

Partnoy, F., *Infectious Greed: How Deceit and Risk Corrupted Financial Markets*, Nova York, Henry Holt, 2003.

Peet, R. and Watts, M. (eds.), *Liberation Ecologies*, Nova York, Routledge, 2004.

Phillips, K., *American Theocracy: The Peril and Politics of Radical Religion, Oil and Borrowed Money in the 21st Century*, Nova York, Viking, 2006.

Phillips, K., *Bad Money: Reckless Finance, Failed Politics, and the Global Crisis of American Capitalism*, Nova York, Viking, 2009.

Pollin, R., *Contours of Descent: US Economic Fractures and the Landscape of Global Austerity*, Londres, Verso, 2003.

Porter, P., Sheppard, E. et al., *A World of Difference: Encountering and Contesting Development*, Nova York, The Guilford Press, 2009.

Santos, B. de Sousa, *The Rise of Global Left: The World Social Forum and Beyond*, Londres, Zed Books, 2006.

Santos, B. de Sousa (ed.), *Another Production is Possible: Beyond the Capitalist Canon*, Londres, Verso, 2006.

Silver, B., *Forces of Labor: Workers' Movements and Globalization since 1870*, Cambridge, Cambridge University Press, 2003. [Ed. bras.: *Forças do trabalho*, trad. Fabrizio Rigout, São Paulo, Boitempo, 2005.]

Smith, N., *Uneven Development: Nature, Capital, and the Production of Space*, Athens, University of Georgia Press, 2008.

Turner, G., *The Credit Crunch: Housing Bubbles, Globalisation and the Worldwide Economic Crisis*, Londres, Pluto, 2008.

United Nations development Program, *Human Development Report* (edições anuais), Nova York, Palgrave Macmillan, 1989–2009.

Walker, R. and Storper, M., *The Capitalist Imperative: Territory, Technology and Industrial Growth*, Oxford, Wiley–Blackwell, 1989.

Wang Hui, *China's New Order: Society, Politics and Economy in Transition*, Cambridge, Harvard University Press, 2003.

Wolf, M., *Fixing Global Finance*, Baltimore, Johns Hopkins University Press, 2008.

Wolf, R., *Capitalism Hits the Fan: The Global Economic Meltdown and What to Do about It*, Nova York, Olive Branch Press, 2009.

The Worldwatch Institute, *State of the World 2009*, Nova York, Norton. (As versões dos 25 anos anteriores são interessantes para comparar.)

Páginas na internet úteis

Tomas Piketty e Emmanuel Saez sobre a mudança de salário e a desigualdade de renda nos Estados Unidos: http://elsa.berkeley.edu/~saez/

Realtytrac reúne dados sobre despejos locais e nacionais dos EUA: http://www.realtytrac.com

The Mortgage Bankers Association tem planilhas sobre insolvência e hipotecas: www.mbaa.org/

Sobre David Harvey na relação entre *O capital*, de Marx, e as origens da crise urbana: http://davidharvey.org

Relatórios e dados do Fundo Monetário Internacional: http://www.imf.org

Trabalhos e relatórios em andamento do Banco Internacional de Negociações, particularmente sobre os diferentes impactos geográficos da crise: http://www.bis.org

Dados e relatórios comparativos do Banco Mundial: http://worldbank.org/

O Banco de Desenvolvimento Asiático é uma mina de informação e relatórios sobre o que ocorre na região: http://www.adb.org/Economics/

O sítio de Brad DeLong, que está longe de ser tão justo e equilibrado quanto ele diz, oferece um debate vibrante a partir de uma perspectiva econômica convencional sobre a crise: http://delong.typepad.com/main/

O arquivo de *The New York Times*: http://www.nytimes.com/ref/membercenter/nytarchive.html

Le Monde Diplomatique tem uma cobertura global sobre o movimento de alternativa à globalização, além de discussões críticas sobre um leque amplo de tópicos sociais, políticos, ecológicos e econômicos: http://www.monde.diplomatique.fr/

The Socialist Register no decorrer dos anos explorou tematicamente muitos dos tópicos que abordo aqui. Seu arquivo pode ser acessado em: http://socialistregister.com/index.php/srv/issue/archive

The Monthly Review mantém um fluxo dinâmico de comentários e informações críticas. Veja: http://www.monthlyreview.org/mrzine/

Os dados sobre os preços da terra no Japão são adaptados de G. Turner, 2008, *The Credit Crunch: Housing Bubbles, Globalisation and the Worldwide Economic Crisis*, Londres, Pluto Press. Os dados sobre o crescimento do PIB vêm de: A. Maddison, 2007, *Contours of the World Economy, 1–2030 Ad: Essays in Macro-Economic History*, Oxford, Oxford University Press.

ÍNDICE ONOMÁSTICO

Allen, Paul, 85

Allende, Salvador, 165

Arrighi, Giovanni, 37, 166

Bakunin, Michael, 183

Balzac, Honoré, 129

Baran, Paul, 50, 96

Baucus, Max, 179

Bernanke, Ben, 191

Bismarck, Príncipe Otto von, 138

Black, Fischer, 86

Blair, Tony, 161, 206

Bloomberg, Prefeito Michael, 25, 85, 142

Borlaug, Norman, 152

Brown, Gordon, 30, 45

Budd, Alan, 21

Buffett, Warren, 142, 217

Bush, George W., 12, 42, 45

Carnegie, Andrew, 85

Carson, Rachel, 153

Clausewitz, Carl von, 173

Clinton, Bill, 18, 24, 44-5, 217

Darwin, Charles, 102, 106

Deleuze, Gilles, 108

Deng Xiaoping, 132

Descartes, René, 129

Diamond, Jared, 111, 128

Dickens, Charles, 79

Domar, Evsey, 64

Elizabeth II, Rainha, 7, 190-1, 193

Engels, Friedrich, 78, 85, 98, 130, 144-6, 192, 208

Ford, Henry, 60, 85, 132-3, 154-5

Foucault, Michel, 112

Friedman, Thomas L., 111

Galileu Galilei, 79

Gates, Bill, 85, 142, 180

Gehry, Frank, 165

Geithner, Tim, 18

Glyn, Andrew, 60

Goethe, Johann Wolfgang von, 129

234 / O enigma do capital

Gould, Stephen Jay, 85, 109

Gramsci, Antonio, 207

Grandin, Greg, 154

Greenspan, Alan, 44, 222

Greider, William, 52

Harrison, John, 80

Harrod, Roy, 64

Harvey, William, 8

Haushofer, Karl, 170

Haussmann, barão, 48, 138-40, 143-5

Hawken, Paul, 112

Hayek, Friedrich, 188

Hegel, Georg Wilhelm Friedrich, 111

Heidegger, Martin, 190

Helú, Carlos Slim, 32

Hitler, Adolf, 118

Holloway, John, 112

Hubbert, M. King, 71

Hussein, Saddam, 170

Isaacs, William, 14

Jacobs, Jane, 140, 145

Keynes, John Maynard, 34-6, 51-2, 77, 95, 97, 132, 149, 183, 191-2

Kohl, Helmut, 60

Krieger, Andy, 28-9

Krugman, Paul, 190

Lay, Kenneth, 51

Leeson, Nicholas, 38, 87, 155

Lefebvre, Henri, 108

Lenin, Vladimir, 46, 114, 184

Locke, John, 79, 188

Luxemburgo, Rosa, 92-4, 99

Mackinder, Sir Halford, 170

Maddison, Angus, 30

Mahan, A.T., 170

Malthus, Thomas, 65-6, 82

Marcos, Imelda, 43

Marcuse, Herbert, 139

Marshall, Alfred, 134

Marx, Karl, 45-6, 51-2, 55, 62, 64, 66, 72, 75, 78, 82-3, 85-9, 94-5, 98-9, 101, 106-7, 111, 113, 128, 130, 132, 156, 183, 188-9, 192, 201, 208

McVeigh, Timothy, 200

Meadows, Donella H., 66

Mellon, Andrew, 16, 85

Merton, Robert, 87

Morishima, Michio, 64

Morris, William, 132

Moses, Robert, 139-40, 145

Myrdal, Gunnar, 160

Napoleão III, Imperador, 137-8

Obama, Barack, 18, 30, 36, 70, 103, 170, 200, 215, 218, 220

O'Connor, Jim, 69-70

Palley, Thomas, 191

Partnoy, Frank, 29

Putin, Vladimir, 32, 72

Índice onomástico / 235

Reagan, Ronald, 9, 21, 24, 56, 60, 65, 118, 216-7

Ricardo, David, 65-6, 82

Robinson, Joan, 192

Rockefeller, John D., 85

Roosevelt, Franklin D., 23, 65

Rubin, Robert, 85

Saint-Simon, Claude Henri de Rouvroy, conde de, 48

Samuelson, Robert, 190

Sandino, Augusto, 155

Sanford, Charles, 85

Scholes, Myron, 86-7

Schumer, Charles, 18

Schumpeter, Joseph, 45

Smith, Adam, 37, 79, 135, 223

Soros, George, 44, 85, 180, 217

Stalin, Josef, 114, 202

Stiglitz, Joseph, 45

Summers, Larry, 18, 44, 191

Sweezy, Paul, 50, 96

Thatcher, Margaret, baronesa, 21, 40, 60, 65, 161, 206

Tronti, Mario, 88

Tsé-Tung, Mao, 56, 114-5, 202

Veblen, Thorstein, 148

Volcker, Paul, 10, 191

Wasserstein, Bruce, 85

Watt, James, 79

Weill, Sandy, 85

Welch, Jack, 85

Whitehead, Alfred North, 68

Wilson, Harold, 53

Wriston, Walter, 24

Zola, Émile, 51, 138

Sobre o autor

David Harvey é um dos marxistas mais influentes da atualidade, reconhecido internacionalmente por seu trabalho de vanguarda na análise geográfica das dinâmicas do capital. É professor de antropologia da pós-graduação da Universidade da Cidade de Nova York (The City University of New York – Cuny) na qual leciona desde 2001. Foi também professor de geografia nas universidades Johns Hopkins e Oxford.

Especialmente conhecido por seu trabalho sobre a lógica geográfica da acumulação do capital, Harvey cunhou a expressão "acumulação por despossessão" (ou espoliação) para definir as práticas fundantes da busca por lucro no neoliberalismo, incluindo a financeirização, a manipulação de crises e a privatização. Essas práticas atingem de modo diferenciado cada uma das regiões do mundo, seguindo uma dinâmica geograficamente desigual de acumulação.

Seu livro *Condição pós-moderna* (Loyola, 1992) foi apontado pelo *Independent* como um dos cinquenta trabalhos mais importantes de não ficção publicados desde a Segunda Guerra Mundial. Pela Boitempo publicou também: *Para entender O capital: Livro I* (2013), *Para entender O capital: Livros II e III* (2014), *Paris, capital da modernidade* (2015), *17 contradições e o fim do capitalismo* (2016) e *A loucura da razão econômica* (2018). Seu curso sobre *O capital* de Marx já foi acessado por mais de 250 mil pessoas desde que foi disponibilizado no site da Cuny, em meados de 2008 (disponível também em: <http://davidharvey.org>). Ele recebeu a Patron's Medal da Royal Geographical Society em 1995 e foi eleito para a American Academy of Arts and Sciences em 2007. É o geógrafo acadêmico mais citado do mundo.

OUTRAS PUBLICAÇÕES DA BOITEMPO

Uma autobiografia
ANGELA DAVIS
Tradução de **Heci Regina Candiani**
Orelha de **Anielle Franco**
Quarta capa de **Zezé Motta**

Como ser anticapitalista no século XXI
ERIK OLIN WRIGHT
Tradução de **Fernando Cauduro Pureza**
Apresentação de **João Alexandre Peschanski**
Posfácio de **Michael Burawoy**
Orelha de **Ruy Braga**

Desmilitarizar
LUIZ EDUARDO SOARES
Apresentação de **Marcelo Freixo**
Orelha de **Julita Lemgruber**
Quarta capa de **Paulo Sérgio Pinheiro**

Feminismo para os 99%: um manifesto
CINZIA ARRUZZA, TITHI BHATTACHARYA E
NANCY FRASER
Tradução de **Heci Regina Candiani**
Prefácio de **Talíria Petrone**
Orelha de **Joênia Wapichana**

Marx nas margens
KEVIN B. ANDERSON
Tradução de **Allan M. Hillani e Pedro Davoglio**
Apresentação de **Guilherme Leite Gonçalves**
Orelha de **Jones Manuel da Silva**

Mulheres e caça às bruxas
SILVIA FEDERICI
Prefácio de **Bianca Santana**
Orelha de **Sabrina Fernandes**

Pensamento feminista negro
PATRICIA HILL COLLINS
Tradução e **Jamille Pinheiro Dias**
Orelha de **Nubia Regina Moreira**
Quarta capa de **Angela Davis e Djamila Ribeiro**

Sete faces de Eduardo Coutinho
CARLOS ALBERTO MATTOS
Prefácio de **Silvio Da-Rin**
Orelha de **Bia Lessa**

ARSENAL LÊNIN

Conselho editorial Antonio Carlos Mazzeo,
Antonio Rago, Augusto Buonicore, Ivana
Jinkings, Marcos Del Roio, Marly Vianna,
Milton Pinheiro e Slavoj Žižek

Democracia e luta de classes: textos escolhidos
VLADÍMIR ILITCH LÊNIN
Tradução de **Edições Avante! e Paula Vaz de
Almeida**
Organização e apresentação de **Antonio Carlos
Mazzeo**
Orelha de **Fábio Palácio**

COLEÇÃO MARX-ENGELS

*A origem da família, da propriedade privada
e do Estado*
FRIEDRICH ENGELS
Tradução de **Nélio Schneider**
Prefácio de **Alysson Leandro Mascaro**
Posfácio de **Marília Moschkovich**
Orelha de **Clara Araújo**

COLEÇÃO ESTADO DE SÍTIO

Coordenação de Paulo Arantes

A escola não é uma empresa
CHRISTIAN LAVAL
Tradução de **Mariana Echalar**
Orelha de **Afrânio Catani**

COLEÇÃO MUNDO DO TRABALHO

Coordenação de Ricardo Antunes

Riqueza e miséria do trabalho no Brasil IV
RICARDO ANTUNES (ORG.)
Orelha de **Graça Druck**
Quarta capa de **Edith Seligmann Silva e Jorge
Souto Maior**

SELO BOITATÁ

O rato e a montanha
ANTONIO GRAMSCI E LAIA DOMÈNECH
Tradução de **Luiz Sérgio Henriques e Thaisa
Burani**

Este livro foi composto em Adobe Garamond Pro 11/13,2 e reimpresso em papel Avena 80 g/m² pela gráfica Sumago, para a Boitempo, em novembro de 2019, com tiragem de 800 exemplares.